DOSTOIEVSKI
EN LAS MAZMORRAS DEL ESPÍRITU

NICOLÁS CAPARRÓS

DOSTOIEVSKI

EN LAS MAZMORRAS DEL ESPÍRITU

BIBLIOTECA NUEVA

Primera reimpresión – enero de 2022

Diseño de cubierta: Ezequiel Cafaro

c/ Diputació, 327, principal 1.ª
08009 Barcelona
www.malpasoycia.com

ISBN: 978-84-18546-18-1
Depósito legal: B-12287-2021

Imprime: Ulzama
Impreso en España - *Printed in Spain*

ÍNDICE

PRÓLOGO

> Conozco solamente a un psicólogo que haya vivido en el mundo en el que el cristianismo es posible, en el que en todo momento puede surgir un Cristo... Y ese es Dostoievski.
>
> NIETZSCHE

I

Dostoievski fue un escritor extraordinario, pero con esa afirmación su humanidad se escapa. El genio es inefable, habita más allá del análisis; se contempla, se admira, se le venera, *está*. Transciende la razón. No pertenece a la horda humana que busca el consenso. La supervivencia está ahí, pero ¿quién se acuerda de la supervivencia en el espacio multidimensional de la emoción?

Se llamaba Fiódor Mijáilovich Dostoievski. Hijo segundo de un padre insuficiente y de una madre devota y entregada. Dubitativo como su patria, inmenso como la estepa y tortuoso y oscuro como la *kátorga*.

Dostoievski exhibe sin pudor su inconsciente a la vista de todos, siempre por mediación de la escritura. Aparece brutal y primario a través de Smerdiákov, encarna el abismo de la identidad que desaparece, que se disuelve, con el funcionario Goliadkin; es un ser-para-el suicidio con Kiríllov, el mundo y sus miserias se desvanece con Alékseí en su interminable diálogo con la ruleta. Es Mishkin, angélico e inhumano, ser que transcurre en un mundo cotidiano sin apenas rozarlo, protegido por el mal sagrado que llamamos epilepsia. Es también Raskólnikov el nihilista que dialoga con el evangelio. Se revela en la pulsión oculta y sublimada de Aliosha. «Todo está permitido», tanto más cuanto su libre pensamiento se angosta en la prosa de sus emociones; es el universo tortuoso de Iván Karamázov.

La virtud oculta bajo la quebradiza lámina de la prostitución en Sonia Marmeládova, que se mantiene pura en medio del fangal de la miseria. ¿Qué decir de Liza?, que se propone amar al hombre del subsuelo. ¿Acaso Grúshenka es la hembra primordial? ¿Qué expresar de Katia, la mujer contenida y orgullosa que se ve rebasada por situaciones que no comprende, pero que ha de respetar? La excéntrica Natasha de *El idiota*, la amazona Liza, que pereció entre las llamas menos ardientes que la ardentía de *Demonios*. Una mención también para *La mansa*.

A modo de contrapunto: ese volcán viviente llamado Fiódor Pávlovich Karamázov, que oculta cualquier atisbo de bondad en la turbamulta de sus pasiones; irreal encarnación del maligno, doble minucioso del transcendente *stárets* Zósima, el hombre bueno al que el pueblo designa por su propio impulso. El nihilista Stavroguin, el hombre que nació para ser ahorcado y que se ahorca a sí mismo…

Fiódor inviste al ser imposible conocido como *el hombre del subsuelo*: «soy un hombre enfermo, soy un hombre rabioso». ¿Cómo olvidar a ese perpetuo denunciador de sí mismo que se desangra por su herida narcisista?

De los abismos de lo inconsciente a los instantes románticos de *Cinco noches blancas*, cuando el narrador —el omnipresente narrador— y Nástenka alimentan un fugaz encuentro donde la ilusión perece y el ensueño cumplido de la joven aniquila el romanticismo.

En las antípodas fermenta la cuestión del nihilismo. En realidad, el nihilismo es un tránsito efímero y vertiginoso donde un vacío imposible, la nada pensable que es por naturaleza inhóspita, ha de dar paso a la destrucción. Dostoievski se abisma con el hombre del subsuelo en la pesadilla que supone esta doctrina, una y otra vez poblada de incontables y aterradores fantasmas; más tarde contempla el mismo paisaje desde la atalaya social que nos trasmiten Raskólnikov, Stavroguin y Kiríllov, alienta la relación entre el nihilismo y el crimen, como consecuencia lógica si nos detenemos a pensar que en la concepción nihilista el otro no existe y el mundo circundante se desvanece.

El designio momentáneo que lleva al crimen presta sentido a la desolación nihilista. Nadie mejor representa el estático narcisismo que el Bazárov de Turguéniev, que concentra su interés en el mundo en las ranas. Ranas-ciencia, rescoldos inhumanos donde todo esta permitido, conocer, saber, atesorar, matar cientos de ranas como hará el Lopújov de Chenishevski. Ancestro cierto de ese «prohIbído prohibir» de Mayo del 68. ¿Qué son los crímenes sino la suprema expresión de la indiferencia oculta tras un tenue velo llamado odio? Stavroguin, y su «deber ideológico», Roghozhin, asesino de Natasha; Raskólnikov, que da muerte a la usurera y también Smerdiákov, el compulsivo instrumento de la pulsión homicida de los Karamázov. Muerte, ¿de qué, de quién?

¿Acaso este rimero de pensamientos y emociones caben en el insuficiente calificativo de genio o de artista del gran escritor?

II

> Mi alma es inaccesible al impetuoso entusiasmo de antaño, está en calma, como lo está el corazón de un hombre que esconde un secreto profundo; para estudiar lo que «significa la vida y el hombre». Me siento triunfante, los personajes que puedo estudiar en los escritores con quienes lo mejor de mi vida fluyen libre y gozosamente. Me siento seguro. El hombre es un misterio, que debe esclarecerse y si lo intentamos con insistencia durante toda la vida, no podrá decirse que perdemos el tiempo. Estudio este misterio porque deseo ser un hombre.
>
> DOSTOIEVSKI

La carta que escribe a su hermano Mihaíl el 16 de agosto de 1839, es impropia de un estudiante de la Academia de Ingenieros que por entonces cumplía 18 años. Su inclinación se abría paso con cautela ante la imposición paterna, que le impulsaba a cursar esos estudios conforme a las exigencias de la época. Las armas parecían ser el refugio de la cultura y la única ventana hacia el progreso social.

Dostoievski triunfa de las dificultades y será un escritor que hará crecer su proyecto en el fértil campo de la novela donde, con sus laberínticos vericuetos y acontecimientos inesperados, terminará por abrirse paso. El literato alberga al psicólogo y con el discurrir apresurado que imprime a sus personajes se permite remansos de reflexión que sustentan al filósofo y cimas metafísicas que alcanzan al eterno sentimiento religioso. Y en medio de todo, la constante insistencia del *alma rusa*, que oscila entre la resignada aceptación de la miseria con sus pequeñas dichas y acontecimientos que escapan a la atención de los señores, como lo atestigua el mínimo Vasia de *Un corazón débil.*

La penosa penumbra del alma rusa se concentra en la palabra *nítchevo,* introducción a una nada de la que resulta inconcebible escapar; también en la conciencia delirante y voluptuosa del hombre del subsuelo, que fía su salvación en zambullirse en los abismos del no ser abrumado por el peso de la culpa.

El alma rusa y su deleitosa y doliente contemplación, es una constante en su obra. Con el nihilismo, producto espurio del romanticismo, el espíritu asume un talante demoniaco y enajenado. Dostoievski penetra con decisión en este espacio, tras abandonar la utopía de un mundo mejor que nos acogerá en el trance místico de la idea abstracta que adopta la apariencia de una alucinación. Adiós al círculo Petrashevski y a sus ensueños furieristas.

Al mismo tiempo, se mueve entre la omnipotente y desdeñosa aristocracia rusa, la clase con recursos que recorre, entre asombrada y reticente, Europa, partiendo de los humedales petersburgueses o desde la adormecida ciudadela del Kremlin moscovita hacia la Alemania de Goethe y Schiller o la Francia donde aun brilla el rescoldo abrasador de Napoleón. Es el caso de Pólina, la rica y vaporosa damisela de *El jugador*, que revolotea aquí y allá rozando la existencia en abierto contraste con el vacuo, pero seductor, De-Grillet o con el negociante en azúcar Astley, conspicuo representante del mercader inglés. El jugador, rodeado de vertiginosas ruletas, ve con entumecida sensibilidad, como su pasión se angosta siguiendo con mirada ávida los saltitos tornadizos de la bola que se desliza, aleve, sobre los incesantes números.

El alma rusa surge una y otra vez y siempre con más insistencia cuanto más nos acercamos a la entraña hosca y sensible del campesino tal y como aparece en *El mujik Marey.*

La tarea que Dostoievski presintió a sus dieciocho años se concreta en la creación de una serie de personajes, por momentos irreales y desmesurados, pero casi siempre contradictorios en su miserable grandeza que reflejan los conflictos sociales del momento junto con la afanosa búsqueda del mundo interior. El lector se ve invadido por su proximidad irritante que le depara sensaciones inconexas de las que le resulta imposible tomar distancia. Todo ello en un encuentro dialéctico, como lo describe Nicolái Berdiáiev, que no deja reposo a la reflexión, para el que resulta necesario tomar distancia.

Según este autor, «Dostoievski es el campeón de los *Humillados y ofendidos*, para otros un genio inmisericorde y aún el profeta de un nuevo cristianismo; el descubridor del hombre del subsuelo, pero también el típico representante de la ortodoxia del oriental, el heraldo de la idea mesiánica rusa».[1] En la disparidad de juicios que sobre él se emiten reside su riqueza; cierto es que escapa a la comprensión concreta, al veredicto cierto. Apenas creemos tenerlo huye sin que sepamos hacia dónde.

Freud, en su breve ensayo de 1927, *Dostoievski y el parricidio,* escribe:

[1]. *Dostoiévski, an interpretation,* N. Berdiáyev, 1934. Semantron press, 2009, p. 14

> En la rica personalidad de Dostoievski se deberían diferenciar cuatro facetas: el escritor, el neurótico, el hombre poseedor de una ética (*Ethiker*) y el pecador. ¿Cómo desenvolverse en esta complejidad desconcertante?

Para el lector no existen dudas, su lugar no está lejos de Shakespeare: ambos comparten el sitial privilegiado de la dramática. *Los hermanos Karamázov* es la novela más grandiosa jamás escrita; el episodio de *El Gran Inquisidor* constituye una de las mayores realizaciones de la literatura mundial; nunca se estimará lo bastante esta leyenda que se desliza por sorpresa en el encuentro de los dos hermanos.

Freud se rinde ante el artista y se conforma con analizar al neurótico de una manera que hoy nos resulta discutible por lo inconclusa. Más adelante nos ocuparemos de ello.

> La indomeñable fuerza de la vocación literaria de Dostoievski se apoya siempre en un trasfondo agónico. Una enfermedad crónica agotadora, una sucesión de olvidos, de lagunas, de necesidades materiales que se hacen críticas por su pasión por el juego, pero causadas en primer lugar por su propia generosidad,
>
> (Dostoievski, *Crime et Châtiment*. Pascal, 1958, p. XVI)

Esas son las terribles condiciones en que acomete *Crimen y castigo*, según la descripción de Pierre Pascal.

> Desde el punto de vista de una literatura que se pliega a los criterios clásicos, la novelística dostoievskiana nace desprovista de unidad, mal trabada, extrañamente escrita... Opuesta de manera radical a las exigencias filosóficas de claridad y distinción.
>
> (Michel Eltchaninoff)[2]

[2] *Dostoïevski: roman et philosophie* (pp. 21-22). Presses Universitaires de France 2013 (Edición de Kindle).

Dostoievski es pobre y a la vez generoso, rasgos compatibles en el jugador para quien el dinero adquiere un valor peculiar: es ante todo lo que permite acceder al juego mismo.

El clasicismo, venerado y denostado a un tiempo, efímero y duradero, lugar de la admiración y del hastío representa un pasado. Lomonósov es el clásico, la piedra miliar en el camino de la literatura rusa que se pierde en las sombras de los orígenes. Dostoievski es un presente extenso que oculta un pasado arcano y que balbucea un futuro que no sabe presentir.

III

Memorias del hombre Dostoievski. Su sola enumeración es casi imposible. La atención que ha suscitado y aún suscita ofrece obras de valor dispar y de interés disperso. Todas, incluso las más insignificantes, encierran algo que resaltar. ¿Cómo no recordar la mínima distancia que separa la felicidad de la tragedia en el funcionario de *Un corazón débil*? ¿Cómo borrar la memoria del sueño imposible de *Bobok*, la avaricia del señor Projarchin, la insidiosa paranoia de Goliadkin, o la huella leve de la pequeña Nelly? Su número y diversidad confirman lo que venimos diciendo en este prólogo: Dostoievski es inabarcable como totalidad y al tiempo incontable en el detalle.

Si atendemos a las obras que de él se ocupan y que merecen la calificación de mayores y sin la pretensión de ser exhaustivos, hay que citar el monumental trabajo de Joseph Frank, *Dostoievski,* en cinco tomos, que pretende ser descriptivo y huir de excesivas valoraciones. Posee el indudable valor de lo enciclopédico y adolece, quizás, de ciertas carencias en la vertiente emocional tan presente en *Tres maestros,* de Stefan Zweig, la obra más interpretativa que se haya escrito sobre este autor.

El texto *Vida y obra de Dostoievski* de Konstantin Mochulski posee trazos más vigorosos que la obra de Frank, de carácter más académico. El arte de Dostoievski es expresivo, dirá, opuesto al estilo de Tolstói, Goncharóv o el del mismo Turguéniev. Tema que también aborda George Steiner en *Tolstói o Dostoievski,* donde enfrenta a dos colosos de la literatura.

«Dostoievski y el parricidio», el apunte de Freud, posee el fundamental valor de ser una confrontación directa entre las teorías psicoanalíticas y el universo interior de Dostoievski. De no haber tenido en aquella época otras inquietudes, Freud habría podido producir una obra más rica que la que al final vio la luz. No obstante, sirve indirectamente como vara de medir el nivel de comprensión de los distintos autores que lo mencionan a la hora de valorar la dinámica profunda del mundo de Dostoievski. En este sentido, Frank se muestra remiso mientras que Mochulski y Steiner son más proclives a penetrar en las hipótesis freudianas. La epilepsia, la hístero-epilepsia, tema sobre el que incidirá Sutterman en *Dostoievsky y Flaubert*, está presente en la obra dostoievskiana sobre todo en los personajes de Mishkin y Smerdiákov; las descripciones de éste resultan más deslumbrantes aún bajo los ojos de un médico.

Pierre Pascal el autor de *Dostoievski l'homme et l'ouvre*; católico y bolchevique al tiempo, asistió en 1917 a una «explosión de libertad»: la marcha hacia el socialismo, que se le antoja la entraña misma del cristianismo evangélico. El 30 de agosto de 1918 participó en la creación del grupo comunista francés. El texto de Pascal representa un encuentro entre ideologías y creencias dispares con la contradictoria personalidad de Dostoievski y su tiempo como un personaje clave para entenderlas.

En el campo de lo religioso, tan importante en su vida y obra, los trabajos muy numerosos y discordantes, siempre están sesgados por la militancia ideológica de sus autores. Desde la obra de N. Berdiáiev: *Dostoievski. An Interpretation,* que exclama: «Son tan grandes los merecimientos de Dostoievski, que el haberlo creado es una suficiente justificación para la existencia de los rusos en el mundo». Más ponderado resulta L. Pareyson en su libro

Dostoievski: filosofía, novela y experiencia religiosa. A su juicio, el pensamiento de Dostoievski merece ser calificado de filosofía de la libertad.

De especial interés resulta el libro de Jaques Catteau, *Dostoievski and the process of literary creation*; su objetivo fundamental es analizar en detalle la gestación de sus novelaspara escudriñar el meollo de su creación. Pero, al mismo tiempo expone una visión de conjunto sobre las tendencias generales de los estudios sobre el autor y su obra que clasifica en tres grupos. En el primero, el novelista es sobrepasado por el filósofo, el profeta y el vidente: el Bien y el Mal, Dios y Cristo, el socialismo y la revolución, la libertad y la predestinación, etc. A este grupo pertenecen Merezhovski, Berdiáiev y Camus, entre otros. La segunda tendencia abandona el terreno de lo literario para concentrarse en sus paradojas existenciales y en su carácter: epiléptico, en el inválido, en el hombre traumatizado que enfrentó su propia ejecución, el jugador, el periodista, el renegado político, el apóstol del amor que oscila entre lo sacro y lo profano, y el padre devoto.

La tercera corriente busca analizar en profundidad sus obras literarias a las que hay que añadir la correspondencia, notas y borradores de sus novelas: en especial las de *Crimen y castigo, El idiota, Demonios* y *Los hermanos Karamázov.*

Catteau supone que la abundancia de los estudios sobre Dostoievski se debe a la originalidad y riqueza del autor, que se presta a las más diversas lecturas y reflexiones. Además, aborda temas que poseen rasgos intemporales vigentes para la mayoría de los lectores de sucesivas generaciones.

Nosotros hemos dedicado, junto a estas inevitables consideraciones, una atención preferente a la situación sociopolítica rusa del siglo XIX, ya que en Occidente tenemos una visión superficial y prejuiciosa de la historia de este periodo, sin cuyo conocimiento Dostoievski resulta un ser exótico, cuando no incomprensible. ¿Qué peso posee el nihilismo ruso en las revoluciones del siglo XIX? ¿Qué decisivos matices ofrece su religión? ¿Cuál es el peso que debemos otorgar el siervo en todo este proceso? En suma, intentamos situar al escritor en el contexto de su tiempo.

Si comparamos, como a menudo sucede, a Shakespeare con Dostoievski, en el caso del primero analizamos sus obras, la estructura que poseen, el mensaje que deslizan. Nada en referencia a su autor. Se dirá, y con razón, que su existencia resulta un misterio. Con Dostoievski las cosas acontecen muy de otro modo: *El jugador* se mezcla de manera inextricable con su vida; tras Smerdiákov se oculta el deseo de matar al padre, Mishkin encarna sus anhelos religiosos, Stavroguin el vértigo ante una amenazante nada, etc. ¿Será acaso Shakespeare un Hamlet, un Otelo, un Macbeth, un Falstaff o una inextricable mezcla de todos ellos? No lo sabemos. No sucede lo mismo con nuestro hombre.

Su amor por Pólina Suslova se traduce en varios personajes femeninos de sus novelas: la Aglaya de *El idiota*, Liza de *Demonios* y Katia de *Los hermanos Karamázov.*

Leon Chéstov (1937) caracteriza a Dostoievski, junto a Nietzsche y Kierkegaard, como un «talento cruel».

Este autor divide en dos períodos su actividad literaria: el primero comienza con *Pobres gentes* y termina con *Memorias de la casa muerta;* el segundo arranca con *Memorias del subsuelo* y finaliza con el *Discurso sobre Pushkin.*

Suya es esta luminosa reflexión:

> Lo que Kant nos da no es la crítica, sino la apología de la razón pura. Si se ha escrito alguna vez la crítica de la razón pura hay que buscarla en Dostoievski.

G. Lukács (1949) dirá que fue el primero en describir las deformaciones mentales que deparan las necesidades sociales de la vida en una ciudad moderna. Su genio consiste, precisamente, en su capacidad de reconocer y representar la dinámica de una futura evolución social, moral y psicológica desde los gérmenes de algo que estaba apenas comenzando.

Memorias del subsuelo es el testimonio de una de las crisis más atroces que el alma humana es capaz de soportar y de sufrir.

Mihaíl Bajtín (1979), en su obra *Problemas de la poética de Dostoievski*, se ocupa de la estructura dialógica de sus novelas, donde expone y enfrenta distintas cosmovisiones representadas por medio de sus personajes. Traigamos como ejemplo el diálogo Shátov-Stavroguin de *Demonios* o el encuentro final entre Iván y Aliosha en *Los hermanos Karamázov*.

Besançon (1968) entiende así el fundamento de sus cuatro obras principales: *Crimen y castigo* es psicológica, *El idiota* es mística, *Demonios* política y *Los hermanos Karamázov* ideológica.

Innumerables son los trabajos destinados a estudiar un aspecto concreto de la vida o de la obra de nuestro autor. Destacaremos el de Leónid Grossman sobre «Dostoievski y el judaísmo», donde se analiza su pretendido antisemitismo con toda profundidad. El judío Grossman huye de la fácil caracterización de Dostoievski y se abisma en la compleja estructura de sus creencias religiosas.

Berdiáiev afirmó que era el más grande y en cierto modo el único filósofo ruso.

Su mundo se disuelve en sus ideas políticas, un caos que le rodea y en el que penetra sin miedo en su protesta contra la falsedad y los efectos deletéreos de la naciente sociedad burguesa.

> La resistencia que Dostoievski opone a la categorización subraya su papel fundamental en la articulación del giro histórico desde el universo euclídeo a otro que se acomoda no solo a la teoría general de la relatividad, sino también a los dilemas de la mecánica cuántica. Haciendo de él un difícil aliado de cualquier ortodoxia ya fuese ideológica o religiosa.
>
> (Robert Bird, *Fyodor Dostoevsky*, 2012)

Quizás fuese esto lo que hizo exclamar a Einstein que no había aprendido tanto de nadie como de él.

> Dostoievski es un escritor de importancia capital. Supo, durante la crisis de su país y de la totalidad de la raza humana, plantear cuestiones de manera punzante e imaginativa. Creó seres cuyo destino y vida interior, cuyos conflictos y relaciones con otros personajes, cuya atracción hacia los seres humanos y a sus ideas, dieron luz a los problemas de mayor calado de su época, antes y de manera más profunda que otros lo hicieran. Esta anticipación al desarrollo moral y espiritual del mundo civilizado aseguran el poderoso y perdurable efecto de sus trabajos, que se han convertido, con el paso del tiempo en algo cada vez más actual y duradero.
>
> (G. Lukács, *Dostoievski,* 1949)

Dostoievski se acerca.

CAPÍTULO I
LA AGONÍA DE LOS ABSOLUTOS

Quien quiera comprender al poeta
tendrá que adentrarse primero en sus dominios.
GOETHE

Le dur désir de durer.[1]
PAUL ÉLUARD

1. *LOGOS* FRENTE A *HYBRIS*

El siglo XIX presagió el ocaso de las leyes universales.

Goethe sostuvo que la realidad no se traduce a esquemas lógicos y la filosofía, en pugna con la religión, concluye que el pensamiento disfruta de un poder cuasi infinito cuando *se libera de las limitaciones que imponen los absolutos de cualquier especie.*

Las leyes de lo singular concreto y las que se interesan por las grandes poblaciones -ya se trate de moléculas o de seres humanos- son de naturaleza diferente. Las primeras abordan procesos reversibles, las segundas son de naturaleza estadística y de carácter irreversible.

Es la revolucionaria época de Darwin.

Estos años marcan el auge de la ciencia experimental, aunque sería mejor decir de la ciencia positivista, una corriente iniciada por el socialista Henri de Saint Simon (*L'Industrie,* 1816-1818), desarrollada después por el filósofo Auguste Comte (*Curso de filosofía positiva,* 1830-1842) y por el utilitarista liberal John Stuart-Mill (*Un sistema de lógica inductiva y deductiva,* 1843).

1. El duro deseo de duración.

Comienzos prometedores: Saint Simon atisbó el porvenir de luces y sombras que aguardaba con la industrialización; Comte describió la ciencia de la medida y el experimento y Stuart-Mill se afanó en profundizar en el espíritu pragmático de la naciente burguesía.

Las doctrinas del siglo anterior procuraron las bases de las futuras revoluciones burguesas; la Revolución Francesa de 1789 será la simiente de otras muchas que están por venir. Mientras tanto, las monarquías se resquebrajan o ven limitados sus poderes por las constituciones ante las que ceden resignadas.

Las sublevaciones liberales de 1848 representaron el auge de los nacionalismos y los inicios del movimiento obrero, de carácter local los primeros y de alcance internacional el segundo, en tenso antagonismo. En Francia provocan la abdicación de Luis Felipe I y acaban con la efímera Restauración.

Rusia se despereza del sempiterno sueño en que la sumieron los boyardos.

2. NIHILISMO

El nihilismo: «Ese huésped inquietante».
NIETZSCHE

Los estudiantes y los jóvenes poseen el derecho de unirse
para guiar sus esfuerzos hacia el fin común y lo van a utilizar.
LOUIS BLANQUI

¡Arriba, parias de la patria!
LA INTERNACIONAL

Todo ruso ilustrado de la época ha de vérselas con el nihilismo. Dostoievski no será una excepción. Su ideario encierra una crítica extrema, política y cultural, de los valores imperantes de la sociedad. Turguéniev lo describe así: *nihilista* es la persona que no se inclina ante ninguna autoridad, que no acepta ningún principio como artículo de fe. Es la suya la visión del escritor occidentalista que hizo popular este nebuloso concepto.

Si bien, el termino está asociado a Turguéniev, en la práctica es Dostoievski quien se sumerge en él. Baste recordar a su novela *Demonios*.

2.1 *El nihilismo filosófico*

> El ateísmo despedaza el universo entero
> en una miríada de yoes aislados.
> JEAN PAUL RICHTER

> *Caute* (¡Ten cuidado!)
> SPINOZA

El nihilismo es protesta, rebelión contra lo establecido, adopta la forma de *corte generacional*, de lucha contra la religión, de iconoclastia. Es la agonía de la razón frente al imperio de las creencias, la concreción temporal de muchos interrogantes que han preocupado al hombre desde sus orígenes. Sentir, actuar y el bucle que la evolución quiebra con el tiempo, se modula con los efectos del pensamiento.

El término *nihilismo* es polisémico y este hecho no siempre se tiene en cuenta.[2]

El vocablo no pertenece a Turguéniev, se remonta muchos siglos atrás. Agustín de Hipona llama nihilistas a los no creyentes; una versión teológica y militante del concepto.

[2] Aquellos que deseen profundizar en esta problemática pueden consultar a F. Volpi, 2007.

La constante pregunta acerca de la esencia y la existencia misma de Dios recibe un nuevo impulso con esta corriente.

Desde los albores de la Edad Moderna, en los aledaños de la *res extensa*, flotaba la cuestión acerca del lugar que ocupa Dios en el universo, en ese espacio vacío donde la materia es una intrusa.

La eterna confrontación entre el Ser y el Devenir se renueva en el curso del tiempo y despierta ahora con interrogantes nuevos. La quietud del Ser de Parménides se agita y resquebraja con el cambiante Proceso de Heráclito. «Lo mismo es pensar y ser», que decía Parménides. Este claro anticipo del «pienso luego existo» cartesiano, convive con esta otra enigmática sentencia: «En los mismos ríos entramos y no entramos, [pues] somos y no somos [los mismos]».

El Ser de Heráclito es fugaz, una chispa de luz que apenas divisada se destruye. Por entre las grietas que ofrecen ambas sentencias se desliza el nihilismo. Pero el tiempo trascurre, Ser y Proceso evolucionan.

El concepto adquiere un sentido positivo o negativo. En el primero, implica la destrucción de todo supuesto; en el segundo, la desintegración de las certezas y evidencias dictadas por el sentido común por parte de la especulación idealista.

La tradicional percepción (*Vernehmen*) de Dios como absoluto se diluye y deviene en objeto de argumentación.

Alemania se ocupó del nihilismo desde la óptica filosófica a la luz de la confrontación realismo-idealismo, aunque como noción se remonte mucho más atrás. C. F. Köppen dirá al respecto que el sistema de Schelling «no es realismo ni idealismo y por esta razón, es nihilismo»; una definición negativa que rechaza los absolutos, el sentido del hombre y la existencia de Dios. El vacío que resulta será precariamente cubierto por la evanescente idea de libertad, con el inquietante y filoso poder que depara al ser humano. El hombre tendrá control, acaso, sobre la muerte, pero no sobre la vida. Todo ello lo veremos desarrollado por Dostoievski y Nietzsche.

Spinoza, con un punto de partida religioso, sostiene que desde la abstracción no se pueden deducir los objetos singulares; por consiguiente, lo abstracto y universal, lo absoluto, interrumpe el progreso del entendimiento y previene acerca de la naturaleza de la fantasía tachándola de conocimiento confuso, desordenado y parcial. No obstante, es el primer modo de conocer, aunque si nos quedáramos en el orden de lo imaginario, no sabríamos a fondo de ninguna cosa. Tales son los principios esenciales del realismo spinoziano.

El polifacético Johann Paul Richter (1763-1828), más conocido como Jean Paul, llamó *nihilistas poéticos* a los románticos, animado quizás por sus prototípicos héroes.

En agosto de 1789, pocos días después de la toma de la Bastilla, mientras gran parte de Occidente veía nacer a la burguesía, Jean Paul bosqueja su conocido *Discurso de Cristo muerto.* El sueño, que forma el meollo de su proclama, anuncia por medio de un espectro el advenimiento del ateísmo. Más tarde, Jean Paul comunica que el espíritu es en realidad Cristo, quien anuncia «desde lo alto del edificio de mundo» que Dios no existe.

> Entonces descendió desde lo alto hasta el altar una figura brillante, noble, elevada, y que arrastraba la impronta de un dolor imperecedero; los muertos exclamaron:
>
> —¡Oh, Cristo!, ¿ya no hay más Dios?
>
> Él respondió:
>
> —No, no hay.
>
> Todas las sombras empezaron a temblar con violencia, y Cristo continuó así:
>
> —He recorrido los mundos, me he elevado en mitad de los soles, y allí tampoco estaba Dios; descendío hasta los límites últimos del universo, miré dentro del abismo y grité: «¡Padre!, ¿dónde estás?», pero no escuché más que la lluvia que caía gota a gota en el abismo.
>
> (Richter, *Discurso del Cristo muerto,* 1796)

A la sombra del Cristo agonizante se cobija Nietzsche, cuya obra gira alrededor de su inexistencia. ¿Quién se resiste a evocar con estas reflexiones al Gran Inquisidor?

2.2 *El miedo como origen de las religiones*

En 1880, un año antes del fallecimiento de Dostoievski, Nietzsche emplea el término nihilismo por primera vez a propósito de la *muerte de Dios*. El filósofo cuenta con antecedentes inmediatos que marcarán su trayectoria; se ve influido por las lecturas de *Padres e hijos* de Turguéniev y por *Memorias del subsuelo* de Dostoievski. En su juventud se nutrió de Schopenhauer (1788-1860), primero admirado y más tarde denostado. La voluntad de vivir (*Wille von Leben*) ante la voluntad de poder (*Wille von Macht*) los enfrentará después. Nietzsche-Schopenhauer: goce de la libertad frente al sombrío pesimismo.

En Nietzsche se agita también la *Metafísica de la entropía* de Philipp Mainländer (1841-1876) cuyo mensaje anuncia que el devenir (*Werden*) del mundo se encamina hacia la nada (*Nichts*), hacia el no ser, en virtud de una pura voluntad de morir (*reiner Wille zun Tode*) que mora en el corazón de todo lo existente.[3] «Dios ha muerto y su muerte fue la vida del mundo».

La filosofía de la redención (1876), su obra principal, abre la puerta a la ontología de lo negativo, así como indirectamente, a la psicología del mismo nombre: «El no ser es preferible al ser». Afirmación de la que arranca su pensamiento:

Las ideas de Mainländer discurren desde la física a la metafísica, aunque en él la psicología de lo negativo es una metáfora y no el producto emergente que exige el paradigma de la complejidad.

[3]. También influyó en la noción freudiana de *Pulsión de Muerte*.

2.3 El nihilismo en acción: la versión eslava

> La creación del mundo y la evolución del universo es una suerte de «autocadaverización de Dios».
>
> PHILIPP MAINLÄNDER

Aunque la filosofía y el mundo de las ideas transciende o, si se quiere, se llega a *traducir* en actos, sabemos también que *pensamiento* y *acción* son dos lenguajes diferentes. El paso del primero al segundo, su *traducción*, implica modificaciones inevitables. La fantasía reflexiva sobre la acción produce el pensamiento y es un refinamiento humano que sucede a la primitiva relación emoción-acto.

En Rusia se desarrolla de manera clara el *nihilismo en acción*, el nihilismo de la desmesura, del impulso.

El editor liberal Katkov, director de la revista *El Mensajero Ruso, (Ру́сский ве́стник)*, que publicaría novelas de Turguéniev y Dostoievski, definirá sucintamente el nihilismo como algo propio de la persona que en nada cree. El nihilismo ruso, a diferencia del alemán, es más emocional, procede de la naciente conciencia política de la juventud desengañada de la época pseudoliberal de Alejandro II.

Contaban con una concepción de un mundo al que aspiraban y buscaban un sentido a su existencia, a veces más con actos que con ideas.

Nietzsche apunta que es «la resultante lógica de nuestros grandes valores»,[4] que surge en Rusia tras la desilusión habida en la guerra de Crimea de la que ya hablaremos mas tarde.

En suma, el nihilismo es ante todo «rebelión en contra de los valores aceptados y estandarizados, se sitúa contra el pensamiento abstracto, [que todo lo abarca y nada dice] el control familiar, la

4. *La voluntad de poder,* Madrid, Edaf, 1996, p. 30.

poesía; se enfrenta a la religión y a la retórica».[5] Como filosofía de lo negativo acecha al Vacío, a la Nada, desvela las catacumbas que la moral se obstina en mantener ocultas y denuncia la verdadera dimensión del hombre.

3. LOS SOCIALISMOS

> El socialismo no reside únicamente en la cuestión obrera, o del llamado cuarto estado, sino que consiste, ante todo, en la cuestión del ateísmo.
>
> DOSTOIEVSKI

Hasta mediados del siglo XIX el socialismo en todas sus formas fue una doctrina casi exclusiva del Occidente (G. Cole, 1953, T. II, p. 39). Rusia era incapaz de remover los rescoldos de la Revolución Francesa y nutrirse de ellos, excepto para los intelectuales que habían cruzado sus fronteras. El socialismo llegó a este país no como movimiento popular, sino como el culto refinado de ciertos grupos de intelectuales. La pugna entre lo nacional y lo extranjero estaba servida.

El nihilismo había cobrado notoriedad en Europa gracias a los atentados que tuvieron lugar en Rusia, que llevaron a equiparar terrorismo y nihilismo. Nietzsche dirá a este respecto que no es la causa, sino la lógica de la decadencia.

La subida al trono de Alejandro II, junto con la atenuación del estado represivo postdecembrista, significó la entrada de numerosos libros y revistas extranjeros, como la publicación *Kolokol* (*La Campana*), editada por Alexandr Herzen y Nicolás Ogárev (1813-1877).

[5] Nicolás V. Riazanovsky, *A History of Russia*, 1960, p. 381. Citado por J. Serrano Martínez, 2006, p. 55.

Se agita, inquieta, la figura de Visarión Griegoriévich Belinski, que pasó en poco tiempo de la emoción romántica a la crítica literaria de carácter realista, para terminar en un radicalismo materialista. Solo en los dos últimos años de su vida mostró preocupación por la cuestión social, abrazó entonces su causa con su acostumbrado ardor y, sin llegar al utilitarismo, proclamó que la literatura no podía ser tenida en cuenta sin un contenido social. Los giros ideológicos de Belinski son un buen ejemplo de la efervescencia intelectual del momento, en perpetua búsqueda de un asidero consistente. Todos ellos, con sus inquietudes, representan a la generación de los cuarenta.

Alexandr Ivánovich Herzen, más próximo al socialismo de Fourier que, como fue el caso de Belinski, al hegelianismo, es un claro referente de este período. En 1847, dueño de una apreciable fortuna legada por su padre, se trasladó a París donde asistió a la revolución de 1848 que destituyó a Luis Felipe I de Francia y dio paso a la Segunda República. Esta experiencia marcó su talante antizarista y su adhesión a las ideas occidentales. Al final llegó el desencanto con Occidente, tumba de sus expectativas ideales de ruso ilustrado; a resultas de ello, se enfrentó tanto al reformismo del oeste como a la represión zarista, una empresa a todas luces excesiva, que fue aislándole de manera paulatina.

Las contradicciones de Herzen se hicieron críticas: desilusionado de las prácticas liberales occidentales que conducían al capitalismo, pero a la vez receloso del odio ciego hacia el zarismo que se extendía por momentos en su patria. La esperanza de un levantamiento espontáneo de los campesinos le impulsó a dispensar una favorable acogida al nuevo zar, que llegaba envuelto en promesas reformistas. La amarga realidad se reveló pronto con la insuficiente emancipación de los siervos de 1861, más aparente en sus formas que sólida en sus efectos, lo que significó un nuevo desengaño. Su posición final y por la que ha pasado a la historia, fue asignar a los campesinos rusos la función que los socialistas occidentales reservaban al proletariado. En suma, una vuelta a su inicial fourierismo.

Fue el principal teórico del populismo ruso y desde esta línea se opuso al terrorismo de Nechàiev que veremos operar en *Demonios*. La novela de Dostoievski representa un alegato contra el nihilismo, concebido como producto extremo del ateísmo. Para algunos, Stavroguin es Bakunin, el personaje del que nos ocuparemos a continuación. Kiríllov, otro de los seres que dejan su impronta en la novela, deduce de «la no existencia de Dios» el posible control de la muerte y la suprema potestad sobre el suicidio, en pleno apogeo de la negatividad a la que ya hemos aludido.

4. BAKUNIN Y EL ANARQUISMO RUSO

> Ejercer el poder corrompe, someterse a él degrada.
>
> BAKUNIN

En la relación de los personajes principales del momento ocupa un lugar principal el anarquista Mijaíl Alexándrovich Bakunin (1815-1876) de familia ilustrada que, como tantas otras, estuvo muy influida por el liberalismo francés. Según la tradición de la época siguió la carrera militar. Su trayectoria intelectual le llevó a beber de fuentes de distintas nacionalidades: los enciclopedistas franceses, el idealista alemán Fitche (1762-1814) —que le ayudó a descubrir el valor de la *toma de conciencia* como acto de suprema potestad del sujeto y que la realidad es un producto del sujeto pensante—, y del por entonces omnipresente Hegel, que le abrió las puertas de la dialéctica.

A través de su amistad con Herzen y Ogárev se introduce también en las teorías de H. de Saint-Simón, defensor del industrialismo y por ende de la clase obrera que de él surgiría.

En 1840, durante su viaje a Berlín, residió con el novelista Iván Turguéniev, forzoso es que su filiación primera fuera occidentalista. Hacia 1844, época de su estancia en París cuando ya es conocido por su izquierdismo, traba contacto con Proudhon (1809-1863) quien será considerado padre del anarquismo, junto al ruso Piotr Kropotkin (1842-1921) y el italiano Errico Malatesta (1853-1932). También se relacionó con Marx (1818-1881) y Engels (1820-1895). Esta efervescente mezcla de teorías y tendencias era difícil de asimilar sin provocar graves confusiones.

Son bien conocidas las diferencias que ambos hombres mantuvieron durante la Primera Internacional (1864) estas fricciones, y las reiteradas acusaciones de paneslavismo que recibió, le hicieron contactar en 1869 con Necháiev, quien le instó a concentrarse en Rusia; la relación con este obseso activista solo duró un año.

Bakunin, sintonizaba mejor con el alma eslava, aunque tal vez su país necesitase más de Marx para transformarse.

5. CONCLUSIONES PROVISIONALES DEL SIGLO QUE TERMINA

Quizá sorprenda que de un caldo de cultivo común surjan movimientos de talante tan opuesto. Solo las consideraciones históricas aportan alguna luz sobre este debate. Si bien la Revolución Francesa, en última instancia, es el *primun movens* de todas las doctrinas que consideramos aquí, el peso de los nacionalismos emergentes y la identificación de un enemigo principal distinto en cada caso explican esta diversidad. El marxismo hará hincapié en la hegemonía del proletariado, en la lucha de clases y, como consecuencia inmediata, en un orden superior y una nueva identidad del hombre. Será el *hombre nuevo* de *¿Qué hacer?*

Las aspiraciones del marxismo son internacionales, si bien subraya que las condiciones previas de la revolución son propias de cada país. Aventura también que un proletariado fuerte será decisivo para tal evento.

Herzen, había vuelto los ojos a Rusia y en una mezcla eslavófila y occidentalista gesta la idea del *socialismo campesino*.

Belinski no pasará de ser un apasionado precursor de ideas cambiantes donde el sentimiento desempeña un papel principal.

El caso de Bakunin requiere un análisis más complejo porque aparecen con frecuencia grandes contradicciones fruto del hervidero ideológico en el que escogió vivir. Como él mismo se calificó en ciertos momentos, era un socialista instintivo, un pensador y al tiempo, un ser impelido a la acción; internacionalista y eslavófilo. A este respecto, las ideas de H. Arendt (1958)[6] sobre la *acción,* que tan cara le resultaba, son esclarecedoras:

> Mientras que todos los aspectos de la condición humana están relacionados con la política, la acción es específicamente la condición —no solo la *conditio sine qua non*, sino la *conditio per quam*— de toda la vida política.
>
> (*Ibíd.*, p. 22)

El marxismo supedita el individuo a las condiciones de producción y a la lucha de clases; Bakunin proclama al hombre como objetivo supremo y, en una suerte de naturalismo de nuevo cuño, *decreta* la abolición del Estado, de las clases sociales y de la desigualdad de los sexos.

Aunque pueda parecer una simplificación excesiva, los extremos se concretan en la *subordinación del hombre al orden social*, con la esperanza de que unas nuevas condiciones le modifiquen sustancialmente frente a la *proclamación de su suprema dignidad*, que supone la abolición de toda coerción social y de las tradicionales diferencias y desigualdades.

No cabe duda de que el marxismo es una doctrina más vertebrada que el anarquismo.

Para terminar este bosquejo, brota como subproducto el *nacionalismo*, que en Rusia adopta la forma de *eslavofilia*, basado en la comunidad de ancestros, etnias, creencias o religión. Tradición

6. H. Arendt, *La condición humana*, Barcelona, Paidós, 1958, p. 116.

frente a progreso y no el progreso como consecuencia de la tradición.

6. LA POLÍTICA EN LA VIDA DE DOSTOIEVSKI

La política es poder y lleva a la facultad de decidir y a la acción,

Muchos acontecimientos, tanto familiares como sociales, marcarán la existencia del escritor. Cuenta con cuatro años cuando se produce el levantamiento decembrista de 1825 de inspiración liberal, el primer aldabonazo de occidente sobre la vida política rusa hasta entonces encerrada en el sueño milenario de sus estepas. Sus orígenes fueron notorios: el cuerpo de oficiales del Ejército Imperial, victorioso en la batalla de Borodinó contra Napoleón en 1812, contempló con avidez el panorama político liberal de las sociedades occidentales a las que acababan de acceder y sorbió el nuevo espíritu jacobino. Los *bárbaros* vencedores se entregaban al frenesí que ofrecía el fascinante mundo de los vencidos. Los oficiales aristócratas, aún siendo minoría, se rendían al legado de la Revolución francesa, cuyos ecos alentaban más allá del imperio napoleónico que habían contribuido a derrotar. Nació así la conciencia igualitaria de los derechos humanos, anunciadora de la emancipación de los siervos —que habría de esperar aún hasta 1861— y la ambición romántica de disponer de un gobierno representativo, donde el pueblo concurre en la promulgación de las leyes.

En esta bullente atmósfera se fundó en 1816 la *Unión de Salvación (Soyuz spasenia)*, germen del decembrismo. Uno de sus miembros fue Nikita Muriaviov (1793-1843) inspirado en Robespierre (1758-1794) y muy influido por el masón español Juan van Halen y Sartí (1788-1864).[7] Constituyó la Sociedad del Norte, cuyo objetivo era restringir la capacidad de gobernar del zar. Otro de sus dirigentes fue el poeta Kondrati Fiódorovich Ryléyev

[7]. Este último conspiró contra el anticonstitucionalista Fernando VII. La constitución española de 1812 fue abolida por él.

(1755-1826), de talante más radical, que declaraba estar dispuesto a acabar con el zar si este no abjuraba del absolutismo.

Vino a sumarse también la Sociedad del Sur, bajo el control de Pável Ivánovich Pestel (1893-1826), que participó en la Guerra Patria de 1812. Pestel pretendía la instauración de una república en la que la religión oficial fuese la rusa ortodoxa; los judíos, considerados como aliados de los nobles y los zares,[8] serían deportados al Asia menor. Este grupo era afín ideológicamente al del general español Rafael Riego (1784-1823), liberal antiabsolutista, y al de los carbonarios italianos, organizadores en 1820 en Nápoles de los movimientos de tendencia liberal, también inspirados en él.[9]

Esta breve incursión por Europa permite situar al futuro decembrismo en un contexto occidentalista amplio y dar cuenta de las variadas tendencias que en él se albergaban, así como identificar las peculiaridades propias de su carácter ruso.

6.1. El decembrismo. La revolución occidentalista fracasada

El decembrismo constituyó la prehistoria ideológica y el origen próximo de los conflictos sociales de la época de Dostoievski.

Nuestro hombre vio cruzar por su existencia tres zares: en su primera infancia a Alejandro I, después a Nicolás I, que le llevó al patíbulo y más tarde a la *kátorga* y, para terminar Alejandro II, en el curso de cuyo zarato escribió lo más importante de su obra.

La muerte del contradictorio Alejandro I (1777-1825) tímido librepensador y autócrata a un tiempo y la sucesión de este por su hermano, el rígido absolutista Nicolás I (1796-1855), fue la

[8] A este respecto véase H. Arendt, *Los Orígenes del totalitarismo*, 1951.

[9] Los llamados Coloraos, por el color de sus uniformes, fueron un grupo de 49 liberales liderados por el antiguo coronel Pablo Iglesias González que embarcaron desde Gibraltar hacia Almería, donde veinticuatro de ellos fueron capturados y fusilados el 24 de agosto de 1824 en la rambla de Belén. Perseguían los mismos ideales que los decembristas.

coyuntura que los decembristas aprovecharon para su torpe levantamiento. El 26 de diciembre de 1825 tuvo lugar la timorata y engañosa asonada contra el nuevo zar bajo el pretexto de defender los derechos del «legítimo» heredero, su hermano menor Constantino Pávlovich Románov (1779-1831). Tras varias escaramuzas, las tropas leales a Nicolás I dispersaron a los indecisos decembristas, más firmes en sus ideas que con las armas, concluyendo así esta efímera revuelta que, no obstante, tendría sensibles consecuencias en el siglo XIX ruso. Los sublevados demandaban una constitución al estilo del código napoleónico de 1804; eran casi todos miembros de la Guardia Imperial. Su estrepitoso fracaso supuso una durísima represión; unos fueron ejecutados y otros deportados a Siberia. Representó, dado su corte liberal, un inesperado y paradójico impulso para el nihilismo y el incipiente socialismo bolchevique, que habría de llegar de manera plena casi un siglo después.

El poeta Alexandr Pushkin fue incriminado en el levantamiento y colocado bajo vigilancia por el propio zar, aunque no tomó medidas drásticas contra él.

Un año después se pronunciaron cinco penas de muerte contra Pável Pestel, Kondrati Ryléyev, Serguéi Muraviov-Apóstol (1796-1826), Mihaíl Bestúzhev-Ryumin (1801-1926) y Piotr Kajovsky, el oficial que mató de un disparo de pistola al conde zarista Milorádovich.

Más tarde, en tiempos de Alejandro II, fueron amnistiados los supervivientes de aquellos hechos. Lenin comentó a este respecto: «Estrecho es el círculo de estos revolucionarios. Están terriblemente alejados del pueblo».

El decembrismo, de objetivos prematuramente ambiciosos, fue algo más que una algarada, obró de caldo de cultivo político en el que se desenvolvió Dostoievski y con él gran parte de la juventud ilustrada rusa que nació por aquellas fechas. En esta atmósfera de tendencias encontradas, con flujos y reflujos, tuvo lugar la occidentalización política y social de Rusia.

El reinado de Nicolás I abarca la época romántica de la literatura (1830-1850) y coincide con la explosión de brillantes literatos:

Pushkin, Lérmontov y Gógol sobre todos ellos. Los últimos años contemplan los inicios de Dostoievski (que en ese periodo escribirá *Pobres gentes*, *El doble*, *La patrona*, *Niétochka Nezvánova*, *Noches blancas*), de Turguéniev, el autor de *Diario de un hombre superfluo*, *Dama de provincia*, *Memorias de un cazador* y del primer Tolstói, con *Infancia*, *Adolescencia* y *Relatos de Sebastopol*.

Pushkin será un azote para la conciencia de su tiempo, proclamó que «nuestra libertad política no puede separarse de la liberación de los campesinos»; contra Alejandro I había escrito un demoledor epigrama:

> Criado al son de los tambores
> Nuestro zar fue un bravo capitán:
> Huyó en Austerlitz
> Y tembló en 1812.
> Pero era en cambio
> un maestro en los desfiles.
>
> (Citado por M. de Saint Pierre, 1969, T. II, p. 32)

Nicolás I le hizo volver de su destierro en 1826 y al referirse a los decembristas no tuvo empacho en reconocerle, como buen soldado, que «si hubiera estado allí, ¡me habría puesto de su lado!».

Lérmontov escribe mientras tanto en su célebre y sombría *Predicción* (1830):

> Llegará esa edad, edad negra de Rusia,
> y caerá la corona de la cabeza de los zares.

Gógol, menos impulsivo, arremete también contra el régimen en su conocida comedia *El inspector* (1836). Como sucederá más tarde con Dostoievski, su vida se debate entre el occidentalismo y lo eslavófilo; vencerá este último. Así se verá reflejado en su obra *Almas muertas* (1842), un buen exponente de esa situación.

Pero para completar de manera cabal esta proteiforme situación política es necesario ampliar la perspectiva, incluyendo el enfrentamiento histórico entre las generaciones de los años cuarenta y sesenta, un abrupto *corte generacional.* El socialismo de la época engloba a los llamados *socialistas utópicos,* como Charles Fourier (1772-1837), Louis Blanqui (1805-1881), el revolucionario admirado por Marx, Louis Blanc (1811-1882), también el líder estudiantil Nécháiev.

El panorama político ruso se polariza entre los intelectuales: «hombres de las ideas», pagados de la cultura europea, a quienes los nihilistas consideran «hombres superfluos», y, en el otro extremo, los «auténticos rusos», inclinados a la acción, donde figuraron multitud de sociedades secretas. Sirvieron de guía el ya mencionado *Catecismo* (1868) y la novela *¿Qué hacer?*

Herzen, quien para Dostoievski era básicamente un poeta, no aceptará estos argumentos; *Lo superfluo y lo bilioso* (1860) recoge lo esencial de sus propuestas. Los hombres superfluos se rebelan frente a la bilis de la siguiente generación. Herzen piensa en «aquellos monjes que, por amor al prójimo, han llegado a odiar a todo lo que es humano y que maldicen a todo el mundo, por el deseo de bendecir algo».

En 1846 se conocieron ambos, tres meses antes de que Herzen se marchase de Rusia. La impresión que a este le causó Dostoievski no fue demasiado favorable. En 1862, volvieron a encontrarse en Londres. La figura de Fiódor Mijáilovich se había agigantado, era ya el autor de *Memorias de la casa muerta*, que había recIbído un veredicto más favorable, dirá entonces: «ingenuo, un poco confuso, pero muy agradable; es un entusiasta creyente en el pueblo ruso»:[10]

[10]. En realidad, ni Herzen ni Dostoievski sabían demasiado del pueblo ruso; pero mientras que Herzen, conocedor de las teorías democráticas occidentales, solía utilizar al pueblo como una contundente cachiporra para fustigar a la autocracia rusa, Dostoievski, cuyo modo de pensar era ruso y no europeo, se estaba acercando rápidamente a la opinión ortodoxa que veía en el campesino

Sin entrar por ahora en la polémica acerca de la naturaleza de las ideas dostoievskianas, comprenderlas resulta clave para entender su posterior trayectoria tanto literaria como filosófica, política y religiosa.

El enfrentamiento entre ambas generaciones alcanzó su punto álgido en 1867 tras el atentado del estudiante Dimitri Karakózov (1840-1866), contra la vida del zar Alejandro II, que mereció la repulsa de Herzen.

6.2. Crimea. El anuncio del fin del zarismo

El Mar Negro, ese inmenso lago ruso.

Durante gran parte del siglo XIX no hubo apenas burguesía en el Imperio, con la excepción de Polonia, que por entonces pertenecía a Rusia. La sociedad disponía de una muy amplia base campesina, una minoría nobiliaria que la controlaba y por encima: el zar. Pero, a mediados del siglo se produjo una verdadera conmoción nacional que supuso un importante cambio: la derrota en la guerra de Crimea, un conflicto que, entre 1853 y 1856, enfrentó al Imperio Ruso contra una liga formada por el Imperio Otomano, Francia, el Reino Unido y el Reino de Cerdeña. En la contienda al menos murieron 750.000 hombres. Fue quizá la última guerra en la que se respetaron las relativas reglas de honor que regían en estas confrontaciones. No solo lucharon el islam y la cristiandad, también hubo pugnas religiosas internas entre los ortodoxos, protegidos por Rusia y los católicos, sostenidos por el segundo imperio francés de Napoleón III. También se dieron cita anglicanos y protestantes, en alianzas contra natura que solo podían tener una justificación política, pero la política es tornadiza. La religión y

idealizado el fundamento de todo el sistema autocrático, bajo la férula de la Iglesia y el Estado (E. Carr, p. 89).

lo secular se acercaron peligrosamente. Para los turcos la guerra representaba luchar por un imperio que se debilitaba en su sempiterna contienda con los rusos. Este fue, tal vez, el eje fundamental del enfrentamiento. No en vano, estos acostumbran a llamarla *Guerra Oriental*, haciendo mención exclusa de la intervención de Occidente. A su vez, los ingleses temían la hegemonía eslava en el continente asiático y luchaban por lo que ellos denominaron el libre comercio. Francia, melancólica, pretendía resucitar viejas glorias napoleónicas.[11]

Los celos entre las diferentes confesiones cristianas fueron en aumento: el papa Pío IX volvió a establecer un patriarca latino residente; el patriarca griego regresó de Constantinopla para controlar mejor a los ortodoxos; los rusos enviaron también una misión eclesiástica. En algunos aspectos estos consideraban a la Tierra Santa como una extensión de su madre patria espiritual, en una peculiar recreación de las cruzadas. Los católicos y los protestantes veían con reticencia todas estas demostraciones de fanatismo, reflejo actual del que ellos exhibieron siglos atrás. En este vórtice de ambiciones, los franceses sentían peligrar su posición de defensores de la Cruz, y lo que de merma de prestigio pudiera significar. Para preservar sus privilegios establecieron en 1843 un consulado en Jerusalén; pero en Occidente el comercio primaba sobre la religión. Los asuntos de la tierra se imponían a las cuitas del cielo.

Las ya delicadas relaciones entre Rusia y el Imperio Otomano se enconaron, la primera deseaba nada menos que la anexión de Constantinopla para acceder al mar Mediterráneo. La negativa turca a estas ambiciones desembocó en la declaración de guerra de estos al Imperio ruso; pronto encuentran aliados en franceses, ingleses y sardos, que ven con gran recelo los sueños del zar.

11. La guerra en su conjunto fue presentada por las potencias occidentales como el deseo de frenar el despotismo eslavo. Para Rusia y en particular para Nicolás I, significaba una suerte de cruzada para defender a la cristiandad ortodoxa de los otomanos (Figes, 2010).

El comienzo de las hostilidades es favorable a Rusia al destruir la flota turca en Sinope. Pero, el 10 de abril de 1854, la armada franco-británica bombardea Odesa, el puerto mercantil ruso.

La guerra del mar deja paso al desembarco en Crimea para atacar a Sebastopol, a la que ponen sitio en septiembre de 1854. La primera batalla tuvo lugar en el río Almá y se saldó con la derrota rusa. Con la intención de romper el cerco, clave para el dominio del Mar Negro, se produjo el 25 de octubre la batalla de Balaklava, conocida en Rusia como batalla de Kadikoi, donde tuvo lugar la famosa Carga de la Brigada ligera inglesa, que llevó a su casi completa destrucción. El resultado final fue un triunfo ruso que no sirvió para levantar el sitio.

Con el advenimiento de Alejandro II empezaron las conversaciones de paz que terminaron con el Tratado de París de 1856; el mar Negro se convirtió en territorio neutral desprovisto de fortificaciones. Moldavia y Valaquia seguían en poder de los otomanos; estas medidas supusieron un golpe para la influencia rusa en la región y la derrota del zar.

El infausto desenlace, pese a la desesperada resistencia que opuso Sebastopol, cuya caída significó el final de la guerra, reveló ante todo la nula industrialización y la consecuente debilidad del estado ruso. Puso de manifiesto también que el gigante era muy endeble: inferioridad militar, sin ferrocarriles que facilitasen la comunicación en tan vasto imperio, armamento anticuado y con muchos siervos que se negaron a combatir como soldados.

La guerra de Crimea legó como secuela literaria a ese personaje descrito por Turguéniev en su obra *Diario de un hombre superfluo,* ejemplar humano que encarna su protagonista Chulkaturin y sobre todo al Bazárov de *Padres e hijos.*

El héroe romántico que le precede, tan bien descrito por Byron y Pushkin, es un ser individualista, cuyas ideas desembocan siempre en la acción. Por el contrario, el hombre superfluo se perfila, indeciso, en una atmósfera neblinosa, acopiando ideas que guarda para sí y que por momentos le anegan. El tradicional *qué hacer* se sustituye por un denso y oprimente *qué pensar*, lejos de la inspiración lírica y más próximo a la extensa y lenta masticación del rumiante.

En *Hamlet y Don Quijote* (1860) Turguéniev presenta al hombre superfluo desde una nueva perspectiva: ambos forman parte de un *continuum* que discurre desde el lejano egoísmo del primero al entregado altruismo del segundo. Don Quijote semeja la flecha que busca el horizonte imposible, mientras que Hamlet se engolfa en una ciénaga de autocomplacientes dudas.

El hombre superfluo es disfuncional e ineficaz para cualquier tipo de proceso. Se limita a estar y sus ideas yacen, inertes, con él:

> Hamlet es un escéptico condenado a vagar, a zigzaguear perpetuamente en una senda borrosa, acompañado de sí mismo.
>
> Hay que convenir que Don Quijote es ridículo... Don Quijote suscita risa... cuando esta se congela en una lágrima genera sosiego, reconciliación.
>
> Los hamlets son, en efecto, inútiles para la masa, para la multitud ávida de acción, no pueden conducir a parte alguna porque carecen de objetivos...
>
> Hamlet no ama; roza el amor con el fingimiento.
>
> Don Quijote ama a una criatura imaginaria y está dispuesto a morir por ella.
>
> (Turguéniev, *Hamlet y Don Quijote,* 1860)

Rusia comenzó a cuestionar un modelo social, cuyo ocaso se vivió en Crimea desde varios frentes, siendo el literario uno de los más activos.

7. LA ABOLICIÓN DE LA SERVIDUMBRE

El acontecimiento fundamental del reinado de Alejandro II fue la abolición de la servidumbre, hecho capital en la historia rusa en particular y para la propia condición humana universal. Careció de la efímera grandeza que proporcionó Espartaco a la esclavitud romana y solo sirvió de preludio a revueltas más radicales que protagonizaron los propios oprimidos. La servidumbre, una forma escondida de esclavitud, llevaba consigo el peso de los siglos y chocaba con el doble obstáculo de los pretendidos derechos de los señores y la resignada actitud de los siervos.

La pausa ganada en el escenario exterior dejó las manos libres al zar en la tarea de emancipar a los siervos, que pudo ver cumplida seis años después tras innumerables obstáculos.[12]

A principios del siglo XIX la sociedad rusa era ante todo campesina. La servidumbre había surgido a finales de la Edad Media y en 1649 fue sancionada por decreto del zar Alejo I (1629-1676), padre de Pedro el Grande, para evitar los frecuentes casos de fuga de campesinos de las tierras de sus amos. Según el *ucase*, estaban obligados a permanecer para siempre en sus haciendas, estas podían venderse junto con sus habitantes.

Con el paso del tiempo, las obligaciones de los siervos hacia los señores, lejos de disminuir, habían crecido. Existían diversos tipos de servidumbre: siervos domésticos, siervos sometidos al trabajo no remunerado, siervos obligados al pago de una renta, etc. Además de su mala situación económica y de su condición analfabeta, recibían envilecedores castigos corporales y si eran llamados al servicio militar, tenían que servir en él media vida.

La estructura social estaba bien definida. En la cúspide, la nobleza terrateniente y los boyardos, que monopolizaban, a su vez,

12. Rusia contaba por entonces con veintiún millones de siervos de entre una población total de ochenta millones, a los que había que añadir veintiséis millones de campesinos dependientes de la corona. Pero, la tímida reforma no satisfizo a nadie. Los *eslavófilos* se unieron como compañeros de viaje a los estratos más conservadores y los *occidentalistas* lamentaron el carácter incompleto de la medida: los siervos liberados no adquirían *de facto* los mismos derechos que el resto de la población del imperio. Saint Pierre (1969) afirmó que Alejandro II se encontraba atrapado entre una extrema derecha esclavista y una extrema izquierda anarquista. Mezquino para unos y débil para otros.

la oficialidad del ejército y los principales cargos en la compleja administración imperial rusa. Poseían casi toda la tierra, gozando de numerosos privilegios. Era la más poderosa de toda Europa, aunque su poder disminuía a medida que aumentaba el del zar. Este estado de cosas se agudizó con Pedro el Grande. Al omnímodo zar le acechaban dos insidiosos enemigos: la nobleza misma y los siervos; ambos se aliaban contra su poder absoluto.

Tras la institución de la servidumbre en 1597 bajo el reinado de Borís Godúnov (1552-1605), la riqueza del terrateniente se medía por el número de *almas*, un calificativo espiritual que ocultaba la más grosera y prosaica realidad económica.

Por fin, el 19 de febrero de 1861 llegó la abolición, pero la odisea no había terminado: para conseguir su propia tierra habrían de comprársela a los señores que seguían siendo sus propietarios. A pesar de todo, se emanciparon cerca de veinte millones de almas, aunque el antiguo orden continuó en innumerables aldeas. El gobierno emitió finanzas para compensar a los terratenientes. En suma, la medida, sin el oportuno reparto del suelo, no solucionó los problemas de los campesinos por el alto precio que tuvieron que pagar como indemnización para lograr una precaria libertad. En muchas comunidades de campesinos reinaba un claro descontento hacia el zar y sus tímidas reformas, malestar que se extendió también a la nobleza, que perdía privilegios seculares, significando el caldo de cultivo donde germinó el *nacionalismo populista*.

Desde el punto de vista económico, la pseudoliberación no trajo consigo una modernización del campo, ya que no introdujo la mecanización en los cultivos.

El protagonismo industrializador corrió a cargo del Estado zarista con la ayuda del capital exterior, se desarrollaron los sectores de la industria pesada y del ferrocarril, pero el atraso económico y social siguió siendo abrumador. De todas formas, hizo su aparición un minúsculo proletariado.

La enorme extensión del imperio ruso, que había significado una gran ventaja contra Napoleón, en forma del «general invierno», ofrecía ahora su lado oscuro lleno de inconvenientes con vistas al desarrollo.

CAPÍTULO II
LA EMOCIÓN, EL PENSAMIENTO Y, POR FIN, LA PALABRA

El escritor original no es aquel que no imita a nadie, sino aquel a quien nadie puede imitar.

CHATEAUBRIAND

1. LAS LETRAS: ODAS, ELEGÍAS Y POEMAS ÉPICOS

La lengua literaria rusa, tal y como hoy la conocemos, se formó en las postrimerías del siglo XVIII y adquirió identidad con Pushkin, que será considerado como el creador de la literatura nacional. Empleó el ruso popular, con críticas incursiones al francés, y rescató de occidente lo más valioso de su cultura satirizando al tiempo la bobalicona mimesis de lo francés de que hacía gala la nobleza a la que él mismo pertenecía. Estableció las normas de la lengua nacional literaria, aproximando las letras lo más posible al lenguaje del pueblo. Gracias a él, este idioma conquistó el puesto de lengua de comunicación universal que hasta entonces no tenía.

2. EL RELATO CORTO, LA NOVELA EXTENSA Y, SIEMPRE, EL POEMA

La libertad de la prosa rompe las severas restricciones que impone el verso.

¿Qué condiciones se daban en la Rusia zarista para semejante explosión artística en contraste con las restricciones impuestas a la vida cotidiana? ¿Acaso se trató solo de una de esas asombrosas coincidencias en el tiempo?

Varios factores confluyeron para explicar este singular suceso. Algunos vinieron del exterior, otros del desarrollo interno del país.

Entre los primeros destaca el descubrimiento de la Europa de la Revolución Francesa por la joven oficialidad rusa, que por su educación era la máxima depositaria de la cultura y casi la única que podía captar su importancia; a ello se unió la brusca colisión de las costumbres tradicionales de carácter medieval con el progreso que traía consigo la aparición de la burguesía en el crepúsculo del absolutismo.

De entre los segundos figura, sobre todo, la carga subversiva del anacrónico hecho de la servidumbre, cuando ya en occidente apuntaba el nacimiento del proletariado.

El retorno a la patria de los inquietos oficiales significó, entre otras cosas, la adopción del modelo del poeta rebelde cuyos versos impulsaban a la acción.

Algunos, en fin, contemplan esta época como un producto de las corrientes liberales que se desarrollan en el siglo XIX. Por Liberales se entendía entonces a los partidarios de eliminar las obstinadas cadenas conservadoras que se iniciaron con la nobleza rural, los boyardos, y que apenas se aflojaron con la intervención de los sucesivos zares, significó la expresión política de una burguesía incipiente ante los modos de una nobleza caduca empeñada en ser estática.

El pensamiento, como Nabókov afirma, encontrará mayores espacios de libertad que en el posterior periodo soviético. A despecho de los deseos de los zares, sus instrumentos de control son menos estrictos, aunque ambas etapas sufran serias limitaciones en el plano de la censura.[1] «El gobierno y la revolución, el zar y los radicales eran por igual filisteos en materia artística», dirá también Nabókov; todos combaten el arte, pero reconocen su existencia que siempre encuentra en ese desorden intersticios por donde deslizarse.

[1] *Curso de literatura rusa de Vladímir Nabókov*, Barcelona, Ediciones B. S. A., 2016.

¿Qué es el arte, para qué sirve?, preguntaría un utilitarista. El arte contiene un plus que no se explica con los argumentos de la razón, ni entra dentro de sus límites. La respuesta es evidente para algunos y desprovista de sentido para otros: es el hijo pródigo de la imaginación, la traducción onírica de la realidad, el deseo liberado de una parte importante de las mordazas manifiestas.

Falta conciencia política plena para ponderar lo que este movimiento en ciernes, cargado de protestas, supone. Lo excepcional se vuelve cotidiano y, como el Che Guevara diría más de un siglo después, cuando esto sucede, llega la revolución. Pero sus pasos son lentos y a veces erráticos.

Existe una importante diferencia entre el absolutismo de los zares y la dictadura de los líderes soviéticos, en especial de los que coinciden con el período estalinista; estos últimos no *combaten* el arte, lo *domestican* y se sirven de él hasta llevarlo a su inevitable degeneración.

El citado Nabókov, siempre extremista, en aras del arte puro, ridiculiza el contenido social de Turguéniev, como también el de Dostoievski. Más tarde, expresa la misma opinión a propósito de Tolstói y su *Anna Karénina*, lamenta «que este no viera que la belleza de los rizos oscuros sobre el tierno cuello de Anna era artísticamente más importante que las ideas de Liovin (que son las de Tolstói) sobre la agricultura».

Las opiniones de Nabókov representan, en muchos casos, la reacción contra el periodo soviético, pero no se acomoda al contenido social de los escritores del siglo XIX, para los cuales la belleza no es un valor ético. Como afirmó el sociólogo Max Weber, la belleza, el bien y la verdad siguen caminos diferentes.

Fue una *época al borde del caos* y ahí reside, con toda probabilidad, el secreto de su impar riqueza artística, de su insólita creatividad. Este caso no es el único, aunque adopta formas diferentes según los países: la Viena finisecular anuncia el desplome del Imperio Austrohúngaro y disfruta de un gran esplendor artístico e intelectual con Schnitzler, Hofmannsthal, Kokoshka, Schoenberg,

Gustav Klimt, Wittgenstein y Freud. Conviven y se enfrentan los políticos antisemitas Georg von Schönerer y Karl Lueger, alcalde de Viena, con el padre del sionismo, Theodor Herzl (Carl E. Schorske, *Fin-de-Siècle Vienna: Politics and Culture,* 1980).

La construcción de la *Ringstrasse,* no será el foso medieval que aísle a Viena, sino un puente que la proyecta al mundo. Es la burguesía en pleno desarrollo, el motor de esta efusión cultural.

Siglos antes, la Edad de Oro de las letras españolas preludió el ocaso de su imperio, cuya grandeza era comparable para Quevedo a la de un hoyo: «tanto más grande, cuanta más tierra se saca de él».

Nuestro Quijote representa el ejemplo agónico de glorias pasadas y del porvenir sombrío. Todo Imperio impone respeto, como ocurrió con el apogeo del zarismo y, más tarde, su inevitable decadencia es vivero de creación y búsqueda, de inquietud y protesta.

Para Inglaterra, el convulso periodo isabelino significó el comienzo de su dominio naval y dio paso al esplendor literario, que albergó a William Shakespeare y también a poetas como Edmund Spencer (1552-1599), novelistas como R. Greene (1568-1592) y dramaturgos como Christopher Marlowe (1564-1593).

Con su peculiar estilo, Rusia experimentó a su vez una auténtica explosión literaria durante el siglo XIX. Nunca la pluma había penetrado con tanto vigor en la filosofía, la política y la psicología, ni había profundizado en tan poco tiempo con semejante agudeza en el *alma rusa*...

El *alma rusa,* mito que se repite a lo largo de esos años, fruto de una naciente conciencia eslava.

3. PUSHKIN, EL POETA ETERNO, EL AUTOR SUPREMO

Es la hora de Pushkin, breve y fragoroso como *El pistoletazo,* uno de sus relatos cortos más conocidos.

A partir de 1830 se había iniciado una tímida ruptura entre la rima y la prosa y en ambas está presente nuestro escritor.

La lengua de Moscú y San Petersburgo y la lengua de las Estepas y del Cáucaso, adquieren cadencias inusitadas gracias a él. Llenó con sus obras el tiempo del romanticismo en ese país y más allá. La novela en verso *Eugenio Oneguin* (1823) será la versión eslava del *Don Juan* de lord Byron.

Su azarosa y aventurera existencia se entremezcla con la de Nikolái Gógol al que precede. Gógol, el inolvidable creador de *Almas muertas* (1842), quizá la primera auténtica novela rusa. Ese mismo año vio la luz también la epopeya del nacionalismo romántico *Taras Bulba*.

El poema de Pushkin *El jinete de bronce* (1833) servirá de inspiración al joven Mihaíl Lérmontov, autor de la premonitoria elegía *La muerte del poeta* (1837). «Se hace camino al andar», exclamará Machado un siglo más tarde. Cuatro años después morirá también en duelo; duelos que se afanan, implacables, en segar vidas fecundas. Su novela *Un héroe de nuestro tiempo* apareció en 1840, apurando su breve andadura por las letras.[2]

Época lúgubre y sombría. El reinado de Nicolás I, inmortalizado en el realismo atormentado, de acentos vitales, de esperanzas soñadas está muy lejos del posterior realismo soviético con su monotonía carente de alma.

Alexandr Serguéievich Pushkin nació en Moscú en 1799, cuando se iniciaba el insólito siglo. Pertenecía a una familia noble, lo que no impidió a su espíritu inconformista integrarse en la visión

[2] El tiempo describe innumerables bucles. Años antes y muy lejos de allí, en el distrito 13 de París, hacia las primeras horas del 30 de mayo de 1832, resonó otro disparo; al escucharlo un campesino corrió hacia el lugar de donde provino el sonido. Encontró a un joven retorciéndose en agonía, desangrándose hasta la muerte por la herida reclbída en un desafío, se llamaba Évariste Galois (1811-1832), inmortal matemático de incómodas ideas republicanas, que solo tras su muerte pudo hallar la duradera fama. Triunfó en el abrumador enigma de las ecuaciones, pero fue derrotado por la prosaica y cotidiana intriga.

liberal que habría de socavar el estricto orden conservador hasta entonces imperante. Sus primeros poemas de contenido político le valieron un destierro en Kishinev, en tierras del Cáucaso. Al influjo de Lord Byron, creó el genero conocido como poema narrativo, que conoció un gran éxito en la literatura romántica. A este periodo pertenecen *El prisionero del Cáucaso, Los hermanos bandidos* y *La fuente de Bachtisarai*. La lírica de ecos regionales daba paso a la épica nacionalista.

Su temple rebelde le llevó desde su destino en Odesa, a donde había ido a parar en 1823, al destierro de Miháilovskoie, la aldea de su madre. Allí compuso el drama *Borís Godúnov* (1825), de acentos shakesperianos y partes de la novela en verso *Eugenio* (*Yevgueni*) *Oneguin,* compuesta entre 1825 y 1832.

En 1831 se casó con Natalia Goncharova y solicitó la reincorporación al ministerio del que había sido separado durante su exilio. A ese periodo pertenece la *Historia de Pugachev*. El legado del cosaco que se extendió a los años venideros.

Entre sus muchas actividades, Pushkin fundó la revista *El Contemporáneo* (1836-1866, *Sovreménnik*), que más tarde dirigiría Nekrásov, lugar privilegiado de las letras en el curso del siglo XIX, donde aparecieron, entre otros textos, *La hija del capitán* (1836), *¿Qué hacer?* (1863) y *El sueño de Oblómov* (1859).

En enero de 1837, a los 38 años, murió en duelo con un oficial francés, cuñado suyo, de quien sospechan que le engañaba con su mujer. Final acorde con el credo romántico que le tocó vivir.

Si su existencia merece atención, su obra literaria ocupa un espacio aún mas importante. En 1822 había escrito con el impulso de sus veintitrés años:

> ¿Qué podría decir de nuestros escritores que, considerando una vulgaridad expresar con sencillez las cosas más simples, pretenden animar la prosa infantil con muchas palabras y blandas metáforas?... La precisión y la brevedad son las cualidades más importantes de la prosa.

Magistral pintor de caracteres, es un antecesor de Fiódor Dostoievski. Ambos escritores dibujan figuras repletas de impulsos contradictorios, lejos de esas a las que anima una sola pasión, hechas de un único trazo, tal y como en nuestra literatura representan los personajes de los *Autos Sacramentales*.

Hermann, el protagonista de *La dama de pique* (1834), es todo un ejemplo de la novela psicológica de comienzos del siglo XIX.

No obstante, la fuerza incomparable de Pushkin se revela ante todo en la poesía. Sus versos llegan a nosotros minorados por la traducción; esa traducción que hizo exclamar a Flaubert al leer la versión que de sus poemas hizo Prospero Merimée: «*Mais il est plat, votre poète!*». Claro está, sus versos traducidos se antojaban secos y desprovistos de enjundia para el buscador de *le mot juste*. La traducción de un Merimée, asombrado por la vitalidad de Pushkin, fue incapaz de trasladar sus profundidades al idioma francés.

De entre toda su poesía destaca *Eugenio Oneguin*, publicada en 1837, un clásico que sirvió de modelo para diversos héroes posteriores de la literatura rusa. El melancólico *bon vivant* que vive, indolente, su apático amor por Tatiana y que al final, en un impulso amoroso intempestivo propio del espíritu tímido, le confiesa sus sentimientos y será rechazado por ella que permanece leal a su marido, aunque su amor pertenezca a Oneguin.

El Caballero pobre es un poema que, según recuerda Liuvov Dostoievski (1923), hizo llorar a su padre:

> Habiendo formado así un poco nuestro gusto literario, empezó a recitarnos las poesías de Pushkin y de Tolstói, dos poetas nacionales a los que tenía particular afecto. Recitaba admirablemente sus poesías; había una que no podía leer sin lágrimas en los ojos, *El caballero pobre*, un verdadero poema medieval, la historia de un soñador, de un Don Quijote, profundamente religioso, que pasa su vida por Europa y por Oriente combatiendo por las ideas del Evangelio. En el transcurso de sus viajes tiene una visión: en un momento de exaltación suprema, ve a la Virgen Santísima a los pies de la Cruz.

> Corre desde entonces una cortina de acero sobre su rostro y, fiel a la Madona, no vuelve a mirar a las mujeres...[3]

Tras la aventura de *La dama de pique* asoma un relato donde prima la descripción: *La hija del capitán* (1836), novela histórica que refleja la revuelta campesina del siglo XVIII, basada de nuevo en la rebelión de Pugachev, que inspirará más tarde al Tolstói de *Los cosacos* (1863). Es también el tiempo de *Fragmentos* (1819-1834), evocadores de una atmósfera incomparable.

Los hitos continúan: *Los invitados estaban llegando a la dacha*, sirvió de inspiración a Lev Tolstói para su *Anna Karénina*, a partir del personaje de Zinaída Vólskaya, la joven coqueta que seduce a los nobles petersburgueses.

Como se ha dicho con reiteración, toda la futura literatura rusa está contenida en ciernes en Pushkin. El protagonista de *La dama de pique* sirvió a Dostoievski, según su propia confesión, para crear a Raskólnikov. También sugirió a Gógol la idea de *El Inspector* y más tarde el tema de *Almas muertas.*

Dostoievski no escapa al magnetismo que inspira el escritor. En un discurso pronunciado en 1880, un año antes de su muerte, ante la Sociedad de Amigos de la Literatura Rusa dirá de él:

> Pushkin es un fenómeno extraordinario tal vez, según confiesa Gógol, un fenómeno único del alma rusa. Añadiré por mi parte que es también un genio profético. Aparece a la hora justa donde empezábamos a tomar conciencia de nosotros mismos, un siglo después de la gran reforma de Pedro, y su venida contribuye a esclarecer nuestro camino...

Al salir del liceo fue adscrito al ministerio de Asuntos Exteriores iniciando así una vida de *bon vivant:* naipes, mujeres del

[3] Aimée Dostoievski, *Vida de Dostoievski por su hija*, Madrid, El buey mudo, 2011, pp. 224- 225.

demi-monde, según la expresión de Dumas, y todo tipo de enredos entre los que habría que contar también a los duelos. De talante liberal y celoso de su independencia, frecuentó círculos políticos y en ellos compuso, entre otros, *Oda a la libertad.* El pulcro e influyente Karamzin fue uno de sus protectores que impidieron que diera con sus huesos en Siberia.

La represión que sigue a la rebelión decembrista, como era lógico, hirió a muchos escritores del círculo de Pushkin. Pero la fama que mientras tanto se había ganado el poeta hizo que el zar, deseando tenerlo de su parte, le nombrase irónicamente su censor. Escribió por entonces *El negro de Pedro el grande,* novela histórica, y fue testigo de parte de la guerra ruso-turca.

Vale asomarse a sus descripciones escuetas y precisas.

Una gota del ayer que reverbera:

> Su hija tenía diecisiete años. Se quedó sin madre siendo aún una niña. Fue educada a la antigua usanza, es decir, rodeada de amas, nodrizas, amigas y doncellas, bordaba con oro, pero no sabía leer, ni escribir *(Ibíd.).*

Sobre la políglota existencia de los nobles:

> Seguidamente entró el médico alemán con un caftán negro y una peluca de sabio, tomó el pulso a Natasha y anunció primero en latín y luego en ruso que estaba fuera de peligro *(Ibíd.).*

Indaga en la perpetua ensoñación de la fútil damisela:

> María Gavrilovna se había educado en las novelas francesas y en consecuencia estaba enamorada (*La nevasca,* 1831).

La apoteosis bélica: amor, éxtasis, minutos extensos donde todo se funde en una única pasión:

Nuestros regimientos regresaban del extranjero. El pueblo corría a recibirlos. Los músicos tocaban canciones traídas de la guerra: *Vive Henri Quatre*, valses tiroleses y arias de *Joconde*. Los oficiales, que habían marchado a la campaña siendo unos adolescentes, regresaban curtidos por vientos de mil batallas y cubiertos de cruces. Los soldados charlaban entre sí alegremente, mezclando palabras alemanas y francesas. ¡Tiempos inolvidables! ¡Tiempos de entusiasmo y de gloria! ¡Cómo latían los corazones rusos ante la palabra «patria»! ¡Qué dulces eran las lágrimas del encuentro! ¡Con qué unanimidad fundimos los sentimientos de orgullo nacional y de amor al soberano! Y para él, ¡qué momento! *(Ibíd.)*.

La inquietante crítica. La temida subversión de las costumbres:

En realidad, ¿qué sería de nosotros si en lugar de la regla comúnmente aceptada: *las jerarquías deben respetarse*, se introdujera otra, por ejemplo: *la inteligencia debe respetarse*? ¡Qué discusiones surgirían entonces! ¿Y a quién empezarían a servir los siervos? (*El maestro de postas*, 1831).

En *La señorita campesina* vuelve la eterna cuestión de la verdad y la falsía. También lo natural y el artificioso afeite:

Liza, su Liza de tez morena, estaba cubierta de blanquete hasta las orejas… llevaba unos tirabuzones falsos, de un color mucho más claro que su pelo, cardados como la peluca de Luis XIV; las mangas *à l'imbécile* se alzaban como el miriñaque de madame de Pompadour; el talle estaba tan ceñido que parecía la letra «x» y todos los brillantes de su madre que todavía no había empeñado, refulgían en sus dedos, cuello y orejas.

Nacerá, desenfadada, *La historia de Goriújino*, aldea de 63 almas, mecida por brisas de humor.

Al norte linda con Deriújovo y Perkújovo, cuyos vecinos son pobres, flacos y menudos y los altivos señores están dedicados al belicoso ejercicio de la caza de la liebre.

...Los hombres solían casarse a los trece años con mozas de veinte. Las mujeres pegaban a sus maridos durante cuatro o cinco años. Después de lo cual los maridos empezaban a pegar a sus mujeres; con ello ambos sexos gozaban de una época de poder y se conservaba el equilibrio.

Una reflexión que trasciende los estrechos límites del pueblo:

La idea del siglo de oro es común a todos los pueblos y solamente demuestra que los hombres nunca están satisfechos con el presente y, como la experiencia no permite tener puestas esperanzas en el futuro, adornan el irreversible pasado con todos los frutos de su imaginación.

Su estructura social al descubierto:

El *mujik*, cuanto más rico, más vicioso y cuanto más pobre, más manso. Con lo cual se desveló por la mansedumbre (*krotost*) de las gentes, considerándola la virtud principal del campesino.

Juguetea, displicente, con la cotidiana tragedia de las innumerables aldeas de la estepa. Humor ácido envuelto en monótona eternidad.

Un año más tarde escribe la inmortal *Dama de Pique*, anuncio anticipado de *El jugador*, solo que en este caso su Hermann posee un tinte siniestro del que carecerá Aléksei:

Puede usted asegurar la felicidad de mi vida: sé que puede nombrar tres cartas seguidas... piense que la felicidad de un hombre está en sus manos.

La vieja no decía ni una palabra.

> Hermann se puso de pie.
> —¡Bruja! —dijo apretando los dientes—. ¡Te haré hablar…!
> Sacó del bolsillo una pistola.
> Al ver la pistola, la vieja por segunda vez dio muestras de una gran agitación… Luego rodó hacia atrás y quedó inmóvil.
> La condesa no contestaba. Hermann vio que estaba muerta.

Como dos ríos, la ciega avaricia del jugador y la agitada y fría determinación del asesino parecen unirse, un lejano preludio de Raskólnikov:

> A pesar de no sentir remordimiento alguno, no pudo acallar totalmente la voz de su conciencia, que repetía sin cesar: ¡eres el asesino de la vieja!

Más tarde llega la mesa de juego y al tercer día:

> —¡Gana el as! —dijo Hermann descubriendo su carta.
> —Su dama pierde —dijo suavemente Chekalinsky.
> En lugar del as tenía en la mano una dama de *pique*. Tuvo la impresión de que la dama de *pique* le guiñaba un ojo y sonreía.
> Hermann perdió el juicio y repite con asombrosa rapidez:
> —¡El tres, el siete, el as! ¡El tres, el siete, la dama!

Pushkin reivindica la gloria para el ruso literario:

> Pese a que nada nos agradaría más que leer en ruso, nuestra literatura no parece tener más años que Lomonósov y todavía es sumamente limitada… En prosa solo tenemos la *Historia* de Karamzin… Nos vemos obligados a aprenderlo todo en libros extranjeros; con lo cual también pensamos en un idioma extranjero.

Pólina se inflamaba en sus sueños y no podía dejar de pensar en Charlotte Corday, que se había formado también a través de sus lecturas de Montesquieu y Rousseau. Ahora el objetivo es Napoleón, embriaguez suprema:

> Llegó la noticia de la batalla de Borodinó, cada cual conocía la noticia más fidedigna.
> Mas ante el incendio de Moscú nos abrazamos y mezclamos nuestras lágrimas de noble alegría con apasionadas oraciones por la patria.
> —¿Sabes? —dijo Pólina con aire inspirado—, tu hermano es feliz, no está prisionero, alégrate: ha muerto por la salvación de Rusia.
> Di un grito y caí en sus brazos sin sentido.

Y llegó la muerte, con su implacable y fría indiferencia. Nadie merece morir de un pistoletazo.

CAPÍTULO III

EL SIGLO LITERARIO DE FIÓDOR MIJÁILOVICH DOSTOIEVSKI

Los simbolistas descubrieron al Dostoievski filósofo;
los contemporáneos están descubriendo al Dostoievski artista.
K. MOCHULSKY

Mi amor se enardecía con el aislamiento
y se volvía cada vez más doloroso.
PUSHKIN, *La hija del capitán*

Bajo la sombra de Pushkin se suceden Gógol, Gonchárov, Turguéniev, Tolstói... niños o jóvenes aún cuando el fugaz maestro desaparece. Con ellos Dostoievski.

1. NIKOLÁI VASÍLIEVICH GÓGOL (1809-1852). EL COSACO TRANSTERRADO

No hay peor dolor para un hombre
que querer vengarse y no poder hacerlo.
NIKOLÁI GÓGOL, *Terrible venganza*

Si la novela ha de servir como guía principal en este recorrido, es preciso presentar primero a este pequeño ruso de origen ucraniano que inaugura la narrativa moderna de su país. Pertenecía a la baja nobleza rutena rural, de fuertes creencias ortodoxas, lo que le convirtió en un nacionalista conservador.

Gran parte de la obra de Gógol se hace eco de las leyendas ucranianas, muchas de ellas aprendidas en su infancia de los relatos del abuelo. Estos recuerdos figuran ante todo en *Taras Bulba* (1836).

Descendiente de los cosacos zapórogos, de espíritu indómito, celosos de su esteparia independencia contra rusos, polacos o tártaros, deja en sus escritos huellas ciertas de las luchas, que se traducirán en un nacionalismo exacerbado.

En 1828 se trasladó a San Petersburgo y tres años después conoció a Pushkin, del que recibió gran ayuda en su incipiente andadura de escritor. A esta época pertenecen los relatos cortos *Diario de un loco* y *El capote*. Este último cuento, publicado en 1842, introduce en la literatura rusa al sempiterno funcionario de baja condición, que veremos reaparecer una y otra vez en las obras de Dostoievski. Akaky Akakiévich necesita, con desmesurado afán, un nuevo capote. Cuando, tras mil peripecias lo consigue, no logra serenarse y seguirá notando el frío desdén de sus semejantes.

Al principio, Gógol hizo gala de un carácter inestable y un talante inquisitivo. Con veinte años descubrió que la gran ciudad nada tenía que ofrecer para calmar sus ansias de novedad; embargado de ese ánimo inquieto, un día recibió de su madre una pequeña suma destinada a liberar la casa paterna de una hipoteca, en lugar de cumplir su encargo se hizo a la mar teniendo como horizonte el vasto mundo. Pronto desembarcó en la ciudad hanseática de Lübeck, vagó tres días por el lugar y retornó a San Petersburgo sin su tesoro, resuelto a soportar las dificultades que su futuro le auguraba. Pasó un año como escribiente de un ministerio y allí conoció de primera mano la existencia de un Akaki Akakiévich, el futuro protagonista de *El capote*. Nada presagiaba en ese joven impaciente al místico eslavófilo en que habría de convertirse.

El encuentro con Pushkin quedó grabado en su mente. Cuando llegó emocionado a su casa, este aún dormía; el mayordomo le confesó que había estado jugando a las cartas toda la noche. No obstante, fue acogido cordialmente y pronto Gógol se contó entre sus escritores preferidos. Bajo su influjo escribió *Las veladas de un caserío* (1831), descripción de su infancia en Ucrania. El libro reveló a todos una parte casi desconocida de la Rusia de aquel entonces.

La fama le señaló, cinco años más tarde, con la comedia *El inspector*. Su llegada definitiva al mundo literario le atrajo admiradores y adversarios, una atmósfera que le resultaba difícil de soportar, a consecuencia de todo lo cual emigró a Roma. En los cinco años que vio transcurrir en Europa produjo sus dos principales obras: *Almas muertas* (1842) y la ya mencionada *Taras Bulba*, novela histórica que transcurre en el siglo XVI.

¡Cómo sangra Rusia desde la lejanía de Europa!

Merece la pena que nos detengamos en la primera. Fue publicada en 1842 y parece ser que la idea del texto le fue sugerida por Pushkin. En el curso de la narración aborda con ímpetu la eterna cuestión de la servidumbre, que tanto ocupa por esta época a los escritores rusos, un germen revolucionario de largo alcance. Por aquel entonces, los siervos eran comprados y vendidos, como meros objetos, por sus señores. Para hacer el recuento de estos desgraciados seres se utilizaba la cínica denominación de *alma*, que otorga el título al libro. Las *almas muertas* eran siervos inscritos en los descuidados y burocráticos registros de la propiedad.

El cambio se avecina: tras la crisis que se desencadenó en Rusia con la invasión napoleónica, en la sociedad fluyen aires nuevos dimanados de la Revolución Francesa con los que llegan los oportunos pícaros de toda laya. El protagonista, Chichíkov, es un ente sin escrúpulos que compra y vende almas ya fallecidas. La razón de este sórdido negocio estriba en que el cobro de impuestos a los propietarios de la tierra estaba basado en el número de siervos que poseían. Los registros nunca puestos al día, mitad por cálculo, mitad por indiferencia, permitían al Estado cobrar tributos por almas ya inexistentes. El macabro y avaricioso Chichíkov las compra y libera a sus propietarios del peso de los impuestos que aquellas sombras sin cuerpo devengaban.

Las tinieblas de la burocracia afloran en el perezoso discurrir de lo cotidiano.

Desfilan por las páginas del libro toda una galería de personajes donde alienta la ignorancia, la avaricia, la corrupción y la desconfianza, sentimientos unidos todos por una confortable y distante displicencia. La primera parte finaliza cuando Chichíkov escapa del pueblo donde ha adquirido unas 400 almas, con ellas el gobierno le adjudicará tierras en función de esa propiedad fantasmal y se abrirán las puertas a la ansiada riqueza.

La segunda parte quedó inconclusa. Gógol, agitado por sus profundas ideas religiosas, que adquirieron por entonces nueva fuerza, decidió abandonar la literatura, quemando la segunda parte de esta obra poco antes de morir en Moscú. Su propia alma sin tiempo, con raíces en la baja nobleza de la vieja Ucrania, prevaleció al fin, tras su breve paso por los caminos de la Ilustración.

La muerte de Gógol inspiró a Turguéniev un obituario en el que se deja oír un son insistente: «¡Gógol ha muerto! ¿Qué corazón ruso no se conmociona con estas tres palabras? Se ha ido el hombre que ahora tiene el derecho, el amargo derecho, que nos da la muerte, de ser llamado grande».

2. MIJAÍL YÚRIEVICH LÉRMONTOV (1814-1841). EL POETA QUE SOÑABA SU PROPIA MUERTE

¡Muerto!... Decid, ¿por qué eleváis ahora
un vano coro de alabanzas,
de tardíos elogios?

M. Lérmontov, *La muerte del poeta*

Tras la desaparición de Pushkin el poeta encargado de sucederle fue Lérmontov. De talante exaltado, como lo demuestra su poema *La vela*, fue portavoz del sentir estudiantil de aquel tiempo siendo uno de los mayores defensores de la idea romántica de la libertad. Sus emociones se reflejan en los poemas líricos *Valérik, Borodinó*, o *El demonio*.

Representa la antesala del realismo ruso. *Un héroe de nuestro tiempo* (1839), su obra capital, fue escrita bajo las sombras de Byron y de su admirado Pushkin.

Murió a los 25 años en un duelo, como antes le había sucedido al autor de *El pistoletazo.*

Los sueños son objeto de gran interés en la literatura rusa de la época. Tal es el caso de la obra que aquí nos ocupa. Más tarde lo onírico reaparece con Goncharov y es utilizado también por Dostoievski, en su antológico *El sueño de un hombre ridículo*, y Chernishevski. En literatura el ensueño ha representado un lugar privilegiado para crear y esparcir ideas que parecen morar solo en el plano de lo imaginario, aunque tras ellas se oculten candentes realidades.

Lérmontov protestó airadamente por la muerte de Pushkin con un brillante poema dirigido al zar Nicolás I titulado *La muerte del poeta*, donde exigía venganza por su asesinato en un duelo en el que su pistola había sido alterada para impedirle disparar.

> ¡Con sed de venganza y plomo en el pecho
> cayó difamado del rumor,
> inclinó la orgullosa cabeza!

Así rezan los primeros versos que le valieron el exilio en un regimiento del Cáucaso.

Su obra vio la luz mucho después en una traducción alemana en 1852. Herzen lo publicó más tarde en ruso en el año 1856, con el título *A la muerte de Pushkin,* editada en Londres.

3. IVÁN ALEXÁNDROVICH GONCHARÓV (1812-1891). EL AMABLE ESCRITOR QUE ATISBÓ EL NIHILISMO

Las ideas se paseaban como aves en libertad por su rostro,
se ocultaban en los pliegues de su frente para desaparecer después.
OBLÓMOV

Nacido en una familia acomodada, recibió una sólida formación de carácter conservador. Políglota, con dominio del inglés, francés y alemán, obtuvo la licenciatura en filología en 1834. Sus andanzas literarias comenzaron en 1846 con su primera novela titulada *Una historia ordinaria* (1847). Autor poco prolífico, aún seguirían algunas obras más: *Oblómov* (1858), escrita antes del breve periodo liberal de Rusia y *Precipicio* (1869), donde se ocupa del *corte generacional*, tema presente en las obras de Turguéniev, *Padres e Hijos* y *Humo* y más tarde en *Crimen y castigo* y *Demonios*.

La conocida doctrina del nihilismo, de la que este autor trata, alentaba ya sin ese nombre como respuesta a la opresión desencadenada durante la época de Nicolás I con las revueltas de 1825 y el omnipresente socialismo que se impone a partir de 1840. La Universidad fue el teatro primero de estos debates.

Gonchárov quiso con su novela participar en el hervidero de ideas despertadas por esta corriente en su confrontación con el mundo conservador. El resultado es un universo de contrastes maniqueos. Mark Vólhov encarna a un nihilista de carácter despiadado, la abuela Berezhova representa el universo apacible y tradicional con hondas raíces cristianas. La joven e indecisa Vera, que a su modo es la traducción femenina de Oblómov, se inclinará como él hacia el bando conservador. Es, sin duda, su mejor obra. El héroe, con reminiscencias del autor, es un ser solitario, caviloso, engolfado en sí mismo. Destaca en sus páginas «el sueño de Oblómov», considerado como una de las piezas estilísticas más notables de la literatura rusa; un oasis en medio de un mundo agitado que relata con singular detalle la vida de los pequeños propietarios campesinos que vio transcurrir en su infancia.

Oblómov es un ser apático, indeciso ante los problemas que lo acucian. Su único amigo, Stoltz es el contrapunto, con su vivaz talante y resuelta actividad, que impulsa a la bella y solícita Olga a la tarea de sacar de sus erráticas ensoñaciones a nuestro héroe. Fracasa en el intento y se unirá después en matrimonio a Stoltz. Oblómov, siempre impasible, se sumerge más aún en el pantano neblinoso de la inhibición. La apatía, es decir la ausencia de sentimientos, resulta una *rara avis* en la literatura rusa del siglo XIX, antítesis de la frecuente efervescencia eslava repleta de vivencias de culpa y sufrimiento (*pathos*) universales.

Cumple despedirlo recorriendo los trazos de su retrato: «El pensamiento, cuan un pájaro, se paseaba libremente sobre su rostro, revoloteaba en sus ojos, se posaba en sus labios entreabiertos y se ocultaba entre los pliegues de su frente, para desaparecer después».

4. IVÁN SERGUÉIVICH TURGUÉNIEV (1818-1883). EL ALMA RUSA REVOLOTEA, SIN POSARSE, POR EUROPA

> ¿Desea ser afortunado? Aprenda a sufrir entonces.
>
> TURGUÉNIEV

Es el primer escritor ruso en ganar fama internacional.

Nacido de una rica familia de terratenientes. Su padre murió cuando Iván contaba con dieciséis años quedando en manos de su estricta y autoritaria madre Várvara Petrovna Lutovínoba. Mientras vivió, su progenitor fue una figura ausente. Tal vez este frío origen familiar ayudó a analizar con lucidez la cuestión del nihilismo, vivido como desarraigo y ausencia, dramatizado en lo que llamamos *corte generacional.*

Tras cursar estudios en la por entonces insuficiente Universidad de Moscú, se trasladó en 1838 a la Universidad de Berlín donde fue condiscípulo de Bakunin.

Estimulado por la torrentera de ideas que le asaltaban por todas partes, estudió a los alemanes Hegel y Feuerbach, también a Saint-Simon, Fourier y Proudhon. Materialismo e idealismo en cultivo puro, simiente apropiada para el anarquismo utópico de sus futuras obras.

Mientras tanto, en Rusia aparecían la *escuela eslavófila (slavianofili)*, agrupada alrededor de Kiriévski y Karamzin, para la que Rusia era la depositaria del espíritu cristiano y de su misticismo y la *escuela liberal* (*zapadniki*), de prietos y apresurados contrastes, abierta a Europa, con amplios horizontes que se extendían desde el ilustrado liberalismo al radicalismo revolucionario.

Los liberales rusos de 1848, el año de la Primavera de los Pueblos que puso fin a la restauración absolutista, prolongaron el espíritu del decembrismo de 1825, como antes hicieran los revolucionarios jacobinos con los pequeñoburgueses girondinos.

Lo absoluto mengua, la religión cede, poco a poco, paso a la ciencia, que representa el deseo de conocer pero que, al tiempo, anuncia nuevos dogmas.

La generación de 1848 cuenta con Dostoievski, Turguéniev y Chernishevski. El *hombre del subsuelo* dostoievskiano pugna con el *hombre superfluo* del segundo y con el *hombre nuevo* del último. Los dos primeros representan sendos aspectos de lo humano que intentan encontrar *sentido* a la existencia. La visión de Chernishevski se corresponde con la utopía socialista.

Surge en Rusia el círculo liderado por Mijaíl Petrashesvki (1821-1866), también inspirado en Fourier, cuyo propósito declarado era luchar por la liberación de los siervos.

El círculo estuvo integrado, entre otros, por los escritores F. Dostoievski y M. Saltikov-Shchedrin (1826-1889) y los poetas, A. Maikov (1821-1897) y T. Shevchenko (1814-1861), por ceñirnos solo a los literatos.

Mijaíl Vasílievich Petrashesvki, nacido el mismo año que Dostoievski, fue un intelectual petersburgués que extendió por las tierras rusas las ideas del socialismo utópico. Las concepciones revolucionarias que propagó a partir de 1844 eran afines al materialismo y al ya mencionado socialismo. Perseguían la democratización del estado ruso, lo que no podía ser más opuesto a la rígida autocracia del zar. El círculo fue disuelto por la policía en 1849. Diversos miembros del grupo, entre los que se encontraba Dostoievski, fueron condenados a muerte y llevados para su cumplimiento a la explanada Semionóvski en San Petersburgo. A punto de cumplirse la sentencia, esta fue suspendida y sustituida por la *kátorga*; los trabajos forzados en Siberia eran la parte esencial de esta pena. Las represalias que el gobierno emprendió les arrojaron por largo tiempo a las heladas estepas.

Turguéniev, menos activo, corrió mejor suerte y solo tuvo que exilarse en sus propias tierras.

Los mismos eslavófilos quedaron salpicados por la indiscriminada represión. Fueron los años del llamado «terror de la censura»; entre otras cosas, se prohibieron los viajes a las *perversas* universidades alemanas. En suma, todo lo que se oponía al dominio omnímodo del zar era sofocado sin distinción alguna.

A su vuelta a Rusia, con el apoyo de Belinski, prosiguió la tarea literaria. Su expresividad crece y gana en agudeza. En 1852, como ya mencionamos, escribió en la *Gazeta* de San Petersburgo la necrológica de Gógol, en muchos sentidos su maestro; en ella flota la admiración hacia un sentimiento nacional que no posee.

Desde su exilio europeo producirá una serie de novelas cortas: *Diario de un hombre superfluo, Fausto, Tregua*.

En 1858, ya bajo el reinado del zar Alejandro II, aparece *Nido de Hidalgos,* o la ambivalente añoranza del tiempo pasado, a esta le seguirán: *Primer amor* (1860), un agudo análisis de la condición femenina precursor de Ibsen y de su Nora, la protagonista de *Casa de muñecas*; *Padres e hijos* (1862) o el corte generacional, y *Humo*

(1867), crítica de los conflictos en que se desenvuelven las *buenas gentes,* la sociedad respetable de su tiempo.

Diario de un hombre superfluo (1850) en cierto modo anticipa al hombre del subsuelo, aunque en este caso, Turguéniev pone un mayor énfasis en la gratuidad de la existencia, que en su sufriente inutilidad. Dostoievski, que publicó su obra catorce años después, nos sepulta decididamente en el desespero, en la cínica paradoja.

Chulkatúrin, el joven protagonista, sabe que va a morir. El padre ausente y la madre estricta de Turguéniev se convierten ahora en un padre jugador apasionado y en una mujer entregada a su virtud, que solo encontró la paz en el ataúd donde reposó el día después de su muerte. Fue querido porque había que hacerlo. El padre le amaba a escondidas; la madre dulce pero distante. Algo del autor se desliza en la figura de Chulkatúrin. Algo también de Eugenio Oneguin, su ilustre antecesor literario.

Se despide de la existencia: «Quisiera aspirar una vez más el frescor amargo de la artemisa, el dulce olor del alforfón en los campos de mi patria».[1]

Pero la felicidad nos hace obtusos: «Un hombre feliz es como una mosca al sol».

Como Oblómov o Eugenio Oneguin, es impotente ante el sentimiento. amoroso. Retraído cuando se le requiere y siempre inoportuno, incapaz de intuir las emociones de la amada y presto a ocupar el espacio del amante excluido.

Una historia de amor trunco, malbaratada por el ensimismamiento y la acción de un desmesurado narcisismo.

Padres e hijos merece también atención; testigo del enfrentamiento de la juventud radical de carácter materialista representada por Yevgueni Bazárov con el talante tradicional por los hermanos Kirsánov.

La preocupación que se desliza a lo largo de toda la novela mediante indicios, opiniones inconclusas, comentarios aislados, deshilvanados presagios, versa sobre la naturaleza del nihilismo.

[1] La versión española de esta obra que utilizamos es de Marta Sánchez-Nieves.

El hombre superfluo será un nihilista en ciernes.
Dejemos hablar a Turguéniev:

—Antes los hegelianos, ahora los nihilistas. Los jóvenes están contentos, antes eran unos asnos, ahora son nihilistas. Y no comparo la opinión de nadie: tengo las mías propias —dijo Bazárov.

—¿Que quién es Bazárov?

—Pues es nihilista.

—Nihilista —profirió Nikolái Petróvich—, viene del latín, *nihil*; es decir nada...Una persona que no respeta nada...Un nihilista es una persona que no se doblega ante ninguna autoridad, que no acepta ningún principio como un dogma de fe, por mucho respeto que este principio infunda a su alrededor.

(TURGUÉNIEV, *Padres e hijos,* 1862)

Estos comentarios valen por un tratado de filosofía.

Resulta tentador contemplar en su conjunto el dispar mosaico formado por *Apuntes de un cazador;* las reflexiones sobre el hombre cuya existencia es gratuita, *Diario de un hombre superfluo;* el análisis del nihilismo en su vertiente psicológica, *Padres e hijos* o el costado social, *Humo;* junto con la permanente preocupación por la desorganización familiar, que ya le tocó vivir en su infancia, con *Primer amor.*

Iván Turguéniev merece ser visto desde una doble perspectiva: como escritor y así lo hemos hecho desde estas breves líneas, y como ese hombre que mantuvo una actitud dictada por sus circunstancias biográficas que le llevaron a desarrollar una posición caracterizada por un interés distante de su entorno, siempre reservado hacia los autócratas y los revolucionarios, lo que le valió la reticencia, cuando no la enemistad de ambos. Fue un liberal decimonónico que reencontró su condición rusa en la lejanía europea gracias al contacto con nuevas corrientes que impregnaron su espíritu tras su larga y reposada estancia en el extranjero.

Las biografías de Turguéniev y Dostoievski permiten explicar sus profundas disensiones que fueron sustanciadas a través de la forzada indiferencia del primero y la vehemencia del segundo. *Humo* fue el desencadenante manifiesto de una rivalidad que venía de lejos. «No se pueden escuchar esas injurias contra Rusia», escribió Dostoievski a Maikov, en un arrebato de eslavofilia.

«No goza del pleno uso de sus facultades mentales es una opinión que comparten muchas otras personas», dirá a su vez Turguéniev.

En ambos casos, su condición humana se impuso a su transcendente talla literaria.

5. NIKOLÁI ALEXÉIEVICH NEKRÁSOV (1821-1878). EL SUFRIMIENTO INTERMINABLE.

> Era Nekrásov un corazón herido desde el principio de su vida, herido con una herida que ya no volvió a cerrarse.
>
> DOSTOIEVSKI

De origen noble y de familia arruinada.

Dostoievski guarda un recuerdo para el poeta al citar en *Memorias de un hombre del subsuelo* su composición «A propósito de la nieve derretida».[2]

Tres años después de su nacimiento, el padre abandonó el servicio militar y se estableció en Yaroslav. De su juventud conservó en la memoria las amargas vicisitudes de los forzados, en su paso

[2] Cuando el ardor de mi palabra persuasiva / Retiró del abismo oscuro del error Tu alma caída en el fondo, / Y tú, presa de un dolor atroz, / Maldijiste retorciéndote los brazos, / El vicio te habría fascinado; / Cuando, castigando a tu conciencia, / Renunciando a tu existencia pasada / Y, ocultando el rostro de las manos, / Llena repentinamente de horror y de vergüenza, / Lloraste...

resignado por la ciudad, camino de Siberia, al encuentro de la *kátorga*. Su madre, una polaca de gustos refinados, se afanó en el cuidado de su hijo; este correspondió a sus desvelos dedicándole un verso compuesto por él cuando apenas contaba siete años:

Querida madre míralo
Hice lo mejor que pude
Léelo y dime
Si crees que tiene algo de bueno

La ternura compasiva de la madre contrastaba con la crueldad del progenitor, tiránico con los campesinos y con su propia familia; solo a aquella debió su delicada sensibilidad. La imagen materna quedó para siempre grabada en el recuerdo, autora del suave goteo de atemperadas emociones.

A los once años el padre le llevó a la ciudad a proseguir sus estudios en la escuela, donde permaneció seis años, pero su dedicación preferida era la poesía. Un día cayó en manos de uno de los profesores un cuaderno suyo lleno de poemas y fue expulsado sin más ceremonias.

Siguiendo la inveterada costumbre de aquel tiempo, fue enviado a San Petersburgo para ingresar en la carrera militar, como también haría Dostoievski. Llegó a esta ciudad animado por los mejores propósitos de cumplir los deseos de su progenitor, pero allí se encontró con un antiguo compañero de estudios que cautivó su imaginación con relatos sobre la universidad, más libre, más llena de incentivos para una mente inquieta. Decidió entonces abandonar el proyecto paterno. Como era de esperar, por toda respuesta obtuvo la siguiente amenaza: «Si me desobedeces, no recibirás de mí ni un céntimo».

Nikolái entró, a pesar de todo, como estudiante sin matrícula, en la universidad. Llegaron entonces las penurias de la pobreza, que le acompañaron de un modo u otro el resto de su vida.

Durante tres años, dirá más tarde, «pasé hambre a diario, ciertos días transcurrieron en un largo ayuno». Fue el tiempo en que se vio forzado a luchar por su elemental subsistencia. A pesar de todo, trabó contacto con alguna de las mas adineradas familias de San Petersburgo.

Por entonces, el idealismo volvía a brotar en Rusia con la aspiración de neutralizar el oscuro presente del reinado de Nicolás I. Nekrásov compró en 1847 la revista mensual *El Contemporáneo (Sovremmenik)*, que había pertenecido a Pushkin y pronto la brillante pléyade de escritores de la época enviaron a esta publicación sus contribuciones, con Belinski a la cabeza. Este murió ese mismo año de tuberculosis en presencia de los gendarmes que habían ido a detenerle. Final romántico de un vehemente socialista. La represión se hizo aún más intensa en el curso de la guerra de Crimea.

La ascensión al trono de Alejandro II mejoró su suerte, a esta época pertenece lo más granado de su producción: «El hijo del campesino», «Orina, la madre de un soldado», «Los vendedores ambulantes», etc. Su fama fue en aumento y, ya próximo el final de su vida, vio la luz *¿Quién puede ser feliz en Rusia?* (1873-77), un canto épico de grandes dimensiones. La censura se cebó con él, lo que aumentó, si cabe, la fama con que ya contaba. La versión íntegra es de 1879.

La muerte fue empeñosa, rodeado del reconocimiento de sus contemporáneos.

6. FIÓDOR MIJÁILOVICH DOSTOIEVSKI. (1821-1881). DE LAS PROFUNDIDADES INFERNALES AL ÉXTASIS QUE DESAFÍA EL TIEMPO

> Dentro de cien años se hablará de la aparición de Dostoievski
> en la literatura como uno de los acontecimientos
> más extraordinarios del siglo XIX.
> En la fauna espiritual europea será algo como el Diplodocus.
>
> PÍO BAROJA

Es un hombre ingenuo, no demasiado claro,
pero extremadamente gentil cree con entusiasmo
en el pueblo ruso. Un pequeño *mujik* genial.
CARTA DE HERZEN A OGÁREV

El hombre Dostoievski se asoma en cada una de sus novelas inmortales mostrando las inacabables facetas de su espíritu. Basta un solo párrafo salido de su pluma para retratar al genio, al hombre y al psicólogo; para descubrir el arte en la miseria, en la visión cotidiana del mundo junto con el rasgo de lo insólito, en la nada acechante y en la plenitud.

Sus obras hablan por sí mismas.

En *Pobres gentes* (1846), el socialista utópico persigue la fraternidad. *El doble* (1846) descubre la libertad manifestada en el deseo. En opinión del psicoanalista Otto Rank, es la descripción de un estado paranoico en el que se pone de manifiesto la acción patógena del medio.

Con *La patrona* (1847) palpa la soledad del intelectual perdido en una inmensa urbe.

Noches Blancas (1848) o la felicidad efímera de unas horas que enseñan la incompatibilidad entre el amor y la amistad. *Un corazón débil* (1848) es la historia del sumiso funcionario que muere como corresponde, en silencio.

Niétochka Nezvánova (1849) la omnipresente miseria; *Humillados y ofendidos* (1861), la novela que Oscar Wilde calificó de «nota de sentimiento personal, la realidad áspera de la experiencia auténtica».

Todas ellas sirven de anticipación a las futuras obras maestras. En sus páginas el encuentro sadismo-masoquismo desempeña una función principal.

Memorias de la casa muerta (1861-62) inaugura una nueva época, con la narración de las vicisitudes de ese ser reseco que sobrevive entre las nieves lejanas del exilio. Más tarde, en *Memorias del subsuelo,* (1864), surgirá ese ser esencial, que revela sus secretos evidentes: el hombre del subsuelo, antítesis del hombre nuevo, el más acabado retrato escrito sobre lo recóndito de la condición humana. Con esta novela se inicia lo mejor de su obra.

El *hombre del subsuelo* se desenvuelve en un lóbrego interior, ajeno al mundo que le rodea.

> ¿Qué clase de persona soy? En este mundo he sido un hombre completamente superfluo. Superfluo, superfluo ... he encontrado la palabra perfecta. Hay gente mala, buena, inteligente, tonta, agradable, pero superflua, no... El universo podría pasarse sin esas personas. Superfluo nada más, un excedente en todo.

La gratuidad existencial en toda su extensión, tanto más penosa si el ser en cuestión es inteligente

Con Liza llega el amor, una emoción desconocida y perturbadora.

Sí, el hombre superfluo tiene derecho a enamorarse: «El amor iluminó toda mi vida, hasta el detalle más pequeño».

Le seguirá *Crimen y castigo* (1866) o la novela del sufrimiento que redime y envilece a un tiempo; la dudosa redención.

Raskólnikov anticipa al héroe nietzscheano.[3]

Aún restan *El jugador* (1866), ese ser destructor de su propia existencia, en la fascinación de la ruleta. ¿Acaso, el azar representó para él la única forma de huir de un destino inexorable que le acechaba a la manera del héroe griego?

El protagonista es un (учитель) preceptor, enamorado de la hija de un general ruso, Pólina, en el seno de cuya familia trabaja. La ruleta y la joven contienden en su interior un desigual combate que señalará a la primera como vencedora. El erotismo y el dinero traban un duelo que veremos reproducirse de otra manera en *El idiota* en la figura de Natasha Filipovna cuando arroja al fuego con desdén un puñado de rublos.

3. *Raskol* significa, escisión, separación.

En cada una de sus novelas se atisba un tratamiento particular de estas temáticas cuya totalidad solo se vislumbra con una visión del conjunto de su obra.

En *El idiota* (1868-69) la conmiseración conduce a Mishkin a perder a Aglaya, a quien amaba verdaderamente, por confundir la compasión que sentía por Nastasha con el amor. El narcisista ilimitado que reviste a la mujer de sus propias ensoñaciones. Al final del libro, traumatizado con la muerte de esta, vuelve a la casa de reposo suiza nuevamente enfermo.

Dostoievski también se esconde bajo la piel de Mishkin, agitada por la epilepsia. El príncipe encarna muchas de sus obsesiones religiosas, un Quijote de nuevo cuño, un Cristo romántico alejado de la divinidad que ahora aspira a la perfección humana

En febril goteo, se desliza *El eterno marido* (1870), los celos y el disfrute del propio sufrimiento: «El hombre de esta especie viene al mundo y crece únicamente para casarse, y apenas casado, se convierte inmediatamente en algo complementario».

Una pausa solemne reservada para *Demonios* (1871-72) y la apoteosis del nihilismo con su maligna entraña.

Bobok (1873), cuando el devaneo con la muerte resuena como un eco inquietante próximo de la vida.

Los años pasan; en El *adolescente* (1875) continúa la búsqueda del paraíso terrenal con el consiguiente desencanto. Seguirá *La mansa* (1876), canto a la sumisión y a la rebeldía suprema.

El sueño de un hombre ridículo (1877) representa la sempiterna presencia de lo onírico en la literatura rusa, que ya vimos con *Oblómov*, la anticipación imaginaria del hombre nuevo.

Resta la aventura periodística de *Diario de un escritor* (1873-1881) y por fin, y en el fin mismo, *Los hermanos Karamázov* (1879-80), la novela que exigía una continuación que no vio la luz.

Baste por el momento con esta semblanza de trazo grueso.

7. LEV NIKOLÁIEVICH TOLSTÓI (1828-1910). EXTENSO COMO LA ESTEPA QUE ACOGIÓ SU CUERPO

La práctica de la violencia no es compatible con el amor
como ley fundamental de la vida.
TOLSTÓI

El escritor que disputa tradicionalmente, al menos desde la perspectiva occidental, la primacía de las letras rusas con Dostoievski pertenecía a la antigua nobleza. Sus antepasados, los condes de Tolstói, fueron militares, marinos y cancilleres, hubo también artistas y literatos.

En lo tocante a su familia, el padre poseía grandes dotes tanto morales como intelectuales. Al nacer su única hermana, la madre falleció en el parto. Su tía Tatiana Alexandrovna, a la que amó con ternura, ocupó el lugar que aquélla dejó vacante; más tarde recordará: «Jamás se podría encontrar un alma tan hermosa, tan amante como la suya».

Desde la niñez destacó su amor por la naturaleza y la pasión por sus semejantes en una infancia que puede calificarse de dichosa.

Los estudios universitarios los hizo en Kazán. Sus ojos pequeños, entre grises y azules, parecían escudriñarlo todo. Dirá de sí mismo, con acento rotundo: «Soy feo, torpe, desaseado. Soy maleducado. Soy irritable, desagradable para los demás...». Retrato que recuerda en cierto modo al que nuestro Valle Inclán hace del marqués de Bradomín, protagonista de *Sonatas*, al que califica de «feo, católico y sentimental».

Pero la vida de Kazán no colma a su mente exuberante: «No puedo recordar aquellos años sin horror, sin asco, sin sufrimiento», escribe en sus *Confesiones*. Bebe literalmente su existencia con esa telúrica fuerza que siempre le caracterizó y la consume en duelos y juegos de azar, alternando con periodos de renuncias ascéticas. Así transcurren diez años. También conoce entonces el amor con la cosaca Marenka, sus cunas los separan y la pasión los funde; Tolstói lamenta no ser más libre, más como ella. Pero no puede ser cosaco.

Pasó el tiempo entre Moscú, San Petersburgo y su querida Yásnaya Poliana.

En la guerra de Crimea, que dejaría su huella en la novela *Los cosacos* (1863), se desempeñó como suboficial en una brigada de artillería. Por esos años escribirá *Infancia, La tala del bosque* y *Relatos de Sebastopol.*

Asistió al sitio de esta ciudad, que resistió durante once meses el asalto combinado de otomanos, ingleses y franceses, en un anticipo de lo que sería el cerco de Leningrado en la Segunda Guerra Mundial.

Esta experiencia reforzó su tendencia realista en la escritura de donde saldrá lo mejor de su producción literaria. Crimea es quizás para Tolstói lo que la *kátorga* significó para Dostoievski.

Se relaciona con Turguéniev, que lo recibe con los brazos abiertos, pero el contacto oscila entre la efusión y el alejamiento. «Estamos amasados, dirá Turgueniev, con diferentes arcillas» y en otro lugar añade: «Con que Dios conceda únicamente a Tolstói una larga vida, estoy seguro de que va a sorprendernos a todos».

Turguéniev desea que su amigo se dedique exclusivamente a la literatura y deje de lado las preocupaciones religiosas y sociales, ante las que se mostraba reticente. Es inevitable comparar la naturaleza de esta relación con la tempestad que supuso su disputa con Dostoievski.

La raíz eslava de Tolstói se rebela contra el distanciamiento contemplativo que cree ver en Turguéniev, ama los añosos robles de Yásnaya Poliana en abrupto contraste con las cuidadas avenidas napoleónicas de París que vieron a Turguéniev. Su pensamiento se nutre del socialismo científico de Proudhon y de su talante ilustrado y también de la pobreza predicada por el cristianismo primitivo.

Pese a todo, irá a París, Turguéniev le aguarda; presencia una ejecución y más tarde en sus *Confesiones* exclama: «La vista de una pena capital me ha demostrado que mi creencia en el progreso era una superstición». Pasa unos meses en esa ciudad y se relaciona con la colonia rusa.

De vuelta a Yásnaya Poliana se dedica con fervor a la lectura, lee a los clásicos y, por supuesto el Evangelio. Escribe *Tres muertes* y *Felicidad conyugal.*

Continúa su vivir intenso, retorna a las contenidas emociones del juego y cultiva su físico. Toda actividad le parece poca.

En 1860 fallece Nikolái, a diferencia de la muerte de su otro hermano, Dimitri, siente desesperación. Su amigo Turguéniev le escribe un mes antes de su muerte: «¿Ha de morir ese hombre encantador y admirable?». Pero la vida sigue.

Los cosacos. Después *Anna Karénina* (1877); Dostoievski la tacha sin reservas de obra maestra en *Diario de un escritor*: «Es una obra de arte perfecta».

En 1862 se casa con Sofía Andreiévna, que por entonces cuenta con diecisiete años, el ya tiene treinta y cuatro. Le confía su *Diario íntimo*, que arranca las lágrimas de la muchacha, casi adolescente.

«La sombra de Tolstói acecha tras cada uno de sus personajes», escribe S. Zweig, como sucede también con Dostoievski. En este caso, es el propio autor quien se muestra ante sus ojos al desnudo, en un rasgo de sinceridad y autoinculpación que le es muy propio. La culpa es una dolorosa toma de conciencia que proyecta en sus obras, hasta que al final de sus días le impele a tomar una decisión existencial.

Se casarán en el Kremlin. La felicidad parece completa. Romain Roland supone que su esposa servirá de modelo para la Natasha de *Guerra y paz* y para Kitty en *Anna Karénina.*

La epopeya de *Guerra y paz* (1865-69), imponente fresco de la invasión napoleónica de Rusia, es considerada su obra cumbre. Cierto es que no tiene parangón en la literatura rusa. Pushkin había significado el prólogo de esta gigantesca empresa, pero sin el carácter de epopeya que impregna la obra de Tolstói.

Es inevitable establecer un paralelo, que no una comparación, con *Los hermanos Karamázov,* que reflejan la angosta y lóbrega aventura del espíritu. La novela de Tolstói es dilatada como la estepa, mientras que los Karamázov se desarrollan en las incontables dimensiones de la mente y en su mínimo espacio. *La Ilíada* se confronta con *La Odisea.*

La impresión que producen estas obras en los lectores es muy diferente: *Los hermanos Karamázov* provoca agobio, desorden, curiosidad, su lectura despierta fobias y filias, rechazo y fascinación. Hace recorrer los abismos de la abyección y la luminosidad intemporal que convoca el éxtasis.

Guerra y paz, es minuciosa y a la vez gigantesca, inabarcable como totalidad y laberíntica en los detalles. Épica y también lírica. Podemos detenernos en los personajes o atender al curso memorable de la historia, se palpa el devenir del tiempo, el antes y el después y también un contenido drama humano.

La obra recibe una gran acogida, aunque los militares, siempre muy suyos, encuentran mal descrita la batalla de Borodinó. Turguéniev cala más hondo y opina que tiene cosas insoportables y cosas asombrosas... en suma: «jamás nadie entre nosotros ha escrito nada que lo supere».

La ambivalencia en sus relaciones es única; se rinde ante el artista, pero se aleja del hombre y de su vehemencia.

Turguéniev es el incansable investigador de la gratuidad del hombre superfluo, pero huye del vertiginoso mundo de las pasiones. En 1861, ante la impulsiva decisión de Tolstói de batirse en duelo con él, le escribió: «Arrebatado por un sentimiento invencible de odio, cuyas causas no es oportuno buscar en este momento, le he ofendido sin que usted me haya provocado y ya le he pedido que me perdone…».

Más tarde, Tolstói confiesa su disgusto por sus disputas y escribe: «Sí, soy culpable hacia usted, ¡perdóneme!»

Se anuncia *Anna Karénina*, el inmortal relato de una mujer prisionera de las convenciones sociales y del filósofo Liovin, que intenta mejorar la existencia de los siervos.

Tolstói es el eterno pintor de incomparables figuras femeninas y aquí halla su expresión más cumplida.

1881 trae la muerte de Dostoievski. Los dos hombres habían tenido poco contacto, aunque leyeron sus respectivas obras. Ante esta noticia Tolstói escribe, en uno de sus arrebatos, a su amigo Strajov: «He comprendido que era el hombre de quien yo me sentía más cerca, el más querido, el más indispensable…».

Hombres de estirpe diversa. Si con Turguéniev existía un profundo antagonismo, también ocurría otro tanto con Dostoievski: el pobre que escribía afanosamente para procurarse el sustento y paliar los despilfarros del juego, frente al gran señor al que sonreía el destino, igualmente aficionado al juego pero que solo se sentaba frente a los ricos que podían perder una fortuna sin inmutarse.

Tolstói llegó a practicar la pobreza y Dostoievski vivía en ella.

La lejana ensoñación intelectual de Turguéniev, la vis trágica de Dostoievski y la insaciable vitalidad de Tolstói. Este ultimo tuvo una importante influencia en el desarrollo del anarquismo en su vertiente cristiana y pacifista. A diferencia de Bakunin, se inclinó más por el socialismo descentralizado de Kropotkin. Este pensador, con cuantiosos medios económicos, entró en contacto con el movimiento obrero europeo. Se hizo miembro de la Primera Internacional a la que abandono poco después por no estar de acuerdo con su ideología. Tolstói extrajo sus ideas no del ambiente europeo sino del contraste existente entre la acomodada nobleza y la servidumbre del *mujik* que, en el mejor de los casos, solo podía beneficiarse del ocasional paternalismo de sus amos. No fue ese el destino del europeísta Turguéniev, tampoco el del desterrado Dostoievski, que construyó sus obras desde el hondón de su propio sufrimiento.

Su correspondencia irradia desde Yásnaya Poliana a un sinnúmero de personalidades de distinta condición, entre ellas M. Gandhi, R. María Rilke, Nicolás II y R. Roland. Tuvo pronto una vocación universal. A Dostoievski le hizo universal su capacidad de expresar los sentimientos íntimos.

Las creencias cristianas de Tolstói sufrieron un duro embate, como se refleja en *Resurrección* (1899), con acerbas críticas a las instituciones religiosas. Lo que le valió ser excomulgado. En este sentido, siguió la misma trayectoria que Dostoievski, aunque la gestionó de manera diferente. Abandonó la escritura para mezclarse con el pueblo llano; ni siquiera la carta que Turguéniev le envió pidiéndole la vuelta a la literatura le disuadió de su propósito.

Esa mezcla de anarquismo, con la negación de las instituciones tradicionales rusas y la vuelta al cristianismo primitivo, le supuso el reconocimiento de los valedores de la llamada *alma rusa*.

Quedan por recordar *La muerte de Iván Illich* (1886), cuya soledad ante el supremo final despierta fragorosos ecos, *La sonata a Kreutzer* (1889), un encendido alegato contra la prostitución y su obra póstuma *El cheque falso* (1911), con el trágico efecto multiplicador de una pequeña estafa.

S. Zweig, el inolvidable autor de *El mundo de ayer*, trazó un paralelo entre Tolstói y Dostoievski:

> Llamados ambos a penitencia como profetas iracundos y frenéticos del amor, ambos aparecen trágicamente iluminados en el umbral de un mundo que se va a hundir, procurando impedir eso tan monstruoso que ventean ya en el aire, ambos se destacan como dos figuras del Antiguo Testamento, las más grandes que ha conocido nuestro siglo. Pero si a los dos les es concedido presentir lo que viene, a ninguno de ellos le es permitido cambiar el curso del destino. Dostoievski se burla de la revolución y la bomba que destruye al zar estalla apenas ha pasado su entierro.

> Tolstói fustiga la guerra y exige el amor, y no pasan mas que cuatro primaveras por encima de su tumba y la guerra asesina y ensangrienta al mundo.
>
> (S. Zweig, *Hombres, libros y ciudades*)

Tolstói yace en Yásnaya Poliana. La tierra supo reconocerle como a uno de los suyos.

8. NIKOLÁI SEMIÓNOVICH LÉSKOV (1831-1895). EL «VARÓN JUSTO» DE EXISTENCIA SOLITARIA

> En el mundo de Léskov abundaban los peregrinos encantados…
> por su amor a la vida y a los hombres.
>
> M. GORKI

Nació en Oriol, la ciudad de fértil literatura que dista casi cuatrocientos kilómetros de Moscú. Allí transcurrió la infancia de Turguéniev y allí vieron también la luz el poeta Afanisi Fet y Leonid Andréiev. Murió en San Petersburgo.

Durante toda su vida estuvo prendido en los problemas religiosos. Fiel seguidor de la ortodoxia rusa recibió severas críticas de los escritores de tendencias revolucionarias de su tiempo; aunque también, sobre todo al final de su vida, por sus invectivas al sistema zarista, sufrió la quema de varias de sus obras.

En 1861 empezó a trabajar como periodista en San Petersburgo; a partir de 1862, pasó todo un año viajando por Europa, como convenía a su época. Por entonces publica *El bandido* (1862) y en los años siguientes *Sin salida* (1864), *Enemigos mortales* (1870) y *Acuchillado* (1871). Obras todas que representan su lucha contra el materialismo en defensa de los eternos valores de la ortodoxia y de la religión inmediata del pueblo llano.

La religión que profesan esta pléyade de escritores rusos del siglo XIX oscila entre la ortodoxia institucional aliada con el poder y las creencias más directas de los campesinos.

La publicación de *Pequeños detalles de la vida episcopal* (1878), un escrito satírico de carácter anticlerical, le valió la pérdida de sus cargos en el gobierno zarista. Llegará a la definición del «varón justo» como ese ser perseguido pero dotado de virtudes cristianas. A este período pertenecen *Los varones interesantes* (1885) y *Los ingenieros incorruptibles* (1888). Fue una figura característica del subjetivismo, que se aleja de las corrientes sociales imperantes en su tiempo.

Como dice M. Gorki en el prólogo a su obra *El peregrino encantado* (1873):

> Léskov es el más original de los escritores rusos, ajeno a cualquier influencia del exterior. Leer sus libros es la mejor manera de sentir y comprender Rusia, con todo lo que tiene de bueno y de malo.

CAPÍTULO IV
UN PRECURSOR DE LA PSICOLOGÍA PROFUNDA

> Mi visión de Rusia, de mi Rusia, procede de haber leído obras literarias de rusos, sobre todo de Gógol, Turguéniev, Tolstói, Gorki y en especial de Dostoievski. Dostoievski es, debo confesarlo, mi principal fuente respecto a Rusia. Mi Rusia es la Rusia de Dostoievski, y si la Rusia real y verdadera de hoy no es esa, todo lo que voy a decir carecerá de valor de aplicación real, pero no de otro valor. Yo hago votos por el triunfo de la filosofía, es decir, de la concepción y el sentimiento que de la vida y del mundo tenía Dostoievski [...] lo he expresado apoyándolo en una Rusia, la Rusia de Dostoievski, la de su espíritu subterráneo, la de su idiota, la de su Raskólnikov.
>
> (Miguel de Unamuno, *Un extraño rusófilo,* 1914)[1]

1. LOS CRÍTICOS, LA CRÍTICA

Durante más de un siglo han aparecido, uno tras otro, un número considerable de libros acerca de Dostoievski. Sorprende la variedad de enfoques con que abordan su vida y obra. Así reflejó el tiempo la compleja tarea que se resiste a abarcar en pocos y uniformes trazos tanto a la persona como a sus escritos. El hombre, con sus innumerables registros, serpea en sus novelas y en los personajes que describe hasta el punto de formar un todo indivisible con ellas. El hombre, sus creencias e ideas.

Al fijar la atención en la corta autobiografía que figura en 1877 en su epistolario resulta notoria la pobreza de datos que proporciona,

[1] Citado por J. Morillas.

propios de un aséptico *curriculum,* pero inadecuados para quien tanto se afanó por explorar los recovecos del alma humana:

> En 1844 abandonó el servicio militar y escribió su primera novela *Pobres gentes*... Pero una indisposición permanente, que comenzó a continuación, perturbó gravemente durante años sus ocupaciones literarias. En la primavera del año 1849 fue detenido... y en 1849 a causa de la epilepsia contraída en el presidio, fue liberado del servicio.

Nada permite adivinar en estos párrafos la ingente riqueza que se esconde tras estas palabras: los densos dramas, las ensoñaciones que flotan en las noches blancas, el mundo delirante de Goliadkin, las deformaciones del alma.

Con este retrato austero el humano escapa, apenas alcanza a ser un esqueleto donde la razón y las pasiones se insinúan.

Nació el 30 de octubre de 1821 en el Hospital María de Moscú, hijo de un coronel médico, veterano de la guerra napoleónica, de carácter rígido y autoritario y de María, una tierna, educada y comprensiva ama de casa. Pasó la infancia aislado del mundo, en medio de un clima familiar dispuesto por su padre, cuya vida misma fue una escuela de ruda y estricta disciplina adquirida en su pasado militar, que habría de manifestarse con innecesaria vehemencia para con sus propios hijos. Un padre preocupado por su porvenir, pero que no sabía de otro método que la disciplina castrense, apenas ablandada por su condición de médico. De sus primeros años, recordará con añoranza los veranos transcurridos en la casa campestre de la familia en Darovoie. Allí, tuvo los primeros contactos con el campesinado y fue feliz como a su edad correspondía.

Su madre le enseñó a leer y a escribir. Por las noches, el padre impartía a sus hijos lecciones de latín, con el rigor acostumbrado. Amante del estudio y poseedor de una cultura superior a la media, el viejo Dostoievski quiso darles una formación esmerada, para procurarles las mejores oportunidades en el camino hacia una posición social de mayor prominencia. A los doce años, Fiódor y su hermano mayor Mijaíl son enviados a una escuela en Drochusov y un año más tarde, a un internado dirigido por el francés Chermak, colegio preparatorio de estudios superiores al que asisten los hijos de los profesionales y de la gente distinguida de Moscú.

A diferencia del concepto de *imperativo categórico* kantiano, entendido como cualquier proposición que declara a una acción (o inacción) como necesaria, la *necesidad* en Dostoievski se desenvuelve más allá: por el universo de los sentimientos y las emociones, en algo vital y por lo tanto sujeta al cambio.

Viene a propósito la siguiente afirmación de Bajtín:

> La novela se caracteriza por tratar los eventos en la zona de máximo contacto con el presente. En ella, el conocimiento que la tradición hereda es remplazado por el que surge de la experiencia y el juicio libre.[2]

El arte consiste en la capacidad de comunicar situaciones nimias unidas a instantes transcendentes en la promiscua variedad de lo real que actúa como un torbellino que arrastra al lector.

En *Tres maestros (Balzac, Dickens, Dostoievski)* publicado en 1920, S. Zweig dirá que Dostoievski no es nada si no lo vivimos desde dentro y al intentarlo perdemos la orientación quedando atrapados en mil vivencias que nos desorientan:

> Su mundo se sitúa entre la muerte y la locura, en el espacio vagoroso de la angustia. La trayectoria que siguen sus novelas desconcierta: desde el presagio que hará de su vida un remedo de *Pobres gentes* hasta la romántica y melancólica *Noches Blancas.* Siberia se oculta bajo el hielo de sus ardores iniciales. Vuelve a la vida con *Memorias de la casa muerta,* el zar llora al leer estas páginas y todo sigue igual.

[2]. Citado por D. Sheinbaum, 2017.

Lo más hondo y transcendente está por llegar.

Como ocurrirá también con el estudio de Freud, S. Zweig renuncia a la biografía minuciosa para crear un apunte impresionista que hace justicia con su trazo certero al espíritu de Fiódor Mijáilovich.

Más tarde, en *Momentos estelares de la humanidad* (1927), el mismo autor concibe la historia novelada de su fusilamiento interrumpido por un *ucase* de Nicolás II que permitirá que el naciente escritor no se lleve a la tumba el tramo más inmortal de su novelística, el periodo que Frank denomina *los años maravillosos.*

La obra de Dostoievski, a través de sus personajes principales, exhibe juntas, incluso dentro de un mismo individuo, miserias y grandezas. El autor se sitúa en un plano psicológico, donde se ocupa de *este hombre* como ser singular e irrepetible. Esto es precisamente lo que hace de él un auténtico psicólogo, entregado a desentrañar lo que de único e irrepetible tiene cada ser humano, lo que le distingue de la monotonía de la especie a la que pertenece.

Aimée Dostoievski, la hija, posee una visión bien diferente de su padre, de ese padre tan próximo y a la vez tan lejano al convertirse en patrimonio de la humanidad: «los Dostoievski somos lituanos, pero no somos polacos». Oscuras reminiscencias nacionalistas. En esta biografía se mezclan los orígenes de la familia con recuerdos íntimos de la infancia. Su libro merece considerarse más por la visión intimista que proporciona, que por la fidelidad de sus descripciones.

Otro panorama distinto es el que ofrece el eslavista Jacques Catteau, responsable de la edición completa de la *Correspondencia* de Fiódor Mijáilovich. Este autor retoma la cuestión recurrente de sus debilidades: «Se reconoce el poder de sus ideas, pero a veces se le vilipendia en el arte de escribir» (p.13).

> El pensamiento de Dostoievski está organizado. Sus frases que golpean, redundantes, como martillos, que se despliegan para perderse después y que más tarde reaparecen, acumulan sin cesar contradic-

ciones inherentes a la dialéctica destructora, aproximaciones, reticencias, absolutismos, verdaderas *frases serpiente* que progresan según un ritmo ternario;[3] son también un grito, un diálogo desafiante donde la huida se advierte en lo no dicho, en la falsedad.

(Ibíd.)

Julien Gracq reitera:

Lo que me seduce de él y sin restricciones... son las grandes conversaciones recónditas, cautelosas, venenosas, oblicuas, que atestiguan en el diálogo recursos de tensión y de teatralidad inigualables.

Tal es el caso de muchos de los diálogos de *Demonios* (Shátov y Kiríllov) y de *Los hermanos Karamázóv* (Iván y Aliosha).

2. SU OBRA Y LOS INNUMERABLES RELATOS

El mencionado J. Catteau se hace una pregunta crucial sobre este escritor, prototipo del «realismo fantástico»:

¿Qué tiene Dostoievski para que espíritus tan diversos como Nietzsche, Freud, Virginia Woolf, Einstein o Coetzee le admiren tanto?

Atraen en la misma medida su personalidad y sus ideas y sobre todo la capacidad para sacar a la luz los sentimientos y emociones más primarios del ser humano. Sus dotes ceden ante la magnitud de lo que desvela. Y se asombra en «un no se qué que queda balbuciendo», en la mística de un descubrimiento donde las palabras apenas alcanzan.

[3] Catteau señala también aspectos del estilo dostoievskiano en la estructura de la frase, en el ritmo ternario que se pierde en las traducciones. Téngase en cuenta que el ruso es una lengua isoacentual y no isosilábica como el español.

Otros autores le aventajaron en estilo, como es el caso de Gonchárov, en calidad artística convencional, pero ninguno descubrió tantos entresijos de la condición humana y de sus ansias de transcendencia.

«Aparte de Shakespeare, no hay lectura más emocionante que Dostoievski», dirá V. Wolf, tal vez fascinada por sus personajes femeninos: Nelly y Grúshenka, Sonia y Liza.

Por su parte, Albert Einstein escribe esta críptica frase: «Aprendí más de Dostoievski que de cualquier otro pensador científico, incluso más que de Gauss». Gauss fue el precursor de las geometrías no euclídeas, entre las que destaca la geometría hiperbólica o imaginaria del ruso Lobachevski. Habría que recurrir después a Iván Karamázov para encontrar una fuente de inspiración parecida al alcance de la perspicacia de Einstein y de su mente hiperdimensional: «Trataba de percibir geometrías invisibles detrás de la geometría que se escapa de las dimensiones que podemos apreciar».[4]

El pensamiento religioso de Einstein, que se resume en la religión cósmica, guarda semejanza con las inquietudes dostoievskianas:

> Un contemporáneo declaraba no sin razón que, en nuestra época instalada en el materialismo, se reconocen en los sabios escrupulosamente honestos los únicos espíritus profundamente religiosos.

Reflexión que, sin duda, habría dejado satisfecho a Dostoievski.

Freud, otro coloso del pensamiento que exploró como nadie el mundo del subsuelo, afirma que *Los hermanos Karamázov* es «la más magnífica obra jamás escrita».

¿Es acaso el *subsuelo* un precursor literario de lo *inconsciente?*

La respuesta que contente a esta catarata de impresiones quizá sea que su filosofía representa el desafío a una razón que no sa-

4. https://www.bbc.com/mundo/noticias (2017).

tisface cuestiones esenciales que están más allá del materialismo positivista; reflexión en la que abunda también el filósofo Chéstov cuando le proclama al tiempo como el heredero de Pascal y de Schopenhauer, ese heraldo de Freud y Marx, que seguirá más tarde su propio camino.

J. Catteau observa que abre la senda que conduce a Nietzsche, sobre todo a partir de *Memorias del subsuelo, Demonios* y *Los hermanos Karamázov,* donde desarrolla la problemática acerca de la muerte de Dios y del nihilismo. Dios y la Nada resisten cualquier embate y se enfrentan en una contienda intemporal.

En su universo polar, Dostoievski acierta a identificar primero los extremos para a continuación integrarlos en su característico realismo fantástico. Discurre caprichosamente desde la metafísica a la vida cotidiana, desde la creencia al escepticismo. El bien se cobija en Sonia Marmeládova *(Crimen y castigo)*, en el príncipe Mishkin *(El idiota)*, en Tijon, Zósima y Aliosha Karamázov. Los entreveros del mal en Verjovenski *(Demonios)* y en Raskólnikov *(Crimen y castigo)*, en el que también alientan vientos de redención. La fe vacilante toma cuerpo en Shátov y la confusión metafísica en Stavroguín, quien llegará a decir en una poderosa intuición de la Nada: «Ni conozco ni siento el bien y el mal, y no solo he perdido todo sentido de él, sino que no hay bien ni mal... y que son solo un prejuicio».

El prejuicio es la forma que adopta una ilusión, el *velo de Maya* que inspira a Schopenhauer, donde los sentidos son los que construyen la representación, la característica fundamental de la realidad. «La vida y el sueño son páginas de un mismo libro», dirá el filósofo, como un nuevo Calderón.

Stavroguín, el mensajero de la Nada, el espacio inerte de máxima entropía, supera así su condición de ser la personificación del mal.

O también el suicida Kiríllov, obsesionado en penetrar en un mundo en el que solo el hombre y no Dios sea el auténtico árbitro de la existencia. Como un nuevo Ícaro fallece al competir con la

Divinidad por el control de la vida y de su inseparable compañera, la muerte.

> Hay segundos (solo cinco o seis a la vez) en que uno logra sentir la plenitud de la armonía eterna. Es algo sobrenatural. No estoy diciendo que sea algo divino, sino que el hombre, en cuanto ser terrenal, no lo puede sobrellevar. Tiene que cambiar físicamente o morir.
>
> (Dostoievski, *Demonios,* 1871)

Dostoievski transita en extraña mezcolanza, a través de Kiríllov, por una senda que conduce al superhombre, o acaso al hombre-Dios, inspirándose en la crisis epiléptica que tan bien conoce, en sus creencias sobre la inmortalidad y en el rechazo del nihilismo. Caos y armonía en imposible coyunda. Y siempre búsqueda de sentido.

Extrae con un solo personaje mil matices sobre cuestiones transcendentes; ahí reside su riqueza, ahí también radica la atracción que ejerce sobre sujetos muy diversos.

R. Fülöp-Miller (1928) y G. Steiner (1959) coinciden en el propósito de comparar a Dostoievski con Tolstói. El primero pondera la importancia de dos de sus grandes obras:

Guerra y paz y *Crimen y castigo*, ambas aparecidas en 1865, donde se contraponen la epopeya del pueblo ruso y el relato íntimo lleno de deslumbrantes luces y sombras pavorosas. El impacto que en el primero produce la obra de Tolstói le permite acometer un proyecto que no llega a culminar con la proyectada *Vida de un gran pecador.*

El artículo de Fülop-Miller es menos ambicioso que la obra de Steiner y se limita a una revisión histórica de las valoraciones recíprocas de mutua admiración que ambos hombres establecen, más entregada la de Dostoievski que la de Tolstói.

De manera indirecta conocemos la opinión que Fiódor Mijáilovich merecía a Tolstói:

> He leído hoy el capítulo de *El gran Inquisidor;* es hermoso, pero como en todas las obras de Dostoievski, aparecen también muchas exageraciones. No sabe guardar medida.
>
> Cada vez que leo a Dostoievski, albergo el sentimiento de experimentar al comienzo una especie de resistencia; más tarde, me siento atrapado por la obra. ¡Qué extraños resultan los modos de Dostoievski y qué singular su lenguaje! Todos sus personajes hablan la misma lengua y lo que es más extraordinario: el exceso de originalidad alcanza tal punto que hace resentirse a la originalidad misma. Lanza grandes ideas por doquier y el realista se impregna de sentimentalismo. En mi opinión su tiempo ha pasado ya; por ejemplo, yo no podría pintar con tanto detenimiento la manera en la que una joven deshace sus cabellos. Me siento más capaz de describir lo que deben ser las relaciones entre seres humanos.

Años después Nabókov censurará a Tolstói por la razón inversa: no haberse detenido lo suficiente en los rizos de Anna Karénina en lugar de extenderse con las ensoñaciones socialistas de Liovin.

El tiempo de Dostoievski no ha pasado, su mundo sigue siendo vigente, aunque agazapado y solo visible en contados e intemporales instantes, en los periodos de crisis.

Una amplia brecha separa a estos dos gigantes, pero a ninguno le cabe ocultar su admiración por el otro. Sin embargo, Tolstói no se rinde ante la obra cumbre de Dostoievski:

> Acabo de leer *Los hermanos Karamázov* y no me parece una buena obra. El defecto de Dostoievski reside en que su arte es informe. Muchos detalles están inventados, en parte exagerados, pero también parcialmente despreciados. Sin embargo, se encuentran en la obra muchas ideas profundas y posee una elevada altura religiosa. Solo tengo objeciones contra la forma y no comprendo cómo las obras de Dostoievski pueden ejercer tanta influencia.

El realismo directo de Tolstói colisiona con el realismo fantástico de Dostoievski.

Si bien *Guerra y paz* y *Los hermanos Karamázov* pertenecen a la categoría de *libros titánicos,* en el decir de T. E. Lawrence, sus escenarios son bien diferentes.

Virginia Woolf —citada por Steiner— se sintió tentada a preguntar si escribir sobre cualquier otra novelística, excepto la de ellos, no es perder el tiempo.[5]

G. Steiner aborda también con el sugestivo título de su obra *Tolstói o Dostoievski* un debate apasionado y apasionante: dos «momentos estelares de la novelística». Comienza con la siguiente sentencia: «La gran tradición de la novela europea nace de las circunstancias que condujeron a la extinción de la épica y a la decadencia del drama serio» (p. 28).

La ruptura entre ambos géneros es progresiva en la literatura rusa: Gógol descansa todavía en la épica y en el pujante movimiento eslavista. Por el contrario, la grandeza de *Guerra y paz* consiste en que, junto a la gran epopeya napoleónica, alberga el amor de Pierre Besújov hacia Natasha sin que la narración se resienta. Una síntesis difícil de alcanzar.

¿Es Besújov un hombre superfluo que flota en el ambiente bélico? Así parece al comparar su existencia callada con el futuro de Europa que está en juego. Pero no es tal. La intriga, las pequeñas menudencias cotidianas de la aristocracia, es lo que dota de vida al gigantesco tapiz que forman los motivos esenciales de Austerlitz y Borodinó.

El paisaje es rico en sugerencias. A modo de introducción, Steiner ofrece un análisis de la novela en el siglo XIX en Estados Unidos y Rusia e inquiere sobre sus espacios comunes y sus diferencias: Turguéniev, Henry James y Elliot aceptan el viejo mundo sin reticencia, Tolstói y H. Meville lo rechazan. E. A. Poe tiende un puente hacia Chéjov y su desencanto. Los norteamericanos,

5. Virginia Woolf, *The Common Reader,* N. York, Modern fiction, 1925.

con lo que más tarde se llamará el *American way of life* y los eslavos con *el alma rusa* crean una identidad propia carente de una tradición que de hecho no poseen.

El mismo autor señala que:

> Los arcaicos horrores del mundo del hielo en las *Aventuras de Arthur Gordon Pin* de Allan Poe y la imagen del desvalimiento humano en *La nevasca* de Tolstói, todos estos encuentros con el medio físico que pueden aniquilar al ser humano en momentos de desenfrenada grandeza, se hallan al margen del repertorio del realismo occidental.
>
> (*Ibíd.* p. 43)

En la literatura norteamericana de la época se adivinan los ecos aún próximos del descubrimiento de una nueva tierra. Los *anni mirabili* de la novela rusa arrancan con el nuevo panorama social, producto de la emancipación de los siervos, que anuncia algo distinto. Los campesinos rusos emprenden el largo e incierto camino hacia su liberación; al tiempo, la negritud atraviesa idénticas penurias en esa confusa guerra de secesión con un extenso porvenir cuyo horizonte aún no se alcanza. Siervos y negros, negros y siervos, insólita ecuación que se establece en los confines de la coincidencia.

La caracterización que Steiner hace de Dostoievski resalta aspectos insólitos que entran de lleno en el meollo filosófico:

> En sus cuadernos de notas sobre *Crimen y castigo* se preguntaba: ¿qué es el tiempo? Y contestaba: el tiempo no existe, es una serie de números, el tiempo es la relación entre lo existente y lo no existente.
>
> También muestra su forma peculiar de construir a los personajes de sus novelas. El príncipe Mishkin es una figura compuesta; en él llegamos a discernir los papeles de Cristo, de Don Quijote, de Pickwick y de los santos locos de la tradición ortodoxa, como Juan Clímaco, Dionisio el Aeropagita o Simón el Estilita.

Es muy posible que los cuatro hermanos Karamázov representasen la deconstrucción de un personaje único, síntesis de los atributos de cada uno de ellos.

La libre asociación es la mejor actitud para leer esta novela. Si nos dejamos llevar por su cadencia veremos aflorar sentimientos e ideas que sorprenden y que estaban allí, esperando en el realismo imaginario de Dostoievski.

La irrealidad de sus personajes, que a Tolstói le cuesta tanto digerir, es precisamente el lugar desde donde aquél se asienta para descubrir lugares ocultos, mas allá de lo meramente descriptivo.

En ambos encontramos concepciones diferentes del arte: Tolstói *bucea en la realidad* y extrae de ella estremecedoras descripciones; Dostoievski se mueve a su vez en *el orden incognoscible de lo real*; alumbra aquí y allá sentimientos contradictorios, ambiciones desconocidas de puro arcaicas y las apresa en un relato fantástico que merece el nombre rotundo de dostoievskiano.

La muerte de Ivan Illich sobrecoge. En el relato se desliza nuestra *propia* muerte. Eso sí, descrita con mano maestra. La reacción ante el suicidio de Kiríllov es a la vez más fría y vertiginosa. No solo evoca *la* muerte como ese hecho que aguarda, inexorable, ni tan siquiera *mi* muerte, sino la *Muerte* misma y por ende la *Inmortalidad*. El hombre ante la Muerte, no frente a su propia muerte. La imaginación se desboca.

Dos concepciones del arte, dos direcciones de la novela rusa. Sería ofender a ambos autores encerrarlos en la vulgar comparación para dirimir cuál es mejor, ¿qué es ser mejor?, moran juntos y separados a la vez, como las abruptas y afiladas paredes de un imponente desfiladero.

Bakunin había dicho: «Si Dios existe, el hombre es un esclavo; si el hombre es libre, Dios no existe». Todo un planteamiento de acentos hegelianos. Dostoievski se adentra en esta problemática por una vía diferente: está plenamente convencido de la divinidad de Cristo; Cristo es un Ser aprehensible gracias a sus contornos humanos. Cristo está cerca del hombre, Dios habita en un espacio inalcanzable. Por eso sus torturantes reflexiones están muy próximas a las que más tarde acosarán a Nietzsche:

> Desde el aislamiento enfermizo hay todavía un largo trecho hasta esa enorme y desbordante seguridad y salud que no puede renunciar a la enfermedad como medio y anzuelo del conocimiento; hasta esa libertad *madura* del espíritu que es igualmente autodominio y disciplina del corazón y permite el acceso a muchos y contrapuestos modos de pensar; hasta que esa copiosidad y refinamiento se pierda y enamore de sus propios caminos.
>
> (Friedrich Nietzsche, *Humano, demasiado humano*, 1878)

De la epilepsia nace la luz; desde la incipiente locura se avizoran potentes y fugaces instantes de lucidez.

Tanto Dostoievski como Nietzsche alcanzan la suficiente fortaleza para encarar las contradicciones sin tener que sepultar alguno de sus extremos para seguir una trayectoria pretendidamente lineal.

En *Diario de un escritor* volverá a Cristo:

> Se transmite de generación en generación y se ha fundido en el corazón del pueblo. Quizás es Cristo el único amor del pueblo ruso y éste le ama a su manera, hasta el límite del sufrimiento.

La versión de Dostoievski al respecto se resume en el príncipe Mishkin, una figura compuesta que contiene elementos tomados de Cervantes, Pushkin y Dickens.

Prosigamos: en la novela de Michel del Castillo *Mon Frère l'Idiot* aparecen estos desvaríos:[6]

[6] Michel del Castillo, *Mon frère l'Idiot*, Paris, Fayard, 1995.

¿Por qué escribirte en lugar de escribir sobre o acerca de ti? Te comparo a un padre tierno que por la noche se sienta en la cama de su hijita, su Nástenka adorada, acaricia su frente y comienza con una voz cálida y profunda: «Érase una noche de cuento... una de esas noches que solo pueden acudir en nuestra juventud». Surge una ciudad artificial, no del suelo sino de la bruma, donde el terrible galope del caballero de Pushkin resuena en la noche.

Es obligada la evocación de un solitario jinete del Apocalipsis. Tal es el panorama fantástico de donde Del Castillo hace surgir a *Noches blancas* en un fértil diálogo con Fiódor.

«Partiendo de la libertad ilimitada he llegado al despotismo limitado», dirá después. El vértigo de la libertad; el vértigo frente a la plenitud que amenaza con hacernos estallar, el vértigo ante la nada.

Luigi Pareyson (1993)[7] incide también sobre estos aspectos:

Desde un punto de vista filosófico, la interpretación más corriente de la obra de Dostoievski es, sin duda, la pesimista, la de un Dostoievski para quien la experiencia fundamental y decisiva es la del mal.

Muchos años después Alfred Adler dirá que la vida psíquica comienza con un sentimiento de inferioridad. En su seno inquietante arraiga la zozobra y la ominosa presencia del mal. No es así como tienen lugar los acontecimientos. Lo real, el universo donde se desenvuelve Dostoievski, rebasa con mucho el mundo maniqueo que todo lo simplifica.

El crítico teatral Jacques Copeau refiere:

Paul Claudel me escribía recientemente: «Se empieza a otorgar a Dostoievski el lugar que le corresponde, el de uno de los más grandes

L. Pareyson, Dostoiévski: *filosofía, novela y experiencia religiosa.* Ensayo nº 328, Ediciones Encuentro, 2007.

poetas que ha producido la humanidad». Tengo miedo de que no le haya sido otorgado antes para desembarazarse de él. Se le relegará a un templo donde los que lo hayan edificado no lo visiten.[8]

Recluido en una especie de Olimpo, solitario y apartado, en un Delfos decadente, ese templo que decepcionó a los celtas, o en un melancólico cementerio de elefantes.

Por el contrario, Hesse avisa:

Debemos leer a Dostoievski cuando nos encontramos en un mal momento, cuando hayamos apurado hasta las heces nuestra capacidad de sufrimiento y sintamos que la vida es una herida infinita, abierta y abrasadora. Entonces y solo entonces prestaremos atención a su música, al consuelo y al amor que de ella emanan, y experimentaremos el maravilloso sentido de su mundo aterrador y a menudo cruel.

Con esta reflexión Hesse lanza su proclama contracultural de hondos alcances.

En la lectura de *Demonios* experimentamos abruptas emociones; en este caso Dostoievski se vale de la oposición entre Shátov y Stavroguin para desvelar vivencias inesperadas.

Shátov, encarna rasgos esenciales de Dostoievski, se ha debatido entre la creencia y el descreimiento y supera al fin el *impasse* mediante su *creeré*, que se cumple de manera sorprendente a través del amor. En una serie de escenas, donde este sentimiento transciende a las dudas y a las cavilaciones, recibe la visita de Masha, su mujer, quien antes le había abandonado y traicionado con Stavroguin; fruto de aquel desvarío llevaba en el vientre a un niño a punto de nacer. En un acto de desesperación recurre al esposo en busca de ayuda, este corresponde con un arranque de generosidad que disuelve el drama y la asiste al parto. El niño

8. Jacques Copeau, *Sur le Dostoiévski de Suarès, La Bibliothèque Russe et slave,* 1912. *Nouvelle Revue Française,* n° 7, 1912.

nace acogido y Shátov alcanza la suprema y efímera dignidad de padre. El amor opera como un entrañable regazo para quien nada tiene y le proporciona el calor de la vida, de una vida a punto de extinguirse.

Tal es el cambiante mundo de Dostoievski.

CAPÍTULO V
LA RELIGIÓN EN DOSTOIEVSKI: CREER, CAVILAR, AMAR

La acción está por encima de la contemplación.[1]
INOCENCIO III

Al principio de la historia impera el profundo sentimiento religioso, la súbita iluminación, el estremecimiento de terror ante la conciencia naciente, el ensueño y el anhelo metafísico. Al final de la historia, en cambio, luce la claridad espiritual con luz cruda y dolorosa.
SPENGLER, *Problemas de la cultura arábiga*

La religión en Dostoievski se mezcla con otras preocupaciones de índole antropológica, psicológica y social, abordarlas de forma aislada supone eliminar un mundo de gran complejidad.

I. LA IMPORTANCIA DE LO RELIGIOSO EN SU VIDA Y EN SU OBRA

No es un místico, ni un asceta. Es un hombre que busca con desesperación el equilibrio que solo alcanzó en contados momentos.

Dostoievski ama a Cristo. Su Cristo es un hombre impar, un ente admirable; a fin de cuentas, un ser humano situado en la serie de los cristos románticos, entre el ideal de Hegel y el *Parsifal* de Wagner.

1. Admonición del papa a Pedro de Castelmare cuando este se quiso retirar de la lucha contra los cátaros y recluirse en un monasterio.

El personaje que mejor le representa es el príncipe Mishkin, a cuyo derredor circulan las catástrofes; Mishkin sufre también su tentación al contemplar el Cristo yaciente y demacrado de Holbein. Besançon (1968) se pregunta: ¿resucitará? Si pensamos en el macilento cadáver que representa el cuadro, la duda acecha.

La moral basada en la polaridad distingue al pueblo ruso, capaz de la barbarie, de la falsedad, de la violencia, pero también de la bondad, de la generosidad y de la entrega ingenua. Dostoievski piensa que este tipo de moral pone en entredicho los austeros mandamientos mosaicos de la prédica clásica y los reemplaza por los cálidos consejos evangélicos.

No es la virtud la que convoca a la virtud, en una repetición obsesiva, sino el crimen y el ateísmo los que claman por la conversión. Desde la negrura, hasta el más leve destello resulta deslumbrante. Dostoievski lleva al extremo, la máxima luterana: *simul peccator et justus*[2] (Besançon, 1968).

1.1. La Iglesia ortodoxa

La Iglesia ortodoxa necesita para entenderse de largas explicaciones para el lector de occidente demasiado impregnado por el ambiente católico de su cultura.

¿Qué decir de su Iglesia? El escritor niega con indignación que se pueda ser un verdadero cristiano fuera de la Iglesia ortodoxa. No obstante, guarda en poca estima a sus jerarquías, demasiado apegadas al estado.

Ensalza la figura del *stárets,* cuyo ejemplo literario es Zósima, más allá de los nombramientos eclesiásticos, cuya fama emana del pueblo, tal vez una reliquia del cristianismo primitivo, réplica oriental de nuestros ascetas medievales.

[2]. Al mismo tiempo justo y pecador.

La verdadera Iglesia es la madre Rusia, el pueblo llano, que trasciende a la liturgia y a la teología oficiales. El Cristo es, a fin de cuentas, el Cristo ruso, no el conocido *Verbo encarnado* de Occidente, sino la esencia inaprehensible de la fe.

Los eslavófilos afirmaban que Rusia era santa debido a la pureza de su ortodoxia; Dostoievski disiente y proclama que la ortodoxia es pura a causa de la santidad de la propia Rusia.

Para desentrañar toda esta confusión, volvamos, una vez más, a la historia; habrá que retroceder muchos siglos. El cristianismo cuenta con una larga andadura y numerosas vacilaciones.

Allá por el año 589, durante el tercer concilio de Toledo, bajo el reinado de Recaredo, tuvo lugar la solemne conversión de los visigodos al catolicismo, abjurando de la herejía arriana. Entonces surgió la transcendental añadidura del término *Filioque* («y del Hijo»), con lo que el Credo Niceno, que declaraba que el Espíritu Santo procede exclusivamente *del Padre*, pasaba a ser *del Padre y del Hijo: qui ex Patre Filioque procedit.*

Veintiún años antes, el nombre del papa había sido retirado de los dípticos del patriarcado de Constantinopla; el papa Sergio IV había enviado al patriarca una «profesión de fe» que contenía el *Filioque,* rechazado por este.

Aunque su inserción en el credo latino figuraba en las diferentes liturgias europeas desde el siglo VI, la romana no incluía la recitación del credo. Enrique II, llamado el Santo por la Iglesia católica, la solicitó en 1014 a Benedicto VIII. El papa, necesitado del apoyo militar del emperador, accedió a su petición y de este modo, por primera vez en la historia, el *Filioque* se invocó en Roma. La fe y las armas se unen para una misma causa.

En ese mismo año se introdujo de forma definitiva en el credo niceno-constantinopolitano la procedencia del Espíritu Santo del Padre y del Hijo, que desembocará años más tarde en el Cisma de las Iglesias de Oriente y Occidente.

A la muerte de Benedicto VIII su hermano Romano, aunque era laico, fue elegido papa y tomó el nombre de Juan. Poco después de su elevación, el emperador Basilio II (928-1025) envió sus embajadores a Roma para solicitar en su nombre el reconocimiento de su título de patriarca ecuménico, refrendando el liderazgo de este último como cabeza de todas las Iglesias Orientales. Intentó ganarse al pontífice mediante ricos presentes traídos por sus embajadores y el papa pareció inclinado a acceder a sus deseos, pero la opinión pública le obligó a rehusar los regalos, lo que ocasionó que el patriarca Eustaquio de Constantinopla hiciera borrar su nombre de los dípticos de sus iglesias.

En lo que a Rusia respecta, reza la leyenda de que el cristianismo penetra entre los Rus (Varegos procedentes de los Vikingos) a través de Kiev allá por el siglo I, pero no es hasta el siglo IX cuando se expande y tienen lugar los primeros contactos con Constantinopla. El cristianismo eslavo conserva una entraña nórdica.

El príncipe Vladímir I de Kiev en el año 988 contrajo matrimonio con la hermana del emperador Basilio y adoptó el cristianismo.

Según cuenta la historia, la Iglesia griega deseaba en los primeros años del milenio lograr *concordia*[3] con la Iglesia latina bajo los siguientes términos: que «con el consenso del Romano Pontífice, la Iglesia de Constantinopla fuese declarada y considerada universal en su propia esfera, así como Roma lo era en el mundo entero».

El papa Juan XIX pareció vacilar ante la propuesta, lo cual le supuso recibir la recriminación de algunos monasterios que estaban por la reforma eclesial. Los monasterios siempre habían observado una prudente independencia de Roma.

En resumen, el cisma significó el resultado de un largo período de relaciones difíciles entre las dos partes más importantes de la Iglesia universal *(ecuménica)*, con las pretensiones de suprema autoridad del papa de Roma frente a las correspondientes exigencias del Patriarca de Constantinopla.

[3] La Iglesia católica se regía por el *principio de autoridad*, mientras que los ortodoxos lo hacían por el de *conciliación (sobornost)*.

El papa reclamaría autoridad sobre toda la cristiandad, incluyendo a los cuatro patriarcas de Constantinopla, Alejandría, Antioquía y Jerusalén, los más importantes de Oriente. Los patriarcas y primados alegaban que el Obispo de Roma solo podía ser un «primero entre sus iguales», dejando a la voluntad de Jesucristo la primacía infalible sobre toda la Iglesia y negaban la estructura piramidal en sus iglesias hermanas. Por su parte, varios de los papas contemporáneos sostenían que «era necesario que cualquier Iglesia esté en armonía con la Iglesia hermana, por considerarla depositaria primigenia de la tradición apostólica», estos pontífices interpretaban que dicha «Iglesia hermana», era Roma.

La Iglesia católica y la confesión ortodoxa reclamaron la exclusividad de la fórmula: «Una, santa, católica y apostólica», autoproclamándose como la única heredera legítima de la universal Iglesia primitiva.

El cristianismo sufrió por la pugna entre Oriente y Occidente, entre cultura griega y latina. Constantinopla se convirtió así en el principal Patriarcado del Oriente cristiano, émulo del Pontificado romano, estrechamente vinculado al hegemónico Imperio de Bizancio, mientras Roma se alejaba cada vez más de este y buscaba protección en los emperadores francos o germánicos, según las veleidades del tiempo. Catolicismo y Ortodoxia se habían empeñado en una sorda competencia. Tras varios desencuentros y conflictos, la Iglesia ortodoxa y la Iglesia católica se separaron con el llamado *Cisma de Oriente y Occidente,* corría el año 1054.

En los orígenes, la Iglesia ortodoxa dependía del patriarca de Constantinopla.

En 1328 el zar Iván I (1328-1341) trasladó al metropolita a Moscú, debido a la invasión de los mongoles. La Iglesia ortodoxa desempeñó desde entonces un papel esencial en el mantenimiento del sentimiento nacional ruso.

Ya en el siglo XVII tuvo lugar otro cisma, esta vez en su propio seno, que supuso un mayor sometimiento al estado con la decidida oposición del pueblo llano, denominados a partir de aquí *viejos creyentes (raskólniki-los escindidos).*

La Iglesia ortodoxa rusa se organiza también en una estructura jerárquica: el nivel inferior, encabezado por un sacerdote que actúa como padre superior (настоятель, *nastoyatel*) constituye una parroquia (приход, *prihod*); todas las parroquias de una región geográfica pertenecen al equivalente a nuestras diócesis (епархия, *eparhíaia)*, regidas por los obispos. Algunas son independientes y se las conoce como eparquías.

Aunque el Patriarca de Moscú disfruta de amplias facultades de administración, a diferencia del papa, carece de jurisdicción canónica directa más allá de su diócesis y no tiene autoridad única sobre los asuntos relacionados con la fe.

En la época de zar Alexis I (1645-1676) las convulsiones que Rusia experimentó afloraron nuevas señas de identidad con traducción directa en el cristianismo ortodoxo. El movimiento renovador religioso provocó un nuevo sentimiento encarnado en el patriarca Nikon. Nikon promovía una reforma litúrgica (1654) que acercó la Iglesia ortodoxa rusa a la griega, apoyando al tiempo la intervención del estado en los asuntos religiosos. Se inició así un cisma entre los viejos creyentes y una parte del clero. Aunque la intención primera fue depurar la molicie de estos, pronto derivó en un fundamentalismo apenas encubierto.

Rusia se veía sacudida por las guerras con suecos (Carlos X), polacos (Juan-Casimiro) y ucranianos (atamán Jmelnytsky), de todas estas confrontaciones el nacionalismo ruso saldría fortalecido con una especie de identidad reactiva.

Se concretó también la «conquista» de Siberia comenzada en 1580. Significaba el despertar del imperio ruso que iba a sustituir al ducado de Moscovia.[4] Quedaban trazadas las bases del reinado de Pedro el Grande (1676-1689).

[4]. El Gran Principado de Moscú se formó en los territorios septentrionales del Rus de Kiev. Precursor del zarato.

La Iglesia ortodoxa rusa en sus inicios fue una metrópoli del patriarcado hegemónico de Constantinopla; por consiguiente, los metropolitanos eran todos griegos. La independencia se fragua lentamente y el primer metropolita eslavo será Hilarión de Kiev, la capital de la Rus del mismo nombre.[5]

Bajo este manto oficialista mezclado con el ancestro popular, se desenvolverán las inquietudes religiosas de Dostoievski.

2. CREO... CREERÉ

Gógol fue un representante extremo de la eslavofilia; su inicial idealismo romántico se convierte con el tiempo en una torturante religiosidad, como se refleja en *Almas muertas*, una novela que primero fue concebida como sátira picaresca de las costumbres provincianas, para acabar en una trágica meditación sobre el alma eslava. La obra inconclusa dio paso después a un nacionalismo ortodoxo de carácter mesiánico.

La visión de Dostoievski es otra. Pierde contacto con la Iglesia oficial apenas sale del medio familiar y su encuentro con el socialismo fourierista es el primer hallazgo solidario ante el despotismo absolutista.

Fourier había desarrollado una crítica radical a las instituciones de talante conservador, entre ellas el cristianismo que le toca vivir y lleva la reprobación de la religión, elaborada por el movimiento filosófico, hasta las consecuencias últimas: rechazo de la moral familiar y de la jerarquía social tradicional, todo ello en un momento en que la reacción postrevolucionaria estaba en su apogeo e iba a frenar por mucho tiempo buena parte de las conquistas

[5]. La *Rus* (Русь) identificaba a un grupo de varegos, (vikingos o normandos) que se trasladaron primero desde Escandinavia y, de ahí, al sur, donde crearon el estado medieval de Kiev.

intelectuales del siglo XVIII. El socialista utópico iba más allá del simple planteamiento económico y alcanzaba la moral dominante.

El campesino *(obschina)* es el punto de partida y el eje central de las reflexiones. En el caso de Rusia, la vuelta a los orígenes significa retornar a la forma primitiva de autogobierno que descansaba en el consejo de los ancianos regido por el *principio de conciliación (sobornost)*, del que hablaremos después, que no debe ser confundido con la *democracia* (libertad sin verdadera unidad) ni con el *colectivismo* (unidad sin libertad), dos sistemas hoy extendidos bajo el amparo del capitalismo y el comunismo respectivamente. Estos términos se tornan polisémicos por la manipulación política y serán utópicamente superados por la idea de la *armonía entre libertad y unidad*.

El enfrentamiento democracia-colectivismo invade el campo económico, el religioso y desde luego el ámbito del poder.

Bajo estas consideraciones la religión dostoievskiana no será un producto conservador, como a menudo se la ha calificado, sino más bien un proyecto utópico.

La religión de Dostoievski se construye paso a paso, a través de numerosas dudas, del desengaño, a la progresiva conciencia de las contradicciones inherentes a la naturaleza humana. Es una religión que surge de la experiencia, de intuiciones psicológicas sustentadas por meditaciones antropológicas.

En la década de los sesenta Dostoievski formó parte de un grupo de artistas y de pensadores, entre los que figuraban su hermano Mihaíl, el poeta y crítico Apollon Grigóriev y el filósofo Nikolái Stråkhov, conocidos como los *pochvénniki,* que denunciaban el aislamiento de los intelectuales del pueblo llano.

Con la emancipación de los siervos, la Rusia ortodoxa de carácter feudal había perdido vigencia. El grupo contemplaba un paisaje apocalíptico por el divorcio entre el *pensamiento* y la *acción* e intentaba aproximar la *intelligentsia* occidental al pueblo antes de que fuera demasiado tarde.

La noción de *suelo* (*pochva*) de donde se deriva el nombre del grupo, evoca la conciliación (*soborni*) de la vida de los campesinos a la que antes hemos aludido. Insistimos en recordar que esta noción estaba íntimamente ligada a la Iglesia ortodoxa que había interiorizado la serie suelo-tierra-madre tierra con el culto a la Virgen, la madre de Dios, junto con la importancia que los ortodoxos atribuyen a la imagen femenina de Sofía, la santa sabiduría. La *vuelta al suelo* significa nada menos que la reintegración del principio racional masculino al interior de la espiritualidad femenina: la madre-tierra.

La ruptura de este vínculo esencial será el *leit motiv* de *Memorias del subsuelo* y el antihéroe la expresión del hombre superfluo desarraigado que ataca el racionalismo reducido a una rabiosa impotencia.

La lucha contra la corriente racionalista que le tocó vivir permite que el fogoso novelista incurra en otro exceso, otorgando un primado casi absoluto a las emociones.

Considero primordial detenerme en este punto. Hoy podríamos contemplar la empresa dostoievskiana como un intento de articular, o si se quiere, de armonizar, las cogniciones con las emociones y los sentimientos, tema que aún ahora está lejos de ser resuelto. El racionalismo y su retoño el utilitarismo, pretendían con diversos argumentos desprestigiar e incluso ignorar lo emocional bajo el calificativo de *no ser científico*. Anunciaban así el ocaso del mundo de los afectos, fuente de prejuicios y enemigo del progreso. La religión representa, desde esta óptica, un atávico obstáculo para el conocimiento y el libre despliegue de las potencialidades humanas.

Por todo lo dicho, un análisis de la compleja entraña religiosa de Dostoievski pide examinar sucesivamente los siguientes apartados: las creencias, el concepto de libertad, la noción de culpa y la idea de Dios, para terminar con el amor.

3. LAS CREENCIAS

Dostoievski no está seguro de creer en Dios, alberga dudas. Lo confiesa en su correspondencia con Natalia Fonvizina:[6]

> Mi credo era muy simple: creer que nada hay más bello, más profundo, más razonable, más viril y perfecto que creer en Cristo… Si alguien me demostrase que Cristo está fuera de la verdad y que la verdad está *realmente* fuera de Cristo, querría quedarme con Cristo más que con la verdad.

Ataque frontal a la verdad como concepto abstracto, absoluto desprovisto de los vaivenes inevitables que le reserva la existencia.

En *Demonios*, Shátov confiesa creer en Cristo; pero ¿qué sucede con Dios?...

Es decidido adversario del ateísmo, que destruye todo orden social: «Si Dios no existe, todo está permitido» (*Crimen y castigo*) y ya, en clave más festiva, un personaje de *El idiota* exclama: «Si Dios no existe, ¿qué sucede con mi grado de capitán?».

Una sola cosa es peor que el ateísmo: el catolicismo. Catolicismo entendido como la doctrina que dimana de Roma. Concluye diciendo que los católicos son meros súbditos del Vaticano.

Dostoievski se dirige a Cristo, no a la Iglesia que pretende representarle. Opone la *fe secular* a la *Iglesia del Estado.* Esta práctica cuenta con un largo recorrido. En la historia del catolicismo, surgen las retiradas del mundo iniciadas por los ermitaños, con los cenobios y más tarde con los monasterios donde tiene lugar un apartamiento de lo secular y de la norma ecuménica para propiciar el recogimiento, el ayuno y la oración; lograr en el individuo lo que parece imposible para la rígida normativa eclesial.

[6]. Natalia Dimitievna Fontvizina, esposa del decembrista M. A. Fontvizine que, según algunos, sirvió de inspiración para la Tatiana de *Eugenio Oneguin.*

En los siglos IV-V san Agustín fue un gran impulsor de los monasterios, creando reglas específicas para su organización. Pronto Roma se inmiscuirá para que estas no contradigan los límites impuestos por el Vaticano, que recela de la creación de unos estados rivales en el seno mismo de la Iglesia. La costumbre llega hasta Oriente en el siglo IV a través de san Basilio (329-379). El monacato es visto por la Iglesia oficial, celosa de su autoridad, con reticencia, aunque tenga por objeto conservar los valores de la prédica primitiva o quizás por esa misma razón.

Un proceso similar sucede en el Oriente ortodoxo, la Iglesia apoyada por el Estado, se separa progresivamente de la creencia popular. Pero aquí existe una figura original que escapa a las críticas del pueblo: el ya mencionado *stárets* (*стареџ*), que se afincaba en los monasterios de renombre y, aunque carecía de autoridad canónica, se distinguía por su piedad y su conexión con la religión popular, que era la que le confería notoriedad. El *stárets* Zósima es un buen ejemplo de esta figura que representa a un tiempo la vuelta al cristianismo primitivo y una cierta rebelión contra la corriente oficial.

Los *stárets* daban fama al monasterio y suscitaban los celos del padre Ferrapont de *Los hermanos Karamázov*, que veía demonios por todas partes.

Dentro de este variopinto contexto, ¿cuáles son las creencias religiosas del escritor?

Ante todo, primó el sentimiento frente a la razón, que se pierde en los vericuetos de la teología. La teología intenta casi siempre controlar y dirigir la fe, con la excepción de san Agustín que exhorta a las creencias desde otra perspectiva: «Para quien quiera creer tengo mil razones, para quien no quiera creer no tengo ninguna».

San Agustín pone al descubierto la esencial irracionalidad de la creencia y señala los vanos esfuerzos de la razón por volver racional lo irracional. Había estudiado con ahínco el neoplatonismo, de ahí extrajo la conclusión de que «el alma se sirve de un cuerpo».

Orígenes, su precursor, ya había afirmado, como cuenta M. Eliade (1983), que la revelación y el evangelio nada tienen que temer de la filosofía platónica. Rechazó el fatalismo de los gnósticos y sostuvo que el cristiano perfecto puede «unirse a Dios por amor», como más tarde escribirá Agustín y muchos siglos después Dostoievski, aunque en este caso esta unión se realiza por intermedio del *amor al hombre.*[7]

La religión pertenece al registro de la emoción. Existe un sentimiento religioso, que prevalece sobre el pensamiento del mismo nombre. «Dios se encuentra también entre los pucheros», dirá santa Teresa, haciendo descender a lo cotidiano la misma relación con Dios que desemboca en la mística.

Analizar el fundamento emocional de la creencia no deja de ser la pretensión de traducir en palabras una vivencia que se apoya en raíces inefables. El recurso a la razón posee un doble origen: en primer lugar, es un intento para combatir la duda, para colmar el inevitable hiato entre pensar y sentir; es también —sobre todo cuando discurre entre laberintos oscurantistas que solo los iniciados alcanzan— un instrumento de la casta sacerdotal para perpetuarse. «Tomás no creyó por haber visto al Cristo resucitado sino porque ya antes de verlo deseaba creer» *(Los hermanos Karamázov).*

La creencia es un sentimiento previo en busca de un hecho, antecede a lo evidente y no acude a lo demostrable. «¿Cree usted en Dios, o no cree?», interpela sin pudor, incisivamente, revolviendo su dedo en la llaga con violencia, torturando, una vez más, la conciencia de Shátov, el diabólico Stavroguín:

> El bueno de Shátov se turba y comienza a dar vueltas con su respuesta:
>
> —Creo en Rusia, creo en su ortodoxia. Creo en el cuerpo de Cristo. Creo que un nuevo advenimiento tendrá lugar en Rusia... Creo... —balbució fuera de sí Shátov.

7. Ver Hanna Arendt, 1929.

Pero Stavroguín lo apura e insiste, le parecen evasivos e insuficientes sus exabruptos. Este termina por responder, triste y enigmático, derrotado, pero sin traicionar a la verdad, a su verdad íntima, que es más un propósito que una convicción cumplida: «Yo... creeré en Dios» (Dostoievski, *Demonios*, p. 216, citado por M. Mosto, 2016).

La misma autora, líneas más adelante, recurre a un bien conocido párrafo de *El idiota* cuando Parfen Rogochín invita al príncipe Mishkin, a su casa. A poco de entrar se detiene frente a la reproducción de la *Muerte de Cristo,* obra del pintor alemán Hans Holbein:[8]

> —¡Ese cuadro! —repuso el príncipe—. ¡Ese cuadro! Yo creo que examinándolo puede llegarse a perder la fe.
>
> —Así es —asintió Rogochín.

Cristo humano, demasiado humano, despojado de aquella belleza con que le inviste su esencia divina: «Con sola su figura, vestidos los dejó de su hermosura», exclamará el místico san Juan de la Cruz. Él no duda, traspasa la carne corrupta y llega directo a Dios, donde la belleza y la verdad se juntan en la fusión suprema del sentimiento.

Con Dostoievski las cosas suceden de otro modo. Fiódor Mijáilovich no es un místico sino un utópico. Anna Grigorievna, su segunda mujer, conserva en sus recuerdos el impacto que había dejado esta obra en el alma del escritor:

> De paso para Ginebra, nos detuvimos un día en Basilea para ver en el museo un cuadro del que mi marido había oído hablar. Ese cuadro, obra de Hans Holbein, representa a Jesús que ha sufrido torturas

[8] Hans Holbein el joven (1497-1543). La obra mencionada fue pintada en 1521 en Basilea, coincidiendo con la llegada del luteranismo a esta ciudad. Un Cristo muerto, de ojos crepusculares, magro de carnes y de pecho exangüe.

> inhumanas, y ya descendido de la cruz empieza a descomponerse. Tiene el tumefacto rostro cuajado de heridas sangrientas, repugna mirarlo. El cuadro le hizo a Fiódor una impresión deprimente y se quedó plantado delante de él como paralizado. Esa impresión se refleja en la novela *El idiota*. Yo no tuve valor para mirar el cuadro... me dijo que podía hacerle a un hombre perder la fe.
>
> (A. Grigorievna, 1896)

Es en aquel preciso momento, tras haber contemplado esa imagen *capaz de hacer perder la fe a un hombre,* cuando Rogochín formula a Mishkin la misma pregunta que Stavroguín realizará después a Shátov: «¿Tú crees en Dios?» *(El idiota).*

Creencia y duda, dupla inseparable. La fe ciega es la antesala del descreimiento.

El lienzo reaparece una y otra vez en estas páginas; ahora se mezcla con las cavilaciones de Mishkin; es decir, las del propio Dostoievski:

> El cuadro representa al Cristo en el momento de ser descendido de la cruz. Creo haber notado que los pintores que muestran a Jesús crucificado o descendido suelen representarlo con un rostro extraordinariamente bello, esforzándose en conservarle esa belleza aun en medio de los más crueles suplicios. En el lienzo de Rogochin no hay nada semejante: allí se ve realmente un cadáver que antes de morir ha sufrido infinitamente, que ha sido golpeado por los soldados y el populacho, que llevó su cruz y sucumbió bajo su peso, que soportó luego seis horas, al menos así lo calculo, la terrible tortura de la crucifixión. En verdad, el semblante de ese Cristo es el de quien acaba de ser descendido de la cruz, es decir, que no ofrece rigidez alguna y presenta aún signos de calor y de vida y una expresión dolorosa tal como si el muerto experimentase todavía el dolor de su suplicio... El rostro es de un realismo implacable, allí se ve un cadáver cualquiera con la expresión propia del que ha padecido previos tormentos... su cuerpo en la cruz estuvo sometido plenamente a la ley de la naturaleza...

Las leyes de la naturaleza se imponen a las concesiones de la estética que exige la metafísica; Schiller habría rechazado de plano esa fealdad.

El idiota aporta un sinnúmero de reflexiones sobre el hecho de *creer:*

> A un ruso le es más fácil convertirse en ateo que a cualquier otro habitante del globo y no es que los nuestros se tornen ateos, no. Creen en el ateísmo como en otra religión nueva, sin advertir siquiera que eso es creer en la nada. ¡Sentimos tal sed espiritual!

Queda latente la crítica contra el nihilismo y subraya la importancia del vínculo elemental con la tierra, la tierra que le agota, que le alimenta, que le proporciona un asidero, la tierra que le somete, la tierra esencial que le define:

> «Quien no siente su tierra bajo sus pies, deja de sentir a Dios» me decía una vez un antiguo creyente, un mercader al que encontré en un viaje. En realidad, no se expresó de ese modo, sino que dijo: «El que renuncia a su tierra natal, renuncia también a su Dios».
>
> (*Ibíd.*)

Un ejemplo del *sobornost,* de la alianza cielo-tierra.

Dostoievski se entrega a la tarea de mostrar «al Dios y al Cristo rusos», no al Dios eterno que reina indiferente lejos de la grey humana, ni al Cristo cautivo de los católicos.

> ¡Cuándo se piensa que entre nosotros hay hombres muy instruidos que ingresan en la secta de los flagelantes![9] Aunque, ¿acaso esa secta rusa es peor que el nihilismo o el ateísmo? ¡Tal vez sea más profunda

[9] Dostoievski alude a los *jlystý* (Хлысты), los flagelantes; un grupo sectario separado de la Iglesia ortodoxa rusa, escisión de la Iglesia de los Viejos Creyentes. Sus ritos encierran un profundo trasfondo dionisíaco.

que esas otras doctrinas! ¡Hasta aquí llega nuestra necesidad de creer! Pero descubrir a los sedientos compañeros de Colón la costa del nuevo mundo, descubrir al hombre ruso el *mundo ruso*, hacedle encontrar ese tesoro oculto en las entrañas del suelo, mostradle en el porvenir la renovación de la humanidad, y acaso su resurrección merced al pensamiento ruso, al Dios y al Cristo rusos, y veréis qué coloso fuerte y justo, dulce y prudente se yergue ante el mundo.

(Ibíd.).

Y en un a modo de eterno retorno llega la pregunta clave, esta vez en las páginas de *Los hermanos Karamázov*:

—Pero dime: ¿existe Dios sí o no? ¡En serio! En este momento necesito que lo digas en serio.

—No, Dios no existe.

—Aliosha, ¿existe Dios?

—Sí.

—Iván, ¿existe la inmortalidad, sea la que sea, incluso la más pequeña, la más diminuta?

—No, la inmortalidad tampoco existe.

—¿Ninguna?

—Ninguna.

—¿Cero absoluto? ¿O hay algo? ¿Es posible que al menos exista algo? ¡No dirás que no hay nada!

—Cero absoluto.

—Aliosha, ¿existe la inmortalidad?

—Sí.

—¿Y Dios y la inmortalidad?

—Tanto Dios como la inmortalidad. La inmortalidad está en Dios.

Dostoievski aborda con esa forma dialógica tan característica el problema crucial. Lo muestra, lo deja ahí, a la intemperie. El cínico payaso confronta a sus hijos y se abriga en ellos para confortar sus dudas.

Cero. Reposo total, tal vez la muerte.[10]

Kiríllov, el nihilista que encuentra la Nada dentro de sí y al tiempo, de manera contradictoria, intuye al superhombre, lo muestra sin ambages como otro Dios para quien la vida y la muerte le resultan por completo indiferentes:

> Habrá un hombre nuevo, feliz y orgulloso. A ese hombre le dará lo mismo vivir que no vivir; ése será el hombre nuevo. El que conquiste el dolor y el terror será por ello mismo Dios. Y el otro Dios dejará de serlo.
>
> —Entonces, según usted, ¿ese otro Dios existe?
>
> —No existe, pero es. En la piedra no hay dolor, pero sí lo hay en el horror de la piedra. Dios es el dolor producido por el horror a la muerte. Quien conquiste el dolor y el horror llegará a ser Dios. Entonces habrá una vida nueva, un hombre nuevo, todo será nuevo. Entonces la historia se dividirá en dos partes: desde el gorila hasta la aniquilación de Dios y desde la aniquilación de Dios hasta...
>
> —¿Hasta el gorila?
>
> —Hasta la transformación física de la tierra y el hombre
>
> (Dostoievski, *Demonios,* 1871)

Una revolución suprema, más honda y radical que todas las que preconiza el nihilismo, donde el hombre corriente queda atrás, junto con las angustias que le atenazan. Dios es aniquilado por el hombre y este muere para dar paso a ese otro hombre-Dios inimaginable.

Volvamos a *Demonios* y a otra cuestión inconclusa:

> Los demonios existen, ciertamente; pero la concepción que uno se forme de ellos puede ser muy varia...
>
> —Creo en el demonio, creo canónicamente en un demonio personal, no alegórico, y no necesito para nada arrancar una respuesta de nadie; eso es todo.

[10]. El cero absoluto había sido establecido por Lord Kelvin en 1848.

—¿Cree usted en Dios? —estalló de pronto Nicolás Vsevolódovich.

—Si creo...

—Es decir, si usted cree y manda a una montaña que se mueva, ella se moverá... ¿Movería usted una montaña o no?

—Y ¿puede uno creer en el Diablo sin creer en Dios?

—¡Oh No hay tales gentes en ninguna parte! —Tijon alzó los ojos y sonrió.

(*La confesión de Stavroguin*, pp.44-47)

El Bien y el Mal se necesitan, en una suerte de equilibrio cósmico.

4. LA LIBERTAD

Constituye la segunda clave de su experiencia religiosa.

Libertad o libertades; esta idea conduce a la tortura del sufrimiento y de la duda o a la búsqueda de un nuevo humano para el que todo estará permitido. Intuir a Dios donde lo racional fracasa o sustituirlo por el hombre-Dios que habrá de crearlo todo a partir del espacio inasible de la Nada. La ley es una creación del tirano, la ley moral del sacerdote entregado a los dictados del estado. El superhombre triunfa del sufrimiento y accede a la embriaguez suprema que depara la libertad.

El pensamiento de Dostoievski ha sido designado por Pareyson como una filosofía de la libertad. Aprueba con entusiasmo la idea de Berdiáiev: Dostoievski, más que psicólogo, sociólogo, político o denunciador social, es un pneumatólogo[11] (Pareyson, 1993).

[11]. *La pneumatología,* según manifiesta N. Berdiáiev, es un modo de estudiar la realidad espiritual del hombre, su destino trágico, su naturaleza ambigua y enigmática, su posibilidad de hacer tanto el bien como el mal, su potencial de destrucción y de muerte y su esperanza de resurrección y de vida.

Yákov Petróvich Goliadkin, el humilde e inofensivo protagonista de *El doble,* esconde a un ser despreciable en su *alter ego*. Teniéndole ante sí se purifica. Es una desesperada proyección de intención liberadora que retorna una y otra vez con intensidad creciente. Esta escisión se traduce en locura y con ella intenta escapar de la culpa que le acosa en la vida cotidiana. Si la escisión no se produce, nace el ser abyecto típicamente dostoievskiano que participa de una doble naturaleza: el Lebiadkin de *El idiota* o el padre de los Karamázov, que exhiben con orgullo sus miserias disfrazadas de autorreproches.

> Habéis de saber amados hermanos, que cada uno de nosotros es culpable incuestionablemente, por todos y por todo cuanto hay en la tierra, no solo en virtud de la culpa colectiva del mundo, sino personalmente por todos y cada uno de los hombres de la tierra. Esta conciencia es la culminación de la senda monacal, pero también de cada ser humano en este mundo.
>
> (Stárets Zosima, *Los hermanos Karamázov*)

Sobornost, culpa colectiva, dimensión social de la culpa.
El citado Pareyson escribe:

> El mal y la nada tienen su origen en Dios, pero nunca su realización y de este modo arrastra la problemática humana al plan de la Divinidad, misterio insondable en su infinita, inescrutable y absolutamente incondicionada libertad.

La dialéctica entre realidad y el ejercicio humano de la libertad rebasa lo cotidiano para penetrar en el brumoso mundo de los sueños.

La *Biblia* contempla dos significados para su dinámica: en el primero la verdad entra en el mundo por medio de la libertad; como afirma el evangelio de san Juan: «La verdad os hará libres». Así dicho, limita con lo vertiginoso.

¿A qué clase de libertad alude san Juan?[12]

El segundo sentido aparece en el relato del pecado original, en donde se concibe como la voluntad de comer el fruto prohIbído para hacernos similares a Dios. La enfermedad del conocer frente a la inconcebible plenitud del sentir. Habremos de elegir entre la libertad como *obediencia* (obediencia al Ser supremo, servicio humilde prestado a la verdad inmutable, homenaje a la realidad y a la verdad preexistente), o la libertad contra Dios, lucha frente a lo eterno, traición de la verdad.

¿Qué decir de la afirmación de José Martí?[13]: «Ser cultos es el único modo de ser libres», sentencia que se hizo muy popular más tarde a través del Ché Guevara. Aquí el libre albedrío representa un paso hacia delante en el camino de la plenitud de la condición humana. Se podría adscribir al sentido que quiere otorgarle san Juan. Por el contrario, la segunda opción *cosifica la verdad*, parece honrarla al conferirle un rango absoluto, más allá del proceso, frente al que no queda otra opción que el sometimiento. Pero la verdad no se limita a ser, fluye continuamente de la ciénaga de lo falso, de la ignorancia, del prejuicio, sin alcanzar nunca la suprema meta de la iluminación definitiva.

Dostoievski, a través de sus personajes, explora ambas vías: Ivan Karamázov o Kiríllov están en las antípodas de Mishkin o de Zósima.

El *Gran Inquisidor* formula esta cuestión con gran claridad:

> Quieres presentarte al mundo con las manos vacías, anunciándoles a los hombres una libertad que su tontería y su maldad naturales no les permiten comprender, una libertad espantosa, ¡pues para el

[12] Renan opina que este evangelio está escrito en griego *koiné* unos ciento cincuenta años después de la muerte de Cristo, en plena patrística, periodo en el que se inicia la teología. Hemos de tener en cuenta entonces el alcance de la noción de libertad en esta época ya impregnada de connotaciones filosóficas.

[13] José Martí, *Maestros Ambulantes*, 1884.

hombre y para la sociedad, no ha habido nunca nada tan espantoso como la libertad!

No se puede expresar mejor la entraña de este drama humano:

Sabemos mentir... Su ciencia no le mantendría [como ya avisa el primer Fausto de 1587].[14] Mientras gocen de libertad les faltará pan; pero acabaran por poner su libertad a nuestros pies clamando ¡Cadenas y pan!

Mucho tiempo antes los pragmáticos romanos habían proclamado su famoso *panen et circensis* como eficaz antídoto contra la rebelión que podía dejarles a merced de lo desconocido.

«Ponías la libertad por encima de todo», reprocha a Cristo el anciano Inquisidor. «Dar a la humanidad un amo...El más vivo afán del hombre es encontrar un ser ante quien inclinarse».

«El honor es patrimonio del alma y el alma solo es de Dios», exclama Pedro Crespo, el alcalde de Zalamea, que solo se somete ante Él.

El anuncio del superhombre eclipsa a Dios y a su mediador con los hombres, Jesucristo. La libertad plena solo será patrimonio del *Übermensch* que proclamó Nietzsche.

El superhombre es el sentido de la tierra. Diga vuestra voluntad: ¡*sea* el superhombre el sentido de la tierra! ¡Yo os conjuro, hermanos míos, *permaneced fieles a la tierra* y no creáis a quienes os hablan de esperanzas sobreterrenales! Son envenenadores, lo sepan o no.

(Friedrich Nietzsche, *Así habló Zaratustra*,1883)

Cristo humano o el Cristo *filioque*, fantasmas que acechan a la libertad, que bordean la herejía.

[14] J. Spiess, *Historia von dr. Johann Fausten*, 1587.

Fiódor Mijáilovich aporta en el *Gran Inquisidor* otra inquietante cuestión: el Inquisidor hubiera querido oír de los labios de Cristo una palabra, aunque hubiera sido la más amarga.

> Y he aquí que el preso se le acerca en silencio y da un beso en los labios exangües del nonagenario. ¡A eso se reduce su respuesta! El anciano se estremece, sus labios tiemblan; se dirige a la puerta, la abre y dice: ¡Vete y no vuelvas nunca... nunca!

Un beso que, por extraños vericuetos del destino, evoca al beso evangélico de Judas.

Por un instante el amor supera a la razón y luego ésta acaba por imponerse.

Para Nietzsche, el único verdadero cristiano habría sido Jesucristo, los Padres de la Iglesia consumaron la traición al sentido originario encarnado por Jesús. El Cristo de Nietzsche, será para este comparable al Mishkin de Dostoievski.

El hombre es libre, pero responsable de sus actos, aunque es ésta una libertad con condiciones, que se abre camino en la senda de un propósito.

> La libertad es semilla de la muerte, ya que, por decirlo de algún modo, se ejerce en el vacío y no reconoce límites. Degenera en fantasía, en lo arbitrario y caprichoso, en violencia, y el hombre queda a merced de sus pasiones o de sus ideas.
>
> (Pascal, 1970)

Con Dostoievski, la libertad no es algo gratuito, es un deseo ambiguo que se alcanza por la vía del sufrimiento, luchando contra las fuerzas que se obstinan en limitarnos. Se podría decir que un cierto tipo de ascetismo lleva a este estado febril.

En su obra de 1941, *El miedo a la libertad*, Erich Fromm da cuenta de alguno de estos obstáculos y se interesa por la teología protestante de Calvino y Lutero. En ambos casos subraya la posibilidad de libertad que ofrecen. Nace con ellos una nueva idea de Dios que sirve de fundamento a la libertad. Lutero busca una relación más personal con el Hacedor, sin la mediación de la Iglesia, que pierde así su carácter supremo; Calvino se acoge a la predestinación:

> La estructura de la sociedad moderna afecta simultáneamente al hombre de dos maneras: por un lado, lo hace más independiente y crítico otorgándole una mayor confianza en sí mismo y por otro, más solo, aislado y atemorizado.
>
> (*El miedo a la libertad*, p.166)

Es obligado citar aquí el drama teológico *El condenado por desconfiado* (1635) del fraile mercedario Tirso de Molina, donde se afrontan contrarios tales como el libre albedrío y la predestinación, la humildad y el orgullo, Calvino al fondo.

Hegel aborda también esta problemática en *La Fenomenología del Espíritu* a través de la conocida dialéctica amo-esclavo:

> Toda mente tiene la necesidad de interactuar o relacionarse con otras mentes, pero cuando dos mentes se encuentran, cada una tiene una forma diferente de ver el mundo; seguirá una batalla y la ganadora se convierte en el amo, y la que fue vencida debe reconocerse ante la otra como esclava. Lo que toda mente desea es el reconocimiento de la otra, por eso si triunfa no puede matar a la otra porque ya no tendría su reconocimiento. El amo, no le teme a la muerte, y lo mas importante para él es la libertad, mientras que el esclavo, teme a la muerte y no le importa tanto su libertad.

Se insinúa la *voluntad de poder* (*wille der macht*), que encontrará su apoteosis en Nietzsche.

5. LA CULPA[15]

> Y la culpa seguía siendo tuya. La culpa se inventó para que fuera tuya: de un modo u otro, tuya. Funcionaba: todo lo malo te sucedía por tus errores, porque el poder —el dios o lo que fuera— era justo, infinitamente justo. Hasta que, con el fin de la cultura realmente religiosa, ese gran truco del poder se desarmó. Aprendimos a pensar lo contrario: que la culpa no es nuestra, que son las sociedades. Es curioso: para deshacernos de la forma más brutal de la opresión tuvimos que empezar a suponer que no somos responsables de lo que nos sucede. Ahora lo malo siempre es culpa de ellos: políticos, economistas, ricos, inmigrantes, infieles, los otros. Ahora somos tan pobres que ni siquiera tenemos la culpa.
>
> (Martín Caparrós, *El País*, 17 de enero 2019)

La trasgresión no depara ya temor a la retaliación como en los albores de la cultura, sino culpa. Los dioses evolucionan: desde las deidades maternas al monoteísmo, pasando por el politeísmo. La culpa se concentra en el mundo interno y sanciona lo que la moral ha establecido ya.

El tratamiento de este sentimiento penetra en el campo de lo psicológico.

> Cada uno es culpable de todo por todos, cada uno por esto tiene la fuerza de perdonar todo por todos y todos ahora se harán obra de Cristo y él mismo aparecerá en medio de ellos.

¿Cómo vivir aplastado por la *sobornost*?

¿Cómo vivir aplastado por esa siniestra omnipotencia para hacer el mal?

15. Ver también N. Caparrós, *Épica Mito y Tragedia*, 2015, pp. 463-466.

Concepción de la culpa que está en la base de la moral dostoievskiana. «Soy yo el culpable y, es más: culpable sin serlo, por lo menos, de acuerdo con las leyes de la naturaleza» (*Memorias del subsuelo*).

En las páginas que Dostoievski escribe abunda el sentimiento inconsciente de culpa, aunque no figure con esas palabras que pertenecen a Freud.

La culpa, producto de la tensión existente entre una ética que se encuentra vulnerada por el acto transgresor es la expresión culminante de una conciencia plena alcanzada en el ejercicio de la libertad. Pero, ese no parece ser el caso de la culpa inconsciente. En primer lugar, porque el ser que la padece no la percibe como tal, sino que, como Freud señala[16], accede a la conciencia mediante la enfermedad o la melancolía, que representa el merecido castigo por la transgresión. Tal es el caso de Raskólnikov y las fiebres, que le sobrevienen a raíz del crimen.

Nuestro escritor resalta el carácter *premoral* de la culpa, que antecede a la ley del padre, a la ley del amo. El *trasgresor sabe lo que hace, el perdón que Cristo proclama es para los que no saben lo que hacen;* es un perdón que se dirige al inconsciente, que se limita al impulso y a la pasión.

Dostoievski deseó la muerte de su padre y se sintió culpable por ello, como expone Freud en *Dostoievski y el parricidio*.

«Sea yo pecador ante todos; pero en cambio que todos me perdonen. He ahí el paraíso», frase que pronuncia Dimitri Karamázov. La superación de la culpa reside en el perdón otorgado por los otros. Dimitri es un pecador confeso que cifra su esperanza en los demás.

El nuevo paraíso es la concordia, la *sobornost*, el generoso descubrimiento de la importancia del otro.

Compárese esta actitud con la del hombre del subsuelo:

16. Sigmund Freud, «El problema económico del masoquismo», 1924.

> ¿Que se hunda el mundo o que yo me quede sin tomar el té? ¡Pues que se hunda el mundo y que el té no me falte!
>
> ¿Cómo decirlo? Las cosas me resbalaban. Sí, todo resbalaba sobre mí.

Una versión más extrema pero semejante a la importancia que otorga el Bazárov de Turguéniev al mundo de las ranas. En ambos casos, los demás no existen.

6. DIOS, EL BIEN, EL MAL Y OTRAS CUESTIONES

> Esa maldad inactiva, incapaz no ya de esgrimir un puñal, sino de aun siquiera de escribir un anónimo, Dostoievski solamente ha podido revelarla, al mismo tiempo que la bondad inerte, que queda adherida al alma y que no sirve de base para nada.
>
> PÍO BAROJA

¿Cuál es, a fin de cuentas, la naturaleza de ese Dios que proclama Dostoievski?

> «Una madre se alegra tanto cuando ve la primera sonrisa de su hijo como Dios cada vez que, desde lo alto del cielo, ve a un pecador que le eleva una plegaria ferviente».
>
> Esto me lo dijo una mujer del pueblo… ¡Y es un pensamiento tan profundo, tan delicado, tan verdaderamente religioso! ¡Se encuentra de tal modo en él todo el fondo del cristianismo, la noción de Dios considerado como nuestro padre!

Un ente distinto al Dios judío, que no tiene nombre. Un Dios que *es* y que a lo sumo consiente en enviar a Moisés con las tablas de la ley. Un Dios severo que se anuncia entre las llamas de una zarza.

No entiendo por qué todos me toman aquí por ateo. Creo en Dios, *mais distinguons* creo en él como un ser consciente de sí mismo solo en mí... Soy más bien un pagano de antaño como el gran Goethe o como un griego antiguo.

(Dostoievski, *Demonios,* 1871)

6.1. El catolicismo y sus desviaciones

La vida es un valle de formación del alma.

J. Keats

Los sacerdotes católicos tienen un modo de predicar original, elegante, persuasivo. En 1832, estando yo en Viena me faltó poco para convertirme... Me salvé por la fuga...

—Pavlitchev era un espíritu clarividente y un verdadero ruso —declaró Mishkin—. ¿Cómo pudo convertirse? Porque el catolicismo es incompatible con el espíritu ruso...

—La Iglesia católica —dijo Iván Petróvich— cuenta con representantes virtuosísimos y dignos de la mayor estima.

—Ya lo sé. No me refiero a ellos como individuos. Tampoco combato a la Iglesia católica. Digo que el espíritu ruso no se amolda a ella. Hemos resistido a Occidente y para ello necesitamos contar con la ayuda de nuestra propia religión. Debemos sostener nuestra civilización rusa, no aceptar servilmente el yugo extranjero. Tal debe ser nuestra actitud, no la de decir que la predicación de los católicos es elegante, como alguien ha manifestado hace poco.

Dostoievski, *El idiota*

Toda una declaración eslavófila.

El discurso de Dostoievski discurre desde la proclama sobre el alma rusa de su primera época a una reflexión más psicológica acerca de la naturaleza del extremismo. El escritor es un maestro en la tarea de desvelar las ocultas profundidades del desenfreno, que tanto abunda en sus obras. La visión de la desmesura permite atisbar aspectos de la naturaleza humana que *lo corriente* sitúa en el espacio de lo impenetrable.

El Gran Inquisidor es la pieza literaria idónea para penetrar en el prieto revoltijo constituido por sus inquietudes religiosas, filosóficas y psicológicas.

¿Por dónde acometer la ingente tarea de armonizar ámbitos tan diversos pero que a un tiempo encierran tantos espacios comunes?

Para aclararlo, deberíamos comenzar con esta reflexión que le ocupó cuando tenía dieciocho años:

> El hombre es un misterio. Un misterio que es necesario esclarecer; y si pasas toda la vida tratando de esclarecerlo, no digas que has perdido el tiempo; yo estudio este misterio porque quiero ser hombre.
>
> (Fiódor Dostoievski, *Carta a su hermano Mijaíl*, 1839)

El hombre es el problema y no la abstracción que lleva a Dios; ahí se encierra, a modo de síntesis, su preocupación más vital, así encuentran acomodo preguntas que de carácter dispar. ¿Qué es el hombre? ¿Cuál es su sentido? ¿Cómo pensar y sentir a un tiempo? Es decir, escudriñar su naturaleza, su función en el hombre.

Dostoievski afirma desde un primer momento que el ser humano se mueve en un continuum cuyos inconciliables extremos son el solipsismo donde, como señaló Schopenhauer, el libre albedrío es la realidad externa inalcanzable y ese mundo transcendente que contribuye a definirnos y limitarnos caracterizado por la existencia de los otros.

Afectos y la necesidad de que estos fluyan hacia un mundo más allá de nosotros mismos. Sentir, recibir, emitir, comunicar. Comunicar supone un progreso que libera de la angosta prisión de las emociones y las dota de sentido y es también la manera indirecta en que experimentamos nuestros límites frente a ese vacío adimensional que esconden las inertes esencias absolutas.

La emoción es también un modo de conocimiento, la fuente de donde procede y que precede al pensamiento. La poesía es la antesala de la ciencia.

El sentido del hombre... alrededor de esta cuestión gira el sentimiento de lo religioso en sus múltiples formas que, a veces, se enfrentan de un modo encarnizado. La Guerra de los treinta años (1618-48) constituyó un elocuente ejemplo de esa lucha en el seno mismo del cristianismo —con la confrontación entre católicos y protestantes.

Un referente más lejano fue la cruzada contra los cátaros (1209-1244) promovida al rango de tal por el papa Inocencio III; por esa época se creó la Santa Inquisición con el propósito inicial de combatir esa herejía.

Para terminar, la permanente tensión entre razón y sentimiento, entre demostraciones y creencias, entre la certidumbre inmediata y la *terra incognita* de la intuición. Sentir, pensar, actuar.

«Si en la tierra todo fuera razonable, no ocurriría nada», llegaríamos al inerte dos más dos son cuatro. El colapso del racionalismo provocado por su propia inercia. Entropía final, círculo concluso, reposo, muerte. Pero hasta la matemática descansa en la abrumadora evidencia del axioma, que precede a la laboriosa construcción del teorema y al consecuente corolario.

Los hermanos Karamázov es una obra plena de tensiones religiosas, sobre todo en su tramo final, donde combaten, en babélica confusión, pensamientos y emociones.

«La racionalidad de Dostoievski es múltiple, en perpetua danza entre la deliberación, el sueño, la memoria y la fantasía», afirma Sheinbaum (2017).

Admite en su mundo la espiritualidad elevada junto a las más bajas pasiones. La claridad habita con la confusión. Y aparece el Diablo.[17]

6.2. El diablo, el ente que dispersa

¿Es el diablo una mera ausencia de Dios, o la encarnación positiva del desorden, de la muerte en suma?

¿Es un ente real o la emanación delirante de Iván Karamázov?

Dicho de otro modo: ¿es el mal un agente inscrito en la dialéctica de la naturaleza o un atributo creado por la condición humana?

Stavroguin se ocupa de estas cuestiones:

> Mefistófeles, al presentarse a Fausto, dice de sí que desea el mal, pero no hace más que el bien. En cuanto la humanidad haya renunciado a la idea de Dios, el viejo modo de entender el mundo y, sobre todo, la antigua moral, se derrumbarán por sí solos... El hombre se henchirá con el espíritu de un divino y titánico orgullo, y surgirá el hombre-dios.

Y aflora el amor, esta vez reconocido por el propio Diablo:

> Cada uno se sabrá mortal en cuerpo y alma, sin resurrección posible y aceptará la muerte orgullosa y tranquilamente como un dios[18] y amará a su prójimo sin esperar nada a cambio. El amor durará solo lo que dura la vida, pero la simple conciencia de su brevedad hará más poderoso su fuego en tanto en cuanto anteriormente se dispersaba en la esperanza de un amor eterno más allá de la muerte.

17. *Diablo* es el ente que dispersa; el *Demonio* representa la encarnación del mal.
18. ¿Acaso una reminiscencia del Valhalla nórdico?

«Nada impide al hombre nuevo convertirse en hombre-dios». Resuena, el intemporal *ritornello*: «Todo está permitido».

7. AMAR, AMAR-SE, EL AMOR

Existen muchas maneras de amar y en las novelas de Dostoievski contemplamos distintas formas de vivenciar ese vínculo que sueña con la fusión, con la reunión de dos cuerpos que antes fueron uno, como recuerda, nostálgico, *El banquete* de Platón.

Amar, amar-se. Dostoievski se prodiga en esta segunda expresión.[19]

Katerina Ivánovna *(Los hermanos Karamázov)* ama solo su propia virtud; Nastasha Filipovna *(El idiota)* su orgullosa humillación; ambas imaginan que hallarán consuelo en esta clase de amor.

Nace de manera súbita en Raskólnikov, cuando repara en la presencia callada de Sonia, en Iván Karamázov, que ama con la altivez de un patricio, en el amor metafísico de Mishkin y en la horrenda caricatura que se anuncia con Smerdiákov, que se enamora de la idea, de la doctrina del «todo está permitido».

Llamamos amor a sentimientos muy diversos, desde las emociones que evoca el mito de Narciso, hasta el desgarro que emana de la Crucifixión, pasando por el amor corriente, cotidiano, que se alimenta de la ternura, del cariño y de la pasión.

Además, este sentimiento es esencial en la dinámica religiosa de Fiódor Mijáilovich:

> Un ángel no puede odiar ni amar siquiera. Me he preguntado a menudo si es posible amar a todos nuestros prójimos. Pero es evidente que no se puede, que ello es incluso antinatural. El amor abstracto de la humanidad se resuelve casi siempre en egoísmo.
>
> *El idiota*

19. Véase I. Sanfeliu, *Amar-se. Ecos actuales de Narciso*, Madrid, Biblioteca Nueva, 2018.

El amor abstracto es una emanación del propio yo, en el fondo un devaneo tanático, huérfano de vínculos. En esa época no existía aún el concepto *narcisismo*, uno de cuyos atributos consiste en profesar un amor ciego a un falso otro, que resulta ser uno mismo, tortuoso bucle que conduce a la muerte:

> Solo Cristo pudo amar al hombre como a sí mismo, pero Cristo fue un perpetuo ideal eterno hacia el cual el hombre tiende y según la ley de la naturaleza debe tender.

Pura esencia agustiniana. Pero frente a la fuerza del amor y su inexorable impulso hacia Dios *(caritas)* se alza la vía rival de la ascesis, impulsada por el monje Pelagio, que poseía una ilimitada confianza en las posibilidades de la inteligencia y en especial de la voluntad del hombre que goza del libre albedrío.

En san Agustín, como sugiere H. Arendt (1929), «amar no es otra cosa que anhelar algo por sí mismo». El *appetitus* es el vínculo con un objeto y con ello el ser humano se dota de una meta. El *temor*, que para T. Hobbes entraña la posibilidad de perder la vida, con Agustín nace de la pérdida de lo que amamos o al menos del fracaso de obtenerlo. Embargados por ese afecto, el futuro destruye el presente. Ese temor para el obispo de Hipona viene engendrado por la «carencia de poder sobre la vida», una forma velada de expresar el temor a no ser. Asimismo, la vuelta a la juventud de Fausto representa una victoria sobre la muerte, el logro de la inmortalidad.

En el universo de contrarios en el que discurre Dostoievski el suicidio es la forma opuesta utilizada para expresar el miedo a la muerte, Kiríllov su ejemplo más acabado. Decidir el suicidio implica el triunfo sobre el curso natural que conduce a la muerte: nadie ni nada decide mi final.

«El amor viene determinado por su fin» y desde esa perspectiva, Agustín distingue el amor equivocado *(cupiditas)*, que se despierta frente a objetos terrenales, de ese otro, el amor justo, que araña la eternidad y el futuro absoluto *(caritas)*.

Plotino, el lejano mentor de Agustín, extrae la siguiente conclusión a propósito de la libertad como concepción absoluta: «la libertad existe solo donde cesa el deseo». El deseo es concupiscencia. La contemplación arrobada, el éxtasis le sustituye.

En su infancia Fiódor recibió el cariño primordial de su madre, al tiempo que sufrió el miedo ante un padre severo. Ternura y temor que seguramente entraron en conflicto desde muy pronto.

Encuentra por sorpresa el amor en la fría Siberia, tras experimentar la fugacidad de la existencia fuera del tiempo, en ese interminable segundo que antecede al fusilamiento donde uno debe aferrase y desprenderse a la vez de la existencia. Más tarde, ya junto con esos seres, a veces marginales, pero siempre marginados, se produce el inesperado hallazgo del otro y quizás ama por primera vez con plenitud. Es amante y no solo amado.

El amor para *ser* necesita de la transcendencia, requiere salir del caparazón del ensimismamiento y esa posibilidad se le ofrece allí, entre seres que han sido en muchos casos reos de crímenes atroces, pero que conservan un ápice de humanidad.

La primera parte de su obra, que comienza con *Pobres gentes,* y que se continúa con *El doble, Noches blancas, Humillados y ofendidos* y *Un corazón débil,* oscila entre un socialismo abstracto, el sentimiento compasivo y los restos de un romanticismo que ya vive su ocaso.

Con *Memorias de la casa muerta* brotan los primeros apuntes de lo amoroso, primero en el plano descriptivo, impregnado de la cautela ante lo desconocido. Le sigue el descenso a los infiernos con *Memorias del subsuelo,* que deja al descubierto los abismos de lo inconsciente y ya en su segunda parte asoma la redención fallida por la vía del amor. Pero aún habrá que esperar a *El idiota* para asistir a su expresión más oceánica, aunque menos terrenal.

El amor en Mishkin se entremezcla con la cruel tortura de Cristo en la cruz.

En Dostoievski este sentimiento se acompaña siempre, para su mayor brillo, de la crueldad, de la abyección: en personajes como Iván Karamázov, o la Nastasha Filipova de *El Idiota;* el bien y el mal, el amor y el odio moran juntos; en otros casos se dilucida en el encuentro entre dos personajes, como es el caso de Raskólnikov y la silenciosa Sonia o del *stárets* Zósima y Fiódor Mijáilovich, el padre lujurioso de los Karamázov.

Ante el cuerpo muerto de su primera esposa el escritor exclama: «Masha yace en la mesa. ¿Me encontraré con Masha de nuevo?». El más allá, las dudas, el vértigo ante a la eternidad, quizás ante la nada.

La pérdida deprime, pero al tiempo supone un refugio entre los restos de un sí mismo herido pero que, a pesar de todo, es el único asidero seguro frente a un porvenir sin horizonte.

Y llega la expresión de la impotencia: «Amar a una persona como a uno mismo, obedeciendo a Cristo, es imposible».[20]

Dostoievski escribió al respecto diversas notas que en la versión definitiva del libro aparecen modificadas. Entre otras las meditaciones de Iván Karamázov y del *stárets* Zósima. Como señala el teólogo H. Kung (1982, p. 352), Dostoievski observa una gran distancia frente a la concepción neoplatónica del amor.

En la *Ciudad de Dios*, san Agustín escribe: «Allí descansaremos y contemplaremos, contemplaremos y amaremos, amaremos y alabaremos».

¿Qué sucede con la naturaleza, la tierra y el cosmos?

En el final de *Los hermanos Karamázov* Aliosha exclama, mientras se dirige junto con los niños al ágape funerario símbolo del principio y el fin:

—Pero bueno, ¡vamos! Vayamos ahora de la mano juntos.

[20] *The Unpublised Dostoievski, Diaries and Notebooks 1860-1881,* volume 1, New York, Ardis, 1973.

> —¡Y siempre así! ¡Toda la vida de la mano! ¡Viva Karamázov! —gritó Kolia de nuevo entusiasmado, y de nuevo todos los chicos secundaron su exclamación.

Los hombres se hacen presentes; el amor entre iguales se expresa junto con el amor a Dios.

CAPÍTULO VI

MEMORIAS DEL SUBSUELO (1864)

(ЗАПИСКИ ИЗ ПОДПОЛЬЯ, ZAPINSKI IZ PADPOLIA)

El ser humano no es un ser franco y amable, a lo sumo capaz de defenderse si lo atacan... El prójimo no es solamente un posible auxiliar y objeto sexual, sino la tentación de satisfacer en él la agresión, explotar su fuerza de trabajo sin resarcirlo, usarlo sexualmente sin su consentimiento, desposeerlo de su patrimonio, humillarlo.

FREUD, *El malestar en la cultura*

Soy un enfermo Soy un malvado. Soy un hombre desagradable.

DOSTOIEVSKI, *Memorias del subsuelo*

Apenas se ha extinguido el eco doliente de *Memorias de la casa muerta* cuando Dostoievski se dispone a explorar otras miserias y otras posibles grandezas. Abandona la tortura de la *kátorga* para aventurarse en el lóbrego espacio del mundo interior.

Fiódor Miháilovich y su avatar el hombre del subsuelo, dejan libre paso, en una suerte de catarsis, a lo subterráneo y franquean las puertas del sufrimiento, ese atrayente y paradójico motor de la vida.

Freud se adentrará en lo inconsciente y se afana por domeñarlo. Horror, fascinación y siempre drama. Los dos hombres temen a su fuerza desatada.

Mientras tanto, Nietzsche se asombra y cavila y liberará otros fantasmas.

1. PRESENTACIÓN DEL HOMBRE DEL SUBSUELO. UN NUEVO *HOMO ABSCONDITUS*

Hacia fines de 1863 Dostoievski comienza a escribir *Memorias del subsuelo.* María Isáeva, su mujer, agoniza. Poco tiempo después de su muerte, fallece también su querido hermano Mijaíl. Fiódor Mijáilovich se hace cargo de sus deudas, de las del hijo de María, Pascha, inútil y disoluto y de Nikolái, su cuñado alcohólico. Atrae hacia sí una dura penitencia. El regreso a San Petersburgo le exige lavar culpas reales o imaginarias.

Para G. Steiner es el más dostoievskiano de sus relatos, narrado por un personaje del que nunca sabremos su nombre, quizá con la intención de hacerlo intemporal. En sus páginas eclosiona ese mundo interno que en obras posteriores se distribuirá en diversos personajes.

El narrador representa el mundo interior, lo inconsciente en toda su indiferente y prehumana crudeza.

Con las muertes vividas llega la auténtica agonía del escritor, una herida abierta que se desangra en las profundidades de la psicología.

El libro, que cautivará a Nietzsche, representa una clara anticipación del psicoanálisis.[1] Es conocida su exclamación: «A excepción de Stendhal, nadie me ha proporcionado tanto placer y asombro. Un psicólogo con el que estoy de acuerdo».[2]

Y en una carta a Overbeck del 23 de febrero de 1887, seis años después del fallecimiento del autor, confiesa:

> No conocía nada de Dostoievski, ni siquiera su nombre, hasta hace unas semanas... En una librería mi vista se posó por accidente en

[1] Hasta donde yo sé, Freud no leyó esta obra.
[2] Carta a Peter Gast.

> L'*esprit souterrain*;[3] el mismo azar me llevó a conocer a Schopenhauer cuando tenía 21 años y a Stendhal a los 35...[4]
>
> La primera obra [*La patrona*] era como una pieza musical, muy extranjera, muy ajena a lo alemán, la segunda un golpe de genio de la psicología, una suerte de ridiculización de γνϖθτ σαντου. La totalidad de la psicología europea está enferma de superficialidades griegas.

El resultado de la labor introspectiva del antihéroe resulta desolador: «Animadversión, estrechez de miras, egoísmo, pereza y falta de estima, entre otros rasgos, son las cualidades que emergen de su despiadado análisis».[5]

La hipertrofia de la conciencia es contraproducente, repite con insistencia.

Cobra fuerza la hipótesis de Müller-Buck,[6] para quien la desconfianza hacia la *posibilidad* del autoconocimiento que mantiene en *Más allá del bien y del mal* (1886) se hizo más firme en Nietzsche tras haber leído *Memorias del subsuelo*. El filósofo desprecia la psicología moralizante y los prejuicios con que distorsiona la recta comprensión de espíritu. Comprender la mente produce dolor, la moral atenúa el sufrimiento y oscurece el juicio certero.

Memorias del subsuelo son un claro ejemplo de la psicología dostoievskiana. Es una novela fundamental para interpretar el giro que sufre por entonces su trayectoria.

3. Una peregrina mezcolanza de los editores franceses (Plon 1886), que contenía dos obras: *La patrona* (1847) y la primera parte de *Memorias del subsuelo* (1864). *L'esprit souterrain* era una adaptación libre y absurda de ambas. Órdinov, el romántico soñador de *La patrona* deviene, por arte de magia, en el hombre del subsuelo. En la introducción, *Memorias del subsuelo* se convierte en un manuscrito de Órdinov. Ni Dostoiévski ni Nietzsche pudieron defenderse de esta falsificación.

4. Por entonces contaba con 43 y ya había escrito *Así hablaba Zaratustra.*

5. Stellino, 2015, p. 38.

6. Müller-Buck, 2002, p. 98, citado por Stellino, 2015, p.40.

El narrador alcanza los cuarenta años cuando comienza la escritura. Los acontecimientos de la segunda parte suceden antes, cuando tenía veinticuatro años, «hasta entonces había llevado una existencia insulsa e irregular, casi tan solitaria como la de un salvaje». Fue la época en la que el autor asistió a las reuniones del círculo de Petrashevski donde, a buen seguro, vivió las tensas contradicciones entre el furierismo utópico y su campesina sensibilidad eslava.

Mientras tanto, su hermano Mihaíl había conseguido autorización para editar la revista *Época*; el primer número recogió un poema en prosa de Turguéniev titulado «Apariciones» y un cuento fantástico de Dostoievski que representaba todo un desafío a la literatura utilitarista del momento, inspirada en Bentham y Buckle, que se convertiría en la primera parte de *Memorias del subsuelo*.

Esta obra, como veremos más tarde, es también un alegato contra del positivismo que impregna la novela *¿Qué hacer?* de Chernishevski.[7]

Memorias del subsuelo nace primero como cuento, esa narración breve en la que los autores rusos son maestros. Ante todo, describe una desconcertante situación, donde un oscuro realismo esconde los sentimientos ocultos que no pueden afrontar sin daño la luz del día. Es el momento del Dostoievski psicólogo, todo ideas, todo contradicciones, el mago de lo concreto y del cegador destello de la imaginación.

El existencialista L. Chéstov (1866-1938), denominó a la segunda parte de su obra —cuyo inicio se sitúa en esta novela—, una revolución espiritual que supuso abandonar el humanitarismo filantrópico, de corte romántico y afrontar la cruel verdad de la existencia, sin amanerados idealismos, con todo el drama que encierra, lo que supone ahora para el escritor enfrentarse al

[7]. *¿Qué hacer?* es una novela con resonancias autobiográficas en la que el autor ataca al zarismo desde un socialismo utópico revolucionario. Todo ello bajo el ropaje de una historia de amor.

problema del mal, a la existencia de Dios y a la herida lacerante que infringe la libertad.

Chéstov juzga unidos a Dostoievski y a Nietzsche por la visión que ofrecen de la tragedia. La filosofía de Kant y la concepción del mundo de Tolstói son puestas del revés. Se desvela la región que para el primero había permanecido herméticamente cerrada: la «cosa en sí» *(Ding an sich)*, la puerta al mundo de lo real. Esa translación que hacen Kant y Tolstói de los «problemas perturbadores de la existencia» al «dominio de lo incognoscible», es modificada por Dostoievski sin vacilaciones; con ese cambio de actitud desvela una realidad nueva hasta entonces inefable. Nadie antes se había atrevido a tanto. El narrador del relato es un ser disperso, disgregado en infinitos trozos, ¿cómo ver en él al hombre de la vida cotidiana?

Memorias del subsuelo admite muchas lecturas. Como dirá G. Steiner:

> El hombre de las profundidades posee inteligencia sin poder, deseo sin medios... vive en lo que Marx caracterizó como un amargo limbo entre el proletariado y la verdadera burguesía.
>
> (Steiner, 1959, p. 222)

Estar sin ser; dar rienda suelta a las pasiones sumido en la indiferencia.

> Recoge y actualiza una larga tradición literaria que quizá comience en el Tersites homérico[8] y que se prolonga en el legendario Diógenes, en el Apemantus y el Tersites shakesperiano[9] que, como el hombre del subsuelo, habla incesantemente consigo mismo.
>
> (*Ibíd.*, pp. 222-223)

8. Guerrero aqueo de la Guerra de Troya, un ser vulgar, ridículo e impertinente.
9. Que aparece en la obra *Troilo y Crésida.*

¿A que otro destina el monólogo? ¿A qué desesperada y desesperante intranscendencia?

J. Frank (1986, p. 421) hace notar que no carece de antecedentes literarios y relata que el filósofo Vasili Rózanov (1856-1919)[10] fue el primero en compararla con *Le Neveu de Rameau* (1805) de Diderot, el más grande de los ilustrados.

Jean-François Rameau era sobrino del célebre compositor Jean-Philippe Rameau, seguidor de Rousseau, el autor de *El contrato social* (1762), amable texto fundador sin saberlo de la Revolución Francesa.

La obra se desarrolla en forma de diálogo imaginario entre Diderot y Rameau: hablarán de música, de educación, de lo moral, de lo inmoral y de la sociedad que les toca vivir. Rameau pervierte la razón y el pensamiento recto y los transforma en razón cínica, dirá Foucault, prendido tan solo en los contrastes, rodeando al personaje de un halo de locura.

Por su parte, Hegel desde una perspectiva histórica, quiere ver en él la formación del espíritu prerrevolucionario (*Fenomenología del Espíritu,* 1807). Es la única obra que cita en su libro y la utiliza como ejemplo para ilustrar el proceso dialéctico.

La figura literaria donde se enfrentan los contrarios, muy utilizada por Dostoievski, muestra unidos lo existente realizado con lo potencial a realizarse.

Diderot presta a Rameau «las palabras e ideas subversivas que deberían hacer salir de sus cauces a la sociedad» (Diderot, 2012, p. 10). Pero ¿acaso no estaban ya en ella misma antes de que el sobrino las muestre en un alarde exhibicionista?

Rameau rebasa sus propios límites, no representa solo la desmesurada e irrepetible historia de un sujeto, sino que también personifica la denuncia y en sus contradicciones, la interminable contienda entre razón y emociones, que pretenden excluirse

[10] Fue el segundo marido de Pólina Suslova. Autor del ensayo *La leyenda del Gran Inquisidor.*

mutuamente cuando están condenadas a convivir en una tensa síntesis.

Shakespeare también ofrece un amago del hombre del subsuelo en Ricardo III (1591-1592):

> RICARDO.- ¿Qué temo? ¿A mí mismo? No hay nadie más aquí: Ricardo quiere a Ricardo esto es, yo soy yo. No; sí, yo lo soy. Entonces huye. ¿Qué, de mí mismo? Gran razón. ¿Por qué? Para que no me vengue a mí mismo en mí mismo. ¡Ah no! ¡Ay, más bien me odio a mí mismo por las odiosas acciones cometidas por mí! Soy un rufián; pero miento, no lo soy.
>
> (*Ricardo III*, acto 5°, escena 4)

Ricardo se busca a sí mismo en vano: «soy un rufián, miento; no lo soy», esta exclamación se encontrará después muchas veces en las torturadas meditaciones dostoievskianas. Ricardo es un incipiente hombre del subsuelo, sus emociones no están aún asentadas y se le acaba la vida: «Yo soy yo y dejaré de ser sin saber quién soy».

> No he conseguido nada, ni siquiera ser un malvado, no he conseguido ser guapo, ni perverso, ni un canalla, un héroe.

Dirá Dostoievski.

Nuestro escritor es complejo, contradictorio y difícil de captar, no sorprenderá entonces que las interpretaciones sobre su obra sean muy diferentes.

El filósofo Vasili Rozánov (1856-1919) afirmó que el hombre del subsuelo funciona como instrumento acabado al servicio de la búsqueda en las profundidades del alma. Un a modo de dispositivo que arroja luz en una oprimente oscuridad.

N. K. Mihailovski (1842-1904) es de otra opinión: la obra es el trasunto de las íntimas e inconfesadas inclinaciones de Dostoievski, en concordancia con su hipótesis de que la personalidad del héroe era el principal forjador de la historia. Estos dos supuestos se han hecho clásicos y se extenderán a la totalidad de sus escritos. El psicólogo de las profundidades (Rozánov) o las confesiones más íntimas y descarnadas del autor (Mihailovski).

Será, alternativamente, el psicólogo impar, como quiere Nietzsche, o el ser que dio genial testimonio de los abismos más recónditos de su alma. Ninguna de las dos posturas, por parciales y extremosas, ha de ser aceptada sin reservas. La realidad es mucho más compleja: en cada una de sus obras una tendencia prevalecerá sobre la otra, sin anularla por entero. En el caso nos ocupa, las hipótesis de Rozánov quizás sean las más justas, con *Demonios* tal vez prevalezca Mihailovski.

Las valoraciones no acaban ahí, León Chéstov, desde su análisis del recorrido de la obra dostoievskiana, proclama que el hombre del subsuelo supone el rechazo, o en todo caso el abandono, de su trayectoria anterior, amargamente lacerada por la experiencia de Siberia. Rescata con este propósito la declaración del protagonista: «Que se estrelle el mundo mientras yo pueda tomar mi té cada día» (citado por J. Frank, 1986, p. 422). Rameau había dicho con un talante similar: «El mundo está corrompido, disfrutémoslo».

Cierto es también que *Memorias del subsuelo* insinúa una crítica acerba al socialismo abstracto, de estirpe occidental, en una época de tan notorios acentos utópicos, cruel a fuerza de estar desvinculada de la realidad concreta. El socialismo omnipotente de las ideas; en su lugar y como reacción, gana fuerza una defensa acérrima de la libertad, libertad sin tasa, sin diques que la encaucen hacia una propuesta serena que por entonces se antoja imposible. Una libertad simplificada que se proclama, pero que no es posible llevar a la práctica; libertad también utópica que desconoce la naturaleza humana, libertad que niega la inevitable necesidad.

Nunca hubo en Rusia un divorcio más radical entre pensamiento y acción, representado en esos momentos por occidentalistas y eslavistas respectivamente; en ese espacio las emociones se desplegaron sin medida y sin fronteras.

2. CHERNISHEVSKI: *¿QUÉ HACER?* O EL IDÍLICO ANUNCIO DEL HOMBRE NUEVO

El hombre de carácter, el hombre de acción
es un ser de espíritu mediocre.
DOSTOIEVSKI, *Memorias del subsuelo*

Para dotar de sentido histórico a nuestro libro, cumple recordar ahora esta novela, un fenómeno irrepetible en la historia de las letras rusas.

¿Cómo explicar la inusitada fama que alcanzó? Resulta evidente que su valor literario comparado con las obras de otros escritores rusos contemporáneos apenas es posible. ¿Es un simple panfleto furierista? Demasiado largo, sus páginas encierran mucho más.

La novela de Chernishevski rebosa ideología. Sus personajes remedan a los de un auto sacramental de carácter pagano, anuncian la mística del *hombre nuevo*, la concordia universal lograda de manera casi mágica. La *sobornost* garantiza el esfuerzo común.

¿Qué hizo ocuparse a Dostoievski con tanta atención de esta obra? ¿Por qué alguien como Marx llama maestro a Chernishevski? Según el testimonio de Nadia Krupskaia, compañera de Lenin, este tenia en su biblioteca, siempre a mano, las obras de Marx, Engels, Plejánov y Chernishevski.

> Cuando Herzen se preguntaba sobre la extraña influencia recíproca entre los «hombres» y los «libros» en 1868, pensaba en el *Werther* de Goethe y en *Padres e hijos* de Turguéniev, pero sobre todo en el impacto extraordinario de *¿Qué hacer?*[11]

[11] Irina Paperno, *Chernishevski and the Age of Realism*, Stanford University Press, 1988. Citado por Roberto Mansberger; Akal Eds., 2019.

¿Qué hacer? dijimos que no es destacable en su aspecto literario. Pero merece considerarse como la novela del socialismo utópico. Un canto al colectivismo y a la emancipación de la mujer puestos juntos de manera oportunista y harto artificial. Una proclama contra el absolutismo.

¿Fue su peligrosa popularidad la que alertó a Dostoievski a combatirla con una obra sombría e intimista y escandalosamente humana? Una novela que destruye ese mundo feliz donde el amor y sus pasiones se reemplazan por una amistad desprovista del tono erótico que aporta vida a las relaciones amorosas. En la obra, la expresión «amigo mío» (мой друг) se obstina en sustituir a «te amo» (я люблю тебя).

Sus páginas representan un utópico sueño socialista que elimina al hombre concreto. Dostoievski, como Nietzsche y Freud después, se rebela contra esa anulación del sujeto. La prisión interior aísla del mundo, mientras que Chernishevski procede en sentido inverso: el paraíso adormece, con una permanente alegría, las cuitas y dolorimientos humanos.

El hombre es bueno, abriga los mejores sentimientos. Pero la propiedad privada corrompió, como un nuevo Leviatán, su esencial naturaleza. La posesión separa, divide y otorga mayor poder a quien más tiene. La abolición de la propiedad privada, que destruye la concordia, restauraría la unidad con el todo. Hipótesis, en todo caso, simplista que no da cuenta de nuestros caóticos entresijos.

La historia de estos enfrentamientos se remonta muy atrás. Antes que ellos el carbonario Silvio Pellico (1789-1854) llevaba una vida alejada de la religión y en sus diez años de cárcel en Austria intenta superar el drama refugiándose en las creencias, como relata en *Mis prisiones* (1835). Atrapado en una realidad agobiante, Pellico vuelve sus ojos a la fe. Chernishevski huye ahora hacia la utopía y Dostoievski se dedica con ahínco al corrosivo mundo interior. Mientras, Nietzsche desafía a Dios en un singular encuentro, de tintes medievales y Freud desvelará más tarde el eterno malestar del hombre en la cultura, que no consigue aquietar su permanente desasosiego. La metáfora de la horda primitiva, de la barbarie inmediata, se enmascara tras la culpa hasta hacer olvidar sus fundamentos.

Pero aún podríamos considerar a la utopía que persigue Chernishevski desde otra perspectiva. Si nos remontamos a Tomás Moro (1478-1535) el fantasma de lo idílico reina por doquier en el primado de la religión.

De él Roberts Whitington (1550) dijo:

> Es hombre de la inteligencia de un ángel y de un conocimiento singular. No conozco a su par. Porque ¿dónde está el hombre de esa dulzura, humildad y afabilidad? Y, como lo requieren los tiempos, hombre de maravillosa alegría y aficiones, y a veces de una triste gravedad. Un hombre para todas las épocas.[12]

La utopía que concibió sucede en una isla, tenía que ser una isla, donde todo se comparte. Un mundo perfecto, basado en *La República* de Platón, en la que no existe el hambre, ni tampoco la pobreza. Lo colectivo se impone a lo individual, la equidad reina sobre los mezquinos intereses de los hombres.

Antes de este remanso de paz que ahora describimos brilló la Arcadia, mítica heredad de los pastores pelasgos, espacio de solaz de los seres sobrenaturales, en el que Virgilio halló inspiración para sus *Églogas* y más tarde sueño de renacentistas y románticos.

Pero la utopía de Chernishevski, si se nos permite la licencia, es más realista. Sus personajes pretenden redimirse y alcanzar la plenitud partiendo de coordenadas más terrenales. Vera Pávlovna la joven soñadora, como tantas damiselas rusas, adquiere conciencia social y entra de hoz y coz en el problema de la emancipación femenina. Es una conversión súbita, como la que siglos antes se apoderó de san Pablo. «Cuando cumplió los catorce, Vérochka co-

[12] Tomás Moro. (2020, 12 de septiembre). Wikipedia, La enciclopedia libre. http://es.wikipedia.org/wiki/Tomás_Moro

sía para toda la familia»; muy poco después la embargan ardientes sentimientos: «Usted me llama soñadora y me pregunta qué es lo que quiero. Pues bien, no quiero dominar, ni someterme, engañar, ni aparentar; depender de la opinión de los demás...». Todo un catecismo de nuevo cuño.

Dimitri Lopújov, el salvador y amigo de Vérochka, trabajaba en su tesis doctoral, hacía perecer ingentes cantidades de ranas, siempre las ranas, y había escogido el sistema nervioso como especialidad. Su talante difería profundamente del de su antecesor Bazárov, tabien interesado por el anfibio.

Al principio, contemplaba a Vera «como una muchacha corriente».

Suya es esta reflexión sobre las emociones: «¿Que es la pasión? ¿Cómo distinguirla de un sentimiento simple? Por la intensidad». «La sabiduría es la luz y la ignorancia es la oscuridad» (Lopújov a Vera).

Rajmétov «el rigorista»,[13] por derecho propio ocupa el sitial del *hombre nuevo.*

Para Dostoievski, todo es diferente: seguirá la senda que le marca su *kátorga* interior para llegar al *hombre del subsuelo*, antípoda del *hombre nuevo.* Sustituye el aforismo griego «conócete a ti mismo», por un previo «siéntete a ti mismo», para ascender desde las tinieblas a la luminosidad.

> El filósofo socialista, líder del movimiento revolucionario de raíz agraria *Naródnik* (*Popular),* es considerado, justamente, el heraldo «del falansterio [comunidad rural autosuficiente] de Fourier trasplantado a Rusia».
>
> (H. Cole, 1953, p. 55)[14]

[13]. Años después, con más altura literaria y con mayor énfasis en la realidad, Máximo Gorki describe la gradual metamorfosis de «la madre» desde los afectos más primarios a una progresiva conciencia social.

[14]. Este texto influyó más tarde en Lenin, a través de su novela homónima *¿Qué hacer?* (1902).

También Herzen, el impulsor del populismo eslavo analiza esta cuestión desde el mismo costado ingenuo.

Chernishevski, con una visión anarquista, juzgaba favorable el hecho de que Rusia estuviese escasamente industrializada, lo que alentaría el desarrollo del colectivismo agrario que siempre estuvo bajo la égida de los nobles terratenientes. Esta tendencia contribuyó más tarde a la formación del comunismo anarquista. Los furieristas rusos, y Chernishevski puede considerarse uno de ellos, serán los actores principales en *Demonios*.

Pero la razón, desvinculada de las restricciones que la historia impone, deviene en fantasía. La gran novedad que aportará el marxismo con el materialismo histórico será la caracterización del proletariado como la clase rectora del proceso y las propuestas concretas que a este respecto llevó a cabo. El marxismo discurre en el territorio de la economía y no en la mística de las ideas, en la revolución y no en el apacible tránsito.

El contrapunto entre el utópico Chernishevski y la sombría realidad del zarismo revela que el hombre del subsuelo no pretende tomar partido por ninguno de ellos sino mostrar al desnudo una totalidad que los incluye, de carácter más incierto y de perspectivas más intemporales y menos lineales. Dostoievski no se inclina por la importancia absoluta de tener asegurado el té, como su personaje, pero tampoco excluye esta valoración; ante todo la muestra y enseña con ello que los cambios no están regidos por una suerte de iluminismo, ni tampoco quedan apresados en el culto excesivo a los intrincados recovecos de la razón. Antes Kant había distinguido entre la «razón pura», que desvela los entresijos del conocimiento, y la «razón práctica», interesada por los imperativos, como otras tantas restricciones que propone la realidad, porque pronto advirtió que con solo la primera se nos escapan los laberintos concretos de la condición humana. De hecho, a pesar de establecer esta división, Kant no consiguió incluir de manera cabal las emociones, como ya sucedió antes, en la relación pasión-*cogito* cartesiano.[15]

J. Frank aporta una esclarecedora reflexión a las cuestiones que venimos debatiendo:

> Básicamente, lo que me interesa es el *significado* de *Memorias del subsuelo*; *significado,* en el sentido que le otorga el crítico literario americano E. D. Hirsch, *como aquello representado por un texto*, lo que el autor quiso decir... diferente a *significancia, entendida como relación entre el significado y una persona, concepción o realidad determinada...* En mi opinión, la gran mayoría de los comentadores de *Memorias del subsuelo* se han inclinado por su significancia y, como resultado, su significado se ha perdido en la *melée.*
>
> (J. Frank, 1986, pp. 428-29)

El *significado* es el que confiere un valor de tratado de psicología profunda a *Memorias del subsuelo.*

El socialismo parece suprimir la libertad y elimina de cuajo el misterio inherente a la compleja condición humana, en la que se sumerge Dostoievski en esta su segunda etapa literaria que ahora comienza. El orden de la psicología, orden del sujeto, se opone al de la sociología, orden del individuo; es decir, del ser anónimo. Dostoievski se ocupa del primero, desciende a lo singular de cada ser humano. Su relato resuena en cada uno de nosotros de manera diferente y se convierte en *mi* relato. El *Hombre del subsuelo* posee una base que nos incluye a todos y una superestructura que discurre desde la oscuridad primordial y el contacto directo con la naturaleza, hasta la luz donde adquiere el carácter singular que define a cada ser humano concreto.

15. En su obra postrera *Tratado de las pasiones del alma*, Descartes, que antes con *El discurso del método* había abordado la cuestión *res cogitans-res extensa*, se decide a incluir el problema de las pasiones (emociones) que, en su opinión, no se ajustan al tratamiento que en *El método* dedica al pensamiento.

El autor pugna por conseguir la armonía universal. En el intento, visita el mundo interno: el microcosmos, como sucede en esta obra. Más tarde, con *Demonios,* se ocupará del macrocosmos. Pretende, a su manera, construir una teoría unificada del ser humano en el mundo, un esfuerzo parecido al que están emprendiendo los físicos con la relatividad y el universo cuántico. La obra que más se aproxima a este objetivo tal vez sea *Los hermanos Karamázov,* la novela inconclusa.

El relato de Chernishevski permite a Dostoievski realizar varias cabriolas psicológicas más, entre ellas destaca el cuento que escribirá, en 1877: *El sueño de un hombre ridículo*. Un sueño es el artificio literario que hace posible esta *alucinación*. El narrador se encuentra ahora en un archipiélago, sus habitantes son bellos y sabios. Está en el Paraíso, la tierra no ha sido manchada aún por el pecado, reinan la inocencia y la felicidad.

«La ciencia no es necesaria, el conocimiento depara el desasosiego de lo incompleto; la fusión con el Todo hace superflua a la religión». En el Paraíso, *el hombre es*, un simple producto del soplo divino que no precisa de mediadores. El soñante, oficiando de serpiente bíblica, «habita largos años entre ellos y con su mezquina condición precipita al final su caída. Los hombres aprenden a mentir; el engaño engendra el honor como pantalla ocultadora, los celos, la crueldad... y acontece el primer homicidio». Dostoievski parece anticipar aquí el asesinato del padre. «Los seres se separan sufren y aprenden a gozarse en el dolor. La ciencia reemplaza a la emoción, el Paraíso cae en el olvido, la nostalgia y la incertidumbre buscan el consuelo de la religión».

Llegará el banquete totémico que describe Freud. La religión como refugio de la plenitud, de la seguridad perdida. «El soñante se duele y se culpa de su obra ante los hombres. Como respuesta, ellos lo tratan de loco». Al despertar le afirman que todo fue una alucinación. Él responde que la realidad podría ser un sueño y que su revelación quizá fuera superior a lo que ellos llaman vida.

Nueva versión de la calderoniana *La vida es sueño* y de sus tribulaciones y desengaños.

El sueño de un hombre ridículo fue escrito cuatro años antes de *Los hermanos Karamázov,* a modo de preludio del poema de Iván *El gran inquisidor*. De su lectura se desprenden dos hechos importantes: para empezar, representa un paso más en la permanente preocupación religiosa y social de Dostoievski; se puede considerar también como una suerte de antítesis de *¿Qué hacer?* En efecto, Chernishevski parte de la realidad para adentrarse en la utopía, Dostoievski recorre el camino inverso. Se dibujan dos ejes diferentes: el que discurre entre la luz y las sombras y el que separa lo común-indiferenciado de lo concreto-singular. El *Hombre del subsuelo* ante el *Hombre revolucionario,* anomia frente a cambio, que más tarde será en parte recogido en *Psicología de las masas y análisis del yo* (1921) de S. Freud; lo social proteiforme frente a la irrepetible singularidad del ser. No son solo la física y las matemáticas las que se ocupan de estas cuestiones, también lo hace la psicología.

Gustav Le Bon (1841-1931) ya había expuesto ideas precursoras en *Psicología de las masas* (1895), obra a la que alude reiteradamente el vienés; en sus páginas desplegó el costado social del problema. Para el primero es esencial la «contraposición masa / individuo», el segundo se dirige de forma específica al objeto «masa». Esta diferencia no siempre se tiene en cuenta en las frecuentes comparaciones entre ambos textos.

Poco a poco, asoman los conceptos filosóficos más abstractos: *Libertad,* ¿de qué libertad hablamos?; *razón,* ¿a qué razón aludimos?

El *hombre dostoievskiano,* representado por el *hombre del subsuelo,* depara un panorama complejo, lejos de la habitual y cómoda polaridad entre el Bien y el Mal. Los extremos son borrosos, ¿quién los define ahora, una vez alejados de los confortables valores que dicta lo absoluto? ¿A qué axiología acudiremos?

Bien y Mal sujetos a los imperativos de la historia y a sus cambiantes valoraciones. «El hombre del subsuelo representa el grito de asombro del ser que descubre que vivía en una mentira cuando se decía a sí mismo que el objeto supremo de la existencia es servir al último de los hombres» (Chéstov, p. 7).

Amo al género humano y odio al hombre. Un cántico paradójico frente al terrible hallazgo de la crueldad inmanente al narcisismo que culminará con esta confesión: «¿De qué puede hablar un hombre con más placer que no sea de sí mismo? Me propongo hablar de mí» *(Ibíd.)*

Un *mí mismo* del que usó y abusó antes Ricardo III.

Es la cegadora soledad del aislamiento.

Dostoievski ha visto morir las ilusiones nacidas de la relación con su amante, Pólina Suslova; para colmo, al regreso de su viaje por el extranjero, María Dimitrievna, la mujer hallada en Siberia que fue su primera esposa, agoniza. Sus afectos se tambalean y se repliegan en un íntimo nudo esencial.

Resulta extraño que Freud no reparase, que sepamos, en esta obra donde las profundidades que descubrirá el psicoanálisis brillan en toda su crudeza; el vienés estaba, quizá, demasiado ocupado rastreando los alcances del complejo de Edipo y fue más tarde cuando adquirió importancia decisiva ese trayecto primario del desarrollo, el que antecede al citado complejo, donde alientan sin freno pulsiones que la cultura podrá apenas controlar. Dostoievski, como más tarde Freud, desvela al *protohumano sin límites* que albergamos en nuestro interior.

«Soy un enfermo. Soy un malvado. Soy un hombre desagradable». Así comienza esta obra sombría, ensimismada en el laberinto de las pulsiones. La historia de un ser que rehúye la solidaridad, pleno de una sufriente autocomplacencia; hombre imposible, que a fuerza de buscarse a sí mismo extravía su identidad. Porque esa versión de sí mismo en que se empeña aboca a *la nada*.

K. Mochulski (1947), un ruso que juzga y siente con otro ruso, desliza al respecto estas valoraciones:

> El hombre del subsuelo es un hombre del siglo XIX, un ser decente que habla solo sobre sí mismo. Aventura sus opiniones para exponer

sus propias ideas en nombre *de todo ser inteligente*. En resumen, simplemente un hombre.

Sin conciencia, un hombre se convierte en un animal.

Sus héroes [los de Dostoievski] aman mientras odian y odian mientras aman.

Los enfermizos lectores con los que se enfrenta el hombre del subsuelo son los positivistas del *Contemporáneo* y de *El Mundo ruso,* son los utilitaristas y los racionalistas como Chernishevski. Defiende al hombre de la filosofía inhumana de la necesidad.

(K. Mochulski, 1947, pp. 244 y sigs.)

La lucha contra las exigencias de la razón y de la necesidad evocan a Kierkegaard y a Nietzsche; a la tragedia y a la libertad. En este sentido, Mochulski asevera que *Memorias del subsuelo* es el más acabado intento de crear una *filosofía de la tragedia* en la literatura mundial.

El narrador exclama: «Sí, señores, el hombre del siglo XIX tiene el deber de estar esencialmente despojado de carácter, está moralmente obligado a ello».

Toda una declaración de principios. El sujeto retrocede ante el simple individuo.

He aquí la nueva versión del *hombre superfluo;* el *hombre del subsuelo* representa un paso más, lejos ya de la simple descripción, la mordaza reduce al ser humano a la impotencia, a la celda lóbrega del ensimismamiento.

La nada, el vacío, la ausencia de sentido, el colapso vital. El hombre ruso pretende encontrarse en el *hombre idea,* el ente que persigue Turguéniev y que se pierde, desorientado, en la estepa rusa. El *hombre virtuoso*, que aspira a una nueva Arcadia, al mundo natural y feliz cantado por Rousseau, se acerca a una crisis definitiva. Rousseau ya había sufrido en su momento, en su ideario filosófico, el encontronazo con la Ilustración: naturaleza *versus* razón, inestable coyunda.

3. EL ARGUMENTO

Es la historia de un ser retraído que vive solo en una pocilga oscura, sin contacto alguno con el mundo exterior y refugiado en la lectura. Este parásito social sabe que es malvado, feo y enfermo. Pero no hace nada para cambiar, porque le agrada ser así, en una suerte de complacencia masoquista. Los hombres de acción no piensan. Quien piensa solo puede permanecer inmóvil. Por eso, está feliz y orgulloso de su inutilidad absoluta.

Su actitud representa una exhibición del propio sufrimiento que dota de precario sentido a su existencia.

Se ha dicho que la obra es un verdadero anticipo del existencialismo de Kafka, Unamuno, Sartre y Camus. Tal como puedo entenderlo, el libro recoge el trágico absurdo que retrata Kafka, el amor por lo contradictorio de Unamuno, la torturante presencia de la nada sartreana, y la inquietante proximidad del otro que muestra Camus.

En este relato, narrado a modo de diario, encontramos ya muchas tesis de esta corriente filosófica del siglo XX: aislamiento del yo, miedo a la libertad, pérdida del sentido de la vida, culpabilidad extrema, irracionalismo y voluntarismo, imposibilidad de comunicarse con los otros, relación instrumental entre las personas, experiencia del fracaso, desesperación, angustia y aburrimiento.

Tres episodios destacan: el desafío imaginario del protagonista al oficial de policía, la cena que comparte con sus ex compañeros de colegio y el encuentro amoroso con la prostituta Lisa.

Para juzgar cabalmente *la obra* no basta con acudir al contexto sociopolítico y a las intrincadas relaciones que establecen la psicología, la antropología y la sociología, es necesario adentrarse también en el fondo literario que sirve de inspiración a su autor. Para este fin, el movimiento romántico en general y el ruso en particular, es de primordial importancia como intentaremos mostrar.

4. EL ROMANTICISMO

> La racionalidad y la lógica están sobrevaloradas.
> La mayoría de las decisiones que tomamos se basan en emociones.
> FRANS DE WAAL

Vayamos por partes. Fiódor Mijáilovich, que participó en sus comienzos de las ideas de Herzen, se inclina ahora por entonar *un rotundo no a la felicidad* si esta se alcanza a expensas de la libertad. Esta espinosa relación se resistía y se resiste aún hoy a ser definida; habita, indecisa, entre el universo sensible y la mudable escala de valores que proporcionan las sucesivas épocas.

Dostoievski preserva intactos los rasgos románticos e inciertos de la libertad, pero los aprisiona hasta la exasperación en su mundo interno y en ese espacio restringido el ansia de libertad se torna doloroso. La épica homérica, de héroes cumplidos y autosuficientes, que perecen y se realizan en profunda armonía con su *fatum*, se ha trasladado ya con Pushkin y Lérmontov, si se me permite la expresión, al trágico lirismo del héroe ruso, al ser telúrico glosado por Gógol.

Con Fiódor Mijáilovich el romanticismo accede a las tenebrosas e intemporales moradas interiores del individuo, poco sabremos aquí de sus hazañas mundanas y mucho de sus dramas.

El movimiento romántico se había desarrollado a lo largo del siglo XIX alrededor de las figuras de J. W. Goethe, y su concepción de lo *demónico,*[16] y de F. Schiller, apasionado jugador como Dostoievski e incondicional amante de lo bello. Schiller fue también un ser contradictorio y controvertido, enemigo de la tiranía para unos y adalid de la tradición para otros y siempre el autor de *Don Carlos, infante de España* (1783-87). Esta obra será el fundamento

[16] *Demónico* designa una experiencia de la realidad en su dimensión contradictoria, unitiva, desgarradora y polémica a la que Goethe, desde su experiencia de vida llama, de modo escurridizo y fugaz, *demónica.*

de *Egmont* (1788), la tragedia que describe la revuelta de los Países Bajos contra España, y más tarde de *El gran inquisidor*.

Lo romántico es un canto a la libertad, busca respuestas más allá de los límites de una nación y, en el caso de los alemanes, rastrea incansable las raíces pangermánicas. Son estas sus principales señas de identidad.

Las primeras obras de Goethe estuvieron vinculadas al movimiento prerromántico *Sturm und Drang* (Tormenta e Impulso) de allí nacerá *Egmont*. Esta corriente estética se extendió entre 1767 y 1785 como reacción frente al racionalismo cartesiano que amenazaba con ser una restricción al libre discurrir del destino. Sus líderes fueron J. G. von Herder (1744-1803), enamorado de Shakespeare y Homero, a la vez que adversario de la Ilustración y su discípulo Goethe. Este último, junto con F. Schiller, G. P. Novalis (1772-1801), E.T.A. Hoffmann (1776-1822) y F. Hölderlin (1770-1843) integran el núcleo duro del romanticismo alemán. El *Fausto* será el emblema que los identifique, *Poesía y verdad*, su testamento.

Al tiempo, los románticos ingleses de principios del XIX entonan su rebeldía atacando a la sociedad industrial, hegemónica por entonces en Inglaterra y responsable de las restricciones sociales, con la consiguiente exaltación de la naturaleza que se iba cubriendo de una progresiva capa de hollín y de los países considerados exóticos, supuestamente ajenos a tal contaminación. Por lo demás, poseen la traza común a todo el movimiento romántico: el culto a la emoción y al individuo, situado siempre por encima y más allá de la ciega opresión social.

Sus comienzos se remontan a 1798 con la obra *Baladas líricas*, escrita por S. Coleridge (1772-1834), y W. Wordsworth (1770-1850).

La melancólica evocación de la naturaleza:

Aunque nada pueda hacer
volver la hora del esplendor en la hierba,

de la gloria en las flores,
no debemos afligirnos:
la belleza subsiste siempre en el recuerdo.

(Fragmento de *Esplendor en la hierba. Oda a la inmortalidad,* W. Wordsworth)

El romanticismo inglés alcanzó su máximo esplendor con Lord Byron (1788-1824), el arquetipo romántico por excelencia y su poema *Don Juan* (1819-1824), el utópico P. B. Shelley (1792-1822) con *Alastor* o el espíritu de la soledad (1815) y el melancólico J. Keats (1795-1821), autor de *Isabella, La víspera de santa Inés y otros poemas* (1820). Los tres atestiguaron con sus prematuras muertes lejos de Inglaterra, el credo de este movimiento.

Lo romántico se extiende a épocas y países distantes, a la mente desbocada del inglés William Hogdson (1877-1918) y, en Norteamérica, a los poemas y cuentos de Edgar Allan Poe (1809-1849), el inmortal autor de *El barril de amontillado,* que bien pudo ser firmado por Dostoievski; todos ellos imposibles de encasillar en una corriente definida, contradictorios y únicos.

Las silenciosas soledades eslavas encontraron con Alexandr Pushkin y Mijaíl Lérmontov a sus representantes más destacados. Este último, llamado «el Byron ruso», fue su figura más importante desde la muerte en duelo de Pushkin en 1837 hasta la suya propia cuatro años más tarde, también en un duelo. Ambos pasaron, como rayos, por el desgarrado firmamento, como un eco de sus hermanos ingleses y dejaron, como el rayo, un rastro indeleble.

4.1. Una lejana huella del romanticismo: el drama en Dostoievski

El drama en la novela cobra vigor con *Crimen y castigo, El idiota, Demonios* y *Los hermanos Karamázov*, Friedrich Schiller al fondo; al que el ruso considera, junto a Goethe, el dramaturgo más importante de Alemania. Para Dostoievski, según confesó a su hermano, Schiller era «un santo y seña íntimo y querido que despierta incontables recuerdos y sueños».

El drama y sus autores despierta evocaciones, como recoge la carta que en 1840 escribió a su hermano Mijaíl (citada por Steiner, pp. 145-146). En ella da rienda suelta al entusiasmo y de paso muestra un profundo y apasionado conocimiento de la dramaturgia francesa:

> Pero, dime, ¿cómo pudiste al hablar de las formas, hacer la afirmación de que ni Racine ni Corneille, podían agradarnos porque sus formas eran malas?... ¡Qué no hay poesía en Racine… qué en el Racine ardiente, apasionado, idealista, no hay poesía! ¿Has leído su *Andrómaca?*, ¡eh! ¿Has leído su *Ifigenia?*… ¿Y el *Aquiles* de Racine no es digno de Homero?… Si no reconoces que *Fedra* es la más elevada y pura poesía, no sé lo que pensaré de ti.

Y también sobre Corneille:

> ¿No sabes que Corneille, con sus figuras titánicas y su espíritu romántico, se acerca mucho a Shakespeare?… Que tomase su forma de Séneca era lo menos que podía esperarse… ¿Has leído *el Cid?* ¡Léelo, infeliz, y cae de rodillas en el polvo ante Corneille! ¿Qué significa el romanticismo si no alcanza su más alto grado de desarrollo en *el Cid?*
>
> (A. Mijaíl, 1840)

He aquí la Francia de Dostoievski, con el jansenista Jean Racine (uno de los grandes trágicos franceses del siglo XVII), con Jean Baptiste Poquelin —llamado Molière— y el católico Pierre Corneille, que se atrevió a recrear el drama edípico; educado en la atmósfera jesuita, representa la confianza en el libre albedrío.[17]

[17] N. Caparrós, 2015, p. 384.

En suma: encrucijada de creencias, de religiones, donde siempre halla cabida el drama de la libertad.

Dostoievski desliza ahora su opinión:

> Si ha habido algunos imbéciles entre nuestros románticos, estos no cuentan, por la secilla razón de que en la flor de la vida se convertían en verdaderos alemanes... a fin de conservar intactos sus sublimes ideales.

El eslavismo no le abandona.

5. LAS SINIESTRAS CATACUMBAS DE LA MENTE

Dostoievski retuerce los directos y afilados argumentos del romanticismo y la conciencia asoma entre asombrada y asombrosa: «Toda conciencia es una enfermedad. Lo mantengo».

Inusitada manera de presentar la percepción de sí mismo.

Prosiguen los contrastes y las contradicciones, Dostoievski se recrea con cada una de ellas: «Cuando más clara conciencia tenía del bien y de todas las cosas *bellas y sublimes*, tanto más me hundía en el cieno» *(Ibíd.)*. «No he conseguido nada, ni siquiera ser un malvado; no he conseguido ser guapo, ni perverso; ni un canalla, ni un héroe».

Goce aceptable y luminoso el que a través de la conciencia nos depara *lo bello y lo sublime*; pero, al tiempo, una fuerza demoníaca actúa en sentido contrario. Una fuerza que, una vez superadas las restricciones morales de la conciencia, nos anega con un goce salvaje y profundo, un goce intenso y extrañamente familiar: el placer de la degradación, el placer que solo se encuentra en la recóndita morada del subsuelo.

El narrador se rebela contra la terca hipocresía de la moralidad.

Y llega así a confrontarse con lo exacto, con el inexorable absoluto:

«¡Perdone!» gritará alguien. Usted no puede protestar: dos y dos son cuatro. A la naturaleza no le preocupan sus pretensiones, no le preocupan sus deseos; no le importa que sus leyes no le convengan. Está usted obligado a aceptarlas tal y como son y a aceptar todo lo que de ellas procede... Pero ¿qué importan dios mío, las leyes de la naturaleza si, por una razón u otra, no me complacen?

En este párrafo se intersectan dos cuestiones de muy distinta índole. En el mundo interior prima el deseo sobre el orden de la naturaleza. Pero al recurrir a la matemática, con rara intuición pondrá sobre mesa la cuestión de su valor absoluto, el que intentaron establecer Whitehead y Russell y que años después, en pleno siglo XX, echaría por tierra Göedel con sus *teoremas de la incompletitud.*[18] Dos y dos son cuatro, y nos desafía con insolencia...

Admito que eso de «dos y dos son cuatro» es una cosa excelente; pero puesto a alabar; les diré que «dos y dos son cinco» es también a veces algo encantador.

Y reitera:

«¡Perdone!» gritará alguien. Usted no puede protestar: dos y dos son cuatro, a la naturaleza no le preocupan las pretensiones de usted; no le preocupan sus deseos; no le importa que sus leyes no le convengan. Está obligado a aceptarla tal como es y aceptar todo lo que procede de ella. El muro es un muro ¿qué importan, Dios mío, las leyes de la naturaleza y la aritmética sí, por una razón u otra, esas leyes y ese «dos y dos son cuatro» no me complacen?

18. El primer teorema de la incompletitud afirma que, bajo ciertas condiciones, ninguna teoría matemática formal capaz de describir los números naturales y la aritmética es a la vez *consistente y completa.* Si los axiomas de dicha teoría no se contradicen entre sí, existen enunciados que no se pueden probar ni refutar a partir de ellos.

No solo lo necesario es lo normal. Concluirá más tarde.

> «Dos y dos son cuatro» es un principio de muerte y no un principio de vida. En todo caso el hombre teme siempre a ese «dos y dos son cuatro», y yo también, le temo.
>
> En la busca de ese «dos y dos son cuatro» arriesga su vida... pero les aseguro que teme encontrarlo, pues cuando dé con él, ya no tendrá nada que hacer.

A lo largo de toda la obra martillea esta ominosa suma, que de ser aceptada con resignación significa el omega de la existencia. «Dos y dos son cuatro» atrae y repele a la vez, semeja a la muerte, inexorable.[19]

El hombre del subsuelo se niega a reconocer la posibilidad que brindan las promesas de los ilustrados franceses. La negación de la libertad que anunció Diderot es rechazada por este ser de la ciénaga, rey del *Sturm und Drang*, capaz de hozar en las profundidades y extraer de ellas un placer fundamental ajeno al sentir de *lo bello y lo sublime*. El hombre del subsuelo mora en las antípodas del admirado Schiller.

Podríamos pensar que la plenitud no es un don gratuito, sino la consecuencia de recorrer un largo y trabajoso camino, que solo se goza en los transportes místicos.

En 1924, con *El problema económico del masoquismo*, Freud nos sorprenderá enunciando un dolor al que se adhiere la excitación sexual: el placer de recibirlo, al que le atribuye bases biológicas y constitucionales; define así al *masoquismo primario*. Una suerte de ¡estoy vivo!

El dolor y su secuela existencial, el sufrimiento, siguen ocupando a nuestro hombre. El ser humano ama el sufrimiento, dirá; la

[19] Arthur Clark trata del mismo principio de muerte en su relato *Los nueve mil millones de nombres de Dios,* cuando se consiguen computar «las estrellas del universo se van apagando una a una». Medir supone clausurar, el final, la muerte.

conciencia del bien y del mal, términos que no empleará Freud, busca su camino entre dudas y vacilaciones, nada de sendas rectilíneas, nada de fáciles atajos. Como anticipó Quevedo, el camino de la virtud se anuncia abrupto. «¡Ja, ja, ja! Si es así, llegará usted a descubrir cierta voluptuosidad en el dolor de muelas» *(Ibíd.)*.

«Me entrego al pensamiento. Dicho de otro modo, en mí, toda idea provoca inmediatamente otra y así continúa sucediendo hasta el infinito. Tal es la esencia de todo pensamiento, de toda conciencia». Y concluye con esta rotunda afirmación: «El sufrimiento es la única causa de la conciencia» *(Ibíd.)*.

Ideas parecidas enunciará el psicoanálisis cuando sostiene que la vida psíquica se inaugura con la frustración o, en el decir de Adler desde una perspectiva social, con el primer complejo de inferioridad. Por su parte, Dostoievski avanza esta transcendental afirmación que es todo un anuncio de lo inconsciente:

> La conciencia no conoce al hombre, la razón no conoce la vida.
>
> Miren, la razón, señores, la razón es una buena cosa, esto es indiscutible, pero la razón no es más que la razón y se satisface tan solo en las capacidades humanas del raciocinio; en cambio los deseos son una manifestación de toda la vida humana incluidas la razón y todas las comezones.
>
> *(Ibíd.*, p. 1468).

Dirá también que:

> La conciencia, toda conciencia es una enfermedad. Una conciencia ordinaria nos bastaría y sobraría para nuestra vida común; sí, una conciencia ordinaria, es decir una porción igual a la mitad, a la cuarta parte de la conciencia que posee el hombre cultivado de nuestro siglo XIX y que, para desgracia suya, reside en Petersburgo, la más abstracta, la más *premeditada,* de las ciudades existentes en la Tierra (pues hay ciudades *premeditadas* y ciudades que no lo son). Se tendría, por ejemplo, más que de sobra con esa cantidad de conciencia

> que poseen los hombres llamados sinceros, espontáneos y también hombres de acción.

Una melancólica evocación de las primitivas y suficientes reglas de la naturaleza; pero ahí está el hombre, en su ambición de ser el centro del universo, para perturbarlas.

Exceso de reflexión, trayecto emprendido hacia la abstracción que roza los absolutos, que pierde contacto con lo humano.

Conciencia, lugar de la culpa, espacio del deseo que comparte con lo inconsciente.

Especula sobre el *hombre abstracto*:

> Antítesis del hombre normal; es decir, del hombre de conciencia refinada, salido no del seno de la naturaleza, sino de un alambique (esto es casi misticismo, señores, pero me siento inclinado hacia esa sospecha).

Se insinúa ahora el fantasma perturbador del *deseo*, que nace de las entrañas y que se proyecta en el mundo de los otros. No el de un deseo cualquiera sino, ante todo, del *deseo inconsciente,* del que el hombre nada sabe, que simplemente lo habita y lo mueve en el neblinoso universo pulsional, deseo que la razón pura, sometida a la lógica aristotélica, donde el afecto no tiene cabida, repudia.

> Ciertamente, si se logra descubrir la fórmula de todos nuestros deseos, de todos nuestros caprichos; es decir, de dónde proceden, cuáles son las leyes de su desarrollo, cómo se reproducen, hacia qué objetivos tienden en tales o cuales casos, etc., es probable que el hombre deje inmediatamente de sentir deseos... ¿Qué satisfacción puede proporcionarle desear solamente de acuerdo con tablas de cálculo?

El duende del deseo reside en la pulsión (*trieb*), en el impulso (*drang*) que se siente próximo, y que señala su incompletud, que vivimos como un flujo misterioso del que nada sabemos. La pugna eterna entre la conciencia y lo inconsciente: «Que el hombre propende a edificar y trazar caminos es indiscutible. ¿Por qué se llega también hasta la locura por la destrucción y el caos?».

Hoy diríamos que el caos no es solo desorden, en el *borde del caos, en su borrosa frontera,* reside un orden nuevo de carácter creador (Caparrós, 2019). La destrucción no implica solo el final, como antes se creía, sino también el comienzo. Solo el orden absoluto anuncia el reposo de lo inerte.

Cuando, en 1850, Clausius formuló el concepto de entropía afrontó el problema de lo irreversible en el seno de un sistema cerrado. Aquí cobra sentido la lúcida y a la vez sorprendente afirmación de Dostoievski: «Dos y dos son cuatro no es ya la vida, caballeros, [proclama el hombre del subsuelo] sino el comienzo de la muerte».

La clausura, lo exacto, es la vieja ambición del positivismo, no representa el triunfo de la ciencia, sino el imperio de lo inerte, de la muerte misma. Una vez situado el positivismo en el tramo que le corresponde, la ciencia se convierte en una senda hacia lo desconocido.

¿Qué pensó Einstein al leer estas líneas, si es que llegó a leerlas?

El hombre del subsuelo encierra un cúmulo de contradicciones, su reconocido y ciego egoísmo se entrevera con una extremada sensibilidad hacia la presencia de los otros.

Kafka rematará años después esta locura con la amarga pesadilla de *La metamorfosis.*

Por ahora, nuestro hombre concluye:

> ¡Pero díganme, señores! ¿Qué quedará de mi voluntad cuando lleguemos a las tablas de cálculo, cuando no haya más que eso de *dos y dos son cuatro*? Dos y dos serán cuatro sin que mi voluntad se mezcle en ello. ¡La voluntad aspira por cierto a otra cosa!

Lo *real,* incognoscible en su totalidad y la *realidad,* el ambiente acotado en el que discurrimos y nos movemos, donde se inmiscuye el universo de las emociones entran en violenta confrontación.

El hombre del subsuelo queda preso de las leyes de la hiperconciencia. ¿Qué quiere significar con *hiperconciencia*? Frank piensa que en esta frase se ha creído ver una referencia al hamletismo, que lo vincula al protagonista del *Diario de un hombre superfluo* de Turguéniev (Frank, 1986, p. 432). Estos seres se sienten bloqueados por un exceso de conciencia; *saben* más allá de lo evidente. Pero, sin negar esta semejanza, Dostoievski introduce una decisiva variación: frente Chernishevski y su naturalismo negador del libre albedrío, se inclina a pensar que el conocimiento de esas pretendidas leyes conduce a la desmoralización y a la parálisis. El interlocutor imaginario que aparece en estas páginas es un partidario de Chernishevski.

El trágico determinismo al que se ve abocado en esta circunstancia el hombre, conduce a la refutación de lo axiológico, del imperio de las categorías basadas en el nominalismo: no hay que censurar a nadie por ser un canalla, ello no sirve de consuelo, aunque la culpa haya sido eliminada por las leyes de la naturaleza.

El será, a un tiempo, culpable de todo y de nada. Absoluto dislate. Pero ¿acaso el hombre deseó alguna vez ser enteramente racional?

Todos los hombres activos, son activos porque son obtusos y mediocres.

Como síntesis el narrador proclama:

> Somos seres muertos desde el momento de nacer. Además, hace ya mucho tiempo que no nacemos de padres vivos, lo que nos complace sobremanera. Pronto descubriremos el modo de nacer directamente de las ideas.[20]

El hombre del subsuelo es capaz de permanecer silencioso en su cobijo durante cuarenta años; pero si sale de él, empieza a hablar y ya no hay modo de detenerlo.

20. La tensión que años después se concreta en el binomio génesis-epigénesis.

A seguidas, un anticipo de lo que más tarde Freud llamará represión:

> Existen, en fin, cosas que el hombre no quiere confesarse ni siquiera a sí mismo. En el curso de la existencia todo hombre honrado ha acumulado gran cantidad de estos recuerdos. Incluso me atrevería a decir que su número está en proporción directa con la honradez del hombre.

Así acaba la primera parte de las *Memorias del subsuelo*, aunque Dostoievski fiel a su estilo, insinúa que aún queda más. Lo que resta aparecerá con *Crimen y castigo*, *Demonios* y *Los hermanos Karamázov*.

6. *MEMORIAS DEL SUBSUELO.* SEGUNDA PARTE. LA DESTRUCCIÓN DEL AMOR

Retrocedemos en el tiempo. Nuestro hombre, ahora joven, siente miedo disfrazado de cualquier cosa.

Sus impulsivas provocaciones continúan: «Entre nosotros, los rusos, no abundan esos estúpidos románticos de tipo alemán y más aún francés».

¿Dónde para la admiración de Dostoievski por Schiller y por Corneille?

Su carácter es completamente distinto de sus colegas extranjeros y ninguna de las unidades de medida europeas puede convenirle (permítanme emplear el término *romántico,* vieja y respetable palabra que todo el mundo conoce). El rasgo predominante de nuestro romántico es que lo comprende todo, que lo ve todo y que incluso lo ve mucho más claro aún que los espíritus más positivos. Nuestro romántico no se inclinará ante la realidad, pero no la desdeña, es a la vez el mayor de nuestros canallas.

La admiración cede su lugar a la envidia, el emergente corrosivo que nace ante la presencia del otro.

El hombre del subsuelo al fin sale de su ensimismamiento y encuentra a otros seres en la perspectiva Nevski (*Nevski prospekt*). Miedo y deseo; sobre todo miedo. La realidad es tozuda y le descoloca. La anécdota deviene en drama: la simple cuestión de ceder el paso a un displicente oficial con el que se encuentra adquiere una dimensión insólita. Ante esta nimia anécdota, se refugia en las torturantes fantasías que le deparan sus rumiaciones y que le durarán toda la vida.

Más tarde, el destino resolvió el problema en un segundo encuentro largamente esperado: chocó con el oficial y... no pasó nada; la atmósfera paranoica que blinda su aislamiento se resquebraja, pero la zozobra continúa, se posa en otros aspectos. El sentimiento permanece desvinculado de sus orígenes. Hace catorce años que su imaginario enemigo fue trasladado y aún piensa: ¿a quién estará aplastando?

Oscila entre las refinadas cimas espirituales y la más deleitosa abyección: «Lo más notable es que estos impulsos hacia *lo bello y lo sublime* brotaban a veces en mí durante mis arrebatos de libertinaje, precisamente cuando me hallaba en el fondo del foso».

La exploración del mundo exterior continúa pese a todo. Se produce el encuentro con dos antiguos compañeros de colegio: Simónov y Zvérkov, que hablaba de sus hazañas amorosas, disfrutando «como un perrito revolcándose al sol».

Recelo.

Va a tener lugar una cena de despedida a Zvérkov de sus antiguos amigos. Se incluye en la misma, con el aliciente de un potencial y atractivo sufrimiento.

La vida de relación descubre ahora nuevas cualidades en el hombre del subsuelo que habían permanecido ocultas bajo el imperio absoluto de su mundo interno.

Se introduce, desafiante, en el evento. En el grupo figuran «el canalla» de Zvérkov, Trudoliuvov y «su estúpido desprecio», Ferfítchkin el de la «risa descarada» y, para terminar, el «miserable y poco *littéraire*» Simónov.

¿Qué persigue con tan adversa compañía? ¿Acaso el conjuro de sus eternos fantasmas?

La cena homenaje tiene lugar, contrasta el superficial desenfado de los comensales con sus fantasías persecutorias. Está cada vez más solo, cada vez más sombrío.

Al fin, cuando la ebriedad ha alcanzado el punto conveniente, deciden rematar la fiesta en un prostíbulo. El hombre del subsuelo se les une una vez más, la compañía le agudiza su sentimiento de soledad.

En el establecimiento se produce un trascendental encuentro:

> No se podría decir que era una belleza; pero era alta y fornida y estaba bien proporcionada. Vestía con sencillez... La habría detestado si me hubiese sonreído... Sentí un mordisco de perversidad en el corazón y me acerqué a ella.

La situación que sigue desprende una intimidad insoportable: transcurren dos horas en la soledad del cuarto, en el pesado y oscuro silencio del lecho que comparten.

> No había cruzado una sola palabra con aquella joven... y en ese momento vi claramente la sinrazón, la fealdad del desenfreno que, sin amor, brutal e impúdicamente, empieza sin ningún preámbulo con el acto que corona el verdadero amor. Nos estuvimos mirando un buen rato y ella sostuvo mi mirada.

M. Mosto (2016) dirá que de entre las mil incitaciones que rodean este insólito encuentro, se impone la estética. Una pausa de humanidad permite cierto sosiego.

Dostoievski desvela esta realidad en toda su evidencia en la relación del hombre del subsuelo con su entorno. A medida que avanza el relato, sabremos que el hombre y la mujer constituyen mutuamente su oportunidad de salvación, su *kairos;* una ocasión para que la fraternidad, la gracia del amor, de la *philía*, sane su naturaleza envilecida. Pero el narrador elige degradarse aún más.

> —¿Cómo te llamas? —le pregunté.
>
> —Lisa —me respondió casi en un susurro, pero sin ninguna amabilidad y apartando sus ojos de los míos.
>
> —¿Eres de aquí? —le pregunté con cierta irritación.
>
> —No
>
> —¿Qué edad tienes?
>
> —Veinte años.

Siguen preguntas insustanciales y respuestas escuetas e impersonales. Lisa, la de la mirada glacial, se desvanece en la desolada oscuridad que ofrece una vela moribunda...

Y comienza un soliloquio en la soledad compartida:

> Esta mañana sacaron un ataúd y poco faltó para que se les cayera.

Sigue una larga disertación sobre cementerios encharcados y por fin la muerte, una muerte que acecha a Lisa y a su existencia de prostituta y de la que avisan los afanes redentores y siniestros del hombre de subsuelo. Llegan las admoniciones filosóficas originadas en la ultratumba donde en lugar de sentimientos moran ideas abstractas que se dirigen a ninguna parte:

> Cuando se ama, incluso se puede prescindir de la felicidad. La vida es bella aún cuando se sufre.

A continuación, una larga perorata que mezcla la esperanza, la compasión y un amago de perversidad:

> —¡Todavía estás a tiempo! Eres joven y bonita. Puedes querer, casarte, ser feliz...
>
> —No todas las casadas son felices.

El narrador insiste en la trágica situación de Lisa:

—La mujer no puede seguir al hombre. Son completamente distintos. Cuando estoy aquí me mancho, me ensucio, pero no soy esclavo de nadie. Entro, pero luego salgo, y cuando estoy fuera me sacudo. ¡En cambio tú... tú eres una esclava! ¿Es así como un hombre y una mujer deben unirse? ¿Es así cómo se ama? Esto es sencillamente repulsivo.

—¡Sí! —se apresuró Lisa a afirmar secamente.

Reflexiona sobre la banalidad del sentimentalismo que había impregnado las primeras novelas de Dostoievski, con los amores truncos, en *Noches Blancas*, en *La patrona.*

Se dirige ahora a un interlocutor imaginario:

Os aseguro que aquella mujer me interesaba de verdad. Además, estaba débil y predispuesto a entregarme a los sentimientos generosos, con los que la astucia se alía fácilmente.

La perorata prosigue. «Usted habla como si leyera un libro», dijo Lisa al fin.

Después de extenderse sobre las ventajas de la familia, incluso de las más adversas,

el hombre del subsuelo continúa describiendo su futuro del modo más sombrío:

—¡Créeme, Lisa! Sería una felicidad para ti, sí, una felicidad morir, en un rincón, en un sótano, como aquella tísica de la que te he hablado hace poco...

Yo sospechaba desde hacía unos momentos que había trastornado su alma y destrozado su corazón, el llanto desgarraba su pecho...

Me senté a su lado y me apoderé de sus manos. Entonces volvió en sí y se lanzó sobre mí, pero no se atrevió y bajó lentamente la cabeza.

—Aquí tienes mi dirección, Lisa, ven a verme.

—Iré —murmuró la joven, resueltamente, pero sin levantar la cabeza.

Pasan los días en la espera, temida y deseada a la vez, de la visita de Lisa. Mil fantasías sobre el feliz encuentro, el amor eterno. Transcurrió un día, y otro, y otro, ella no venía
Al fin llega el momento esperado:

—Siéntate —le dije maquinalmente, y le acerqué una silla a la mesa. Yo me senté en el diván. Lisa, obediente, ocupó al punto la silla y me miró a los ojos, como si esperase que le dijera algo extraordinario.

Abrumado y confundido por la presencia de la muchacha, comienza a desvariar, vuelve el acuciante miedo que todo lo transforma:

De improviso, sentí un odio feroz contra ella, la habría matado en aquel instante… Ella tiene la culpa de todo…

—Quiero irme… para siempre… de allá abajo, empezó a decir ella, para poner fin a nuestro silencio.

Es más de lo que el hombre del subsuelo puede soportar:

—¿Por qué has venido? ¡Respóndeme! ¡Contesta!... Tú creíste que yo había ido allí solo para salvarte.

Pobre, estaba profundamente aturdida. Se consideraba infinitamente inferior a mí. ¿Cómo, pues, podía enfadarse, sentirse ofendida?

Entonces sentí que el corazón se me fundía en el pecho: Lisa se arrojó al fin sobre mí, me rodeó estrechamente el cuello con sus brazos y se echó a llorar en silencio. Ya no pude resistir, y empecé a sollozar como nunca había sollozado.

—¡No puedo… no puedo ser bueno! —articulé penosamente.

Se muestra incapaz de gobernar esa torrentera de emociones. Stavroguín experimentará, a su manera, algo parecido en el encuentro con la infeliz Matriosha:

> La pasión iluminó mis ojos y estreché violentamente sus manos con las mías. ¡Como la detestaba y cómo me atraía!

El hombre del subsuelo podía tolerar el amor abstracto, pero era incapaz de sentirse amado sin experimentar una destructiva turbación. El amor es un sentimiento desgarrador que entrega al otro los retazos más recónditos de la intimidad, algo intolerable que es preciso denigrar: «Digo francamente que le abrí la mano y deposité en ella dinero por pura maldad».

El espíritu se cosifica. La autodestrucción prosigue.

Volverá la soledad del subsuelo y las permanentes ensoñaciones que la acompañan:

> Todavía hoy me hago esta inútil pregunta. ¿Qué es preferible: una felicidad vulgar o un sufrimiento elevado? Díganme: ¿qué vale más?

Y como el cadáver emparedado de Fortunato, el hombre que murió en pos de un simple barril de amontillado, el recuerdo de Lisa se fue borrando, *in pace requiescat.*

Somos seres muertos desde el instante de nacer.

Un comienzo desconcertante para una serie de novelas inmortales:

> Jamás he vuelto a ver a Lisa. Ni siquiera he oído hablar de ella.

CAPÍTULO VII

CRIMEN Y CASTIGO (1866)

(Преступлéние и наказáние, *Prestupléniye i nakazániye*)

Raskólnikov está seducido por la moral pragmática
que deriva de toda conducta de carácter utilitario.
MOCHULSKI

1. EL ESTALLIDO LITERARIO

Si bien *Memorias del subsuelo* representa el verdadero punto de inflexión en la obra de Dostoievski, no es menos cierto que las puertas de una fama duradera se abrieron de par en par con *Crimen y castigo*.

Determinados sucesos del exterior le sirven para bosquejar la novela. Poco antes de que apareciera esta obra, un estudiante asesinó en Moscú a un prestamista en circunstancias muy parecidas al crimen de Raskólnikov. Dostoievski no necesitaba inventar argumentos para sus novelas. Su originalidad consistía en apurar hasta las últimas consecuencias psicológicas las motivaciones que se ocultan en los hechos.

Vive en una época de transición. Lo romántico cede paso ante liberales y socialistas; mientras, la intelectualidad eslava se *convierte* al positivismo. Como reacción, los nihilistas dostoievskianos proliferan con distintas variantes en *Memorias del subsuelo*, *Crimen y castigo*, *El idiota*, *Demonios* y *Los hermanos Karamázov*, impregnando la mítica alma rusa de la que ya hemos hablado.

Se diría que el escritor personifica la oposición al progreso, con su peculiar reivindicación de lo eslavo, pero en realidad, se encuentra atrapado entre la apocalíptica presencia del nihilismo y esa nueva religión que anuncian los científicos y sobre todo los que se sirven de ellos. Solo así se entiende la radical singularidad de sus ideas y creencias, su inconformismo con las corrientes de opinión dominantes.

Vogüé y su libro sobre la novela rusa (1886) abrió a los franceses el ámbito de estas letras, seguía viendo en *Crimen y castigo* la obra más importante de Dostoievski, a la par que calificaba a *Los hermanos Karamázov* de «historia interminable» llena de «nieblas sombrías y extravagancias imperdonables», considerándola como la novela más floja y pesada de Dostoievski. Nada más incierto. Las *extravagancias* a las que alude Vogüé son, sin duda, los toques maestros de su última obra.

El autor resume así el argumento:

> Un joven estudiante expulsado de la universidad, de origen pequeño burgués, que vive en una extrema pobreza resuelve evadirse de su penosa situación, bajo la influencia de ciertos pensamientos vagos y extraños que flotan en el aire. Ha decidido matar a una vieja prestamista, que es tonta, avara y malvada; está sorda y enferma; percibe intereses muy crecidos y maltrata a su joven hermana a la que emplea de criada. ¡No sirve para nada! ¡No es útil para nadie! ¿Para qué vive? Estas preguntas turban el cerebro del joven.
>
> Determina matarla, desvalijarla y emplear ese dinero en conseguir la felicidad de su madre, que vive en la provincia y proteger a su hermana de los requerimientos amorosos de un propietario rural, en cuya casa vive como señorita de compañía, y concluir sus estudios. Pero interviene la verdad divina y la ley terrena, y el estudiante termina por verse obligado a denunciarse él mismo, con la única esperanza de integrarse de nuevo en la vida de los hombres; la sensación de exclusión, de aislamiento, que experimentó inmediatamente después del crimen, le había torturado sobremanera. La ley de la verdad y de la naturaleza humana fue más fuerte; el criminal decidió asumir los tormentos para compensar su delito.

Si nos atenemos solo a este austero relato, podría corresponder a un folletín de la época, donde Dostoievski se limita a describir las representaciones del bien y del mal en trazos convencionales. Quizás llama la atención el énfasis que pone en la inutilidad y en la falta de sentido de la existencia de la usurera: «No sirve para nada! ¡No es útil para nadie! ¿Para qué vive?». Tras este exabrupto se esconde la crítica al utilitarismo de Raskólnikov que exhibe a modo de justificación para el crimen. Pero pronto abandona su inicial actitud para adentrarse en las torturas que le atenazan.

Aborda una modalidad de la relación sujeto-sociedad que figura con diversas variantes en toda la obra de Dostoievski, desde *Pobres gentes* a *Los hermanos Karamázov*.

El romanticismo del héroe solitario nunca abandona del todo a la pluma de Fiódor Mijáilovich. En este caso, Raskólnikov se solidariza con los oprimidos, así sucede en sus encuentros con la familia Marmeládov, pero también da muestras de un orgullo, a veces desmedido, que le aísla más que el mismo crimen. Este inestable binomio entre altruismo y egoísmo se repite en muchos personajes dostoievskianos, como veremos más adelante con la Katia Ivánova de *Los hermanos Karamázov*. En realidad, Raskólnikov inicia a lo largo de la novela un trayecto que arranca en un inicial narcisismo ajeno a todo lo que no sea su mundo interior que tiende al encuentro con sus semejantes a través de muchas dudas y vacilaciones.

La experiencia del destierro en Omsk también dejó su traza en las novelas posteriores. Dostoievski regresó de Siberia transformado en muchos aspectos; vio modificados sus principios éticos, cuyas raíces eran profundamente tradicionales. Sabía del Bien y el Mal como ideas abstractas concretadas vagamente en Dios y el Demonio, ambos con límites netos, herencia de la fe de su madre y del rigor del padre. Amor y prohibición. Sin embargo, la experiencia del destierro le permite conocer a seres humanos concretos que ya no son, como cabía esperar, meras personificaciones del mal y que poseen una mezcla inextricable de virtudes y defectos, de egoísmo y de generosidad, de fuerza y fragilidad, lejos del consabido dualismo maniqueo. El obligado acercamiento al pueblo doliente durante ese periodo hizo el resto.

En Raskólnikov coinciden los conflictos internos del ruso ilustrado que se empeñan entre su propia individualidad y el orden social imperante; su reivindicación de la libertad desemboca en un debate filosófico-moral que le aprisiona.

Es posible que Dostoievski hallara en el cautiverio, tras su encuentro con Orlov *(Memorias de la casa muerta)* —el criminal que «había cortado la garganta a muchos viejos y niños a sangre fría»—, la inspiración para el crear al protagonista de esta novela.

> Nunca en mi vida —escribe— había conocido a una persona con un carácter tan fuerte, tan férreo. Fue una victoria completa sobre mi carne... Aquel hombre tenía un control ilimitado de sí mismo, despreciaba la tortura y los castigos y no temía a nada ni a nadie en la tierra.

Orlov era condescendiente con el mundo y consideraba a Dostoievski «un ser sumiso, débil, digno de lástima y en todos los aspectos inferior». Para Fiódor, Orlov había logrado el triunfo de lo espiritual, «una completa victoria sobre la carne», más allá de los confines del bien y del mal, ambición que resultará esencial para un Raskólnikov anticipo del superhombre nietzscheano.

El destierro en Siberia le enseña a liberarse de las ataduras morales. Pero el logro no es completo, los aprendices de superhombres como sus productos literarios: Raskólnikov o más tarde Kiríllov, viven tragedias que oscurecen definitivamente su propósito y que muestran su inutilidad.

Merece la pena detenernos algo más en la figura del presidiario descrita por el propio Dostoievski en *Memorias de la casa muerta:*

> Era malvado como pocos, degollaba a sangre fría a ancianos y niños, un hombre terrible con una gran fuerza de voluntad, orgulloso y

> consciente de su fuerza... Era bajo y de complexión débil... representaba en realidad una completa victoria sobre la carne. Aquel hombre tenía un poder ilimitado sobre sí mismo.

El exacerbado idealismo subjetivo de Berkeley, pero también el de Hume y Fichte, representan la corriente filosófica que, en última instancia, alumbra la idea del superhombre como exponente de lo que en literatura significa el héroe romántico. En Raskólnikov, como apunta H. Carr (1962), sus características se trazan con nitidez:

> Quería matar sin propósito alguno —le dice a Sonia— matar para mi propio provecho, para mí solo. Ni siquiera en este asunto querría engañarme a mí mismo. No maté para ayudar a mi madre, esto es una estupidez. No maté para conseguir dinero y poder, para convertirme en un benefactor de la humanidad. ¡Eso son tonterías! Sencillamente he matado; he matado por mi propio provecho y por mí mismo... El dinero no era el aspecto principal que necesitaba cuando la maté. No era dinero lo que necesitaba sino otra cosa... Quería saber y saberlo enseguida, si era un gusano más como todo el mundo o si era un hombre. ¿Seré capaz de transgredir las normas? ¿Soy una trémula criatura o tengo el derecho?

En el resumen del propio Dostoievski que antes hemos transcrito, no figura nada de lo que ahora confiesa a Sonia, la prostituta angélica que le escucha en silencio.

En este diálogo, Raskólnikov se presenta como un ser introspectivo, honesto y al tiempo contradictorio, harto de guardar para sí los secretos de su desmedida ambición. Creía perseguir sin escrúpulos el bienestar, el poder al que le impulsa la presión social del momento, pero descubre que su meta es otra: estar por encima de las constricciones que atenazan a sus semejantes.

Crimen y castigo es una novela con una estructura peculiar, fruto de la también crítica situación en que es escrita: la extrema pobreza que le acosa, el apresuramiento que le acucia por el apremio de su voraz editor. Para huir de esta realidad acomete simultáneamente, en un frenesí inenarrable, *El jugador* y se ocupa al tiempo de la inclusión del proyecto de *El beodo* en *Crimen y castigo.* Como culmen de estos momentos frenéticos, inicia la relación amorosa con Anna Grigorievna, cuando apenas se han apagado los últimos rescoldos de su pasión por Pólina Suslova. Este encuentro le salva de la suprema confusión en que se encuentra. El desorden produce la inspiración y con ella el logro de una meta que parecía imposible.

Las intenciones de Raskólnikov se anuncian desde un principio, pero pronto el comienzo épico se difumina y la narración discurre en tres direcciones distintas: la que aborda a la familia del protagonista, compuesta por su entregada madre y Dunia, la ya clásica hermana sacrificada; la inclusión de la familia Marmeládov, que cuenta con un jubilado borracho, una esposa histérica y una hija prostituta, (lo que resta del primitivo proyecto de *El beodo*) y, para terminar, las dos víctimas, los representantes de la justicia, junto con un inquietante personaje: Svidrigáilov. Esos tres mundos giran alrededor de su figura y arrancan de él sentimientos diferentes.

Los personajes del drama reaparecen en otras novelas: el nihilista que halla la salvación gracias a su relación amorosa con Sonia es una mezcla de Dimitri e Iván Karamázov; Sonia es la prostituta, que se mantiene pura a pesar de las circunstancias, recuerda a la evangélica María de Magdala y a los personajes femeninos que sacrifican su destino en aras del impulso humano y religioso, en una atmosfera de *hybris*, de desmesura. Tal vez una nueva Antígona; todas ellas distintas a las jóvenes alegres, indómitas y soñadoras de *¿Qué hacer?*

La perversidad de la usurera Aliona Ivánovna es el eco romántico de algunos personajes de su primera época de escritor y, cómo no, la omnipresente histeria que a menudo asoma en sus figuras femeninas y que ahora renace con Pulqueira, la madre de Sonia.

El borracho sentencioso Marmeládov cuenta con muchos de los rasgos histriónicos del padre de los Karamázov, aunque sin su depravación; resta el ser insignificante de Lizaveta, la hermana de la usurera, arrastrada por el destino a un final trágico del que es solo víctima y nunca protagonista, patética caricatura que se inserta en la grandiosa saga de las heroínas griegas.

Para terminar este breve apunte, surge Porfiri Petróvich el juez que personifica la trama psicológica de la novela, más atento a las intuiciones que a los hechos; se aproxima al crimen de Raskólnikov a través del mundo emocional, de las pasiones contradictorias que se agitan en el interior del criminal y no de las frías deducciones lógicas que alejan y desvitalizan la visión íntima del asesino.

Crimen y castigo es ante todo un relato psicológico, no una novela policiaca.

En ese mundo de miserias y grandezas, de hechos nimios y de grandes transgresiones, se desenvuelven las consabidas contradicciones dostoievskianas que solo verán la luz siguiendo la lógica de lo inconsciente. En sus páginas se desliza la eterna pregunta que Dostoievski lanza al mundo y sobre todo a sí mismo: ¿existe Dios?, ¿acaso la libertad tiene límites? Tema recurrente que veremos en *El idiota,* que reaparecerá después, con acentos desgarrados, en *Demonios* y de manera más sutil y enigmática en *Los hermanos Karamázov.*

Raskólnikov es más un místico fanático que un vulgar asesino de corte utilitarista. Bordea el nihilismo, pero no encarna el meollo de esta doctrina. Pretende transformarse en un superhombre sin saber siquiera lo que eso significa, pugna por convertirse en un ser que goce de la plenitud de una libertad sin vértigo, más allá de los miedos y ansiedades que la circundan, más allá del bien y del mal. No lo consigue.

Hemos subrayado ya que Dostoievski preludia a Nietzsche y anticipa un *Crepúsculo de los ídolos* que nunca llega a consumarse por completo. En *Crimen y castigo* todo se inicia, pero nada llega a término. Nuestro héroe quiere hallar justificación mediante la innovadora *teoría del crimen* que señala a los seres fuertes (creadores de leyes, como Napoleón, prototipo de superhombre del siglo XIX que alcanza su estatura gigante cuando el mundo, sobrecogido, lo confina en Santa Elena) y a los débiles (ciudadanos sumisos que desaparecen al acatar la ley). Una amalgama del ya familiar «todo está permitido» de la dialéctica hegeliana entre el amo y el esclavo, del paternal despotismo ilustrado para el pueblo sin el pueblo, y de las teorías de Nietzsche. Según esta doctrina, los crímenes del hombre fuerte quedan impunes, porque son cometidos en función del progreso histórico de la humanidad. Y Raskólnikov desea serlo para contribuir al bien común y al progreso social, un superhombre libre de las trabas que acosan a los mediocres, pero fracasa.

Se suele mencionar a *Crimen y castigo, El idiota, Demonios* y *Los hermanos Karamázov*, como las obras maestras de Dostoievski. Sin embargo, el lector obtendrá otra visión si las considera como partes de un gigantesco fresco cuyo primer boceto fue *Memorias del subsuelo*. Todas estas novelas forman una espiral donde se entremezclan la conciencia en su plenitud sufriente y las profundidades del mundo interior; lo más lúcido y luminoso con lo más oscuro; también lo sublime y lo ridículo. «De lo sublime a lo ridículo no hay más que un paso», parece ser que declaró Napoleón en Moscú.

El sentimiento de lo bello degenera cuando está ausente lo noble, y entonces se dice que es ridículo, como a su vez sostiene Kant.

Fiódor Mijáilovich discurre en el espacio de la intimidad por esa borrosa frontera que tan bien describiera su admirado Schiller: la belleza suprema que yace junto con la destrucción. El sufrimiento que redime y envilece. La dudosa redención.

En cada una de estas novelas atisbamos un tratamiento particular de estas temáticas cuya totalidad acaso solo se atisba con la visión de conjunto.

Con *Crimen y castigo* Dostoievski efectúa una primera y audaz tentativa de oponer a *La Biblia* y sus enseñanzas todo lo que la Europa occidental había aportado con los conocimientos científicos habidos en los tiempos modernos. Raskólnikov es un hombre aislado del resto del mundo. Un ser olvidado de Dios y los hombres, condenado en la tierra a todas las torturas el infierno.

2. UNA ÉPOCA TORMENTOSA. EL SUEÑO DE UNA IMPOSIBLE LIBERTAD

Por el año 1865 Dostoievski se encuentra en Wiesbaden prisionero de su eterna fascinación por la ruleta, sumido en la absoluta miseria. La bola repiquetea vertiginosa hasta posarse al fin, desalentada. La pobreza acucia, el dinero huye. Pide auxilio a Turguéniev, a Herzen, a Rangel,[1] Pólina viene a visitarle, pero también carece de recursos. Al borde del caos la inspiración acude a salvarle.

Hacia 1859 había escrito a su hermano:

> Ya te he hablado de una *confesión*... ahora he decidido escribirla... Será ante todo efectiva, apasionada, pondré todo mi corazón en esta novela. Pensé en ella... en *un momento de melancolía y autodestrucción*... La confesión me consagrará.

Desliza un trozo de su propia biografía en cada novela y este caso no es una excepción. Se pregunta por entonces si el crimen envilece o acaso purifica; flotan desordenadas las reminiscencias de su largo exilio siberiano.

Propone a Katkov, el editor del *Mensajero Ruso (Ruski Vestnik),* su proyecto en ciernes. En una carta explica a grandes rasgos el argumento, será el *informe psicológico* de un crimen, con las emociones confusas que este hecho despierta en la mente del criminal.

El crimen de Raskólnikov está sobredeterminado. Representa una respuesta al compromiso de su hermana con Luzhin y el

[1] Barón Alexandr Wrangel (1833-1915), antiguo protector de Dostoievski desde los tiempos de Siberia.

anhelo de alcanzar la élite de aquellos que están seleccionados para cometer el crimen.

A este respecto existe una importante diferencia entre Dostoievski y Freud. Para el segundo lo inconsciente no posee la facultad de analizar y moralizar. En *Crimen y castigo* lo inconsciente es profundamente moral.

Dostoievski explora el acto gratuito como antes hicieran Poe o Balzac para investigar lo que Poe denomina *perverso*, que en manos de Dostoievski será lo *paradójico*. Gorki dirá al respecto que el sadismo es un tema fundamental en sus novelas.

En *Memorias de la casa muerta* ya había avanzado la opinión de que el castigo que la ley infringe tiene poco efecto. El reo sufre por la necesidad moral de castigo, esta idea se fundamentaba en observaciones propias.

La motivación real del crimen discurría en el seno de la cruda polémica del autor con el nihilismo. El asesino pertenece a la nueva generación que absorbe y se intoxica con las ideas que flotan en el aire. Una mezcla de plenitud ansiada y de aniquilación cierta, el todo y el vacío en una unión imposible.

No es un vulgar criminal, sino un ser cultivado que posee buenas inclinaciones y alberga ideas liberadoras.

2.1. La escritura apresurada

> Cuatro de octubre, día memorable de mi primer encuentro con mi futuro marido.
>
> Anna Grigorievna

La primera parte de la obra es una crítica del nihilismo y evoca con fuerza a las *Memorias del subsuelo*; la segunda es la puesta en práctica de esas ideas, la filosofía en acción.

Mochulski asevera que el autor denuncia con estas reflexiones la falaz mentira del utilitarismo: «El principio económico no conduce a la prosperidad universal, sino a la mutua aniquilación».

El cínico Luzhin, el prometido de Dunia, proclama: «La ciencia dice: ama a ti mismo antes que a los demás, ya que en el mundo está basado en el interés personal».

Las privaciones minan su cuerpo, pero elevan su espíritu. La sensibilidad acrece. De regreso a San Petersburgo sufre un período crítico de ataques epilépticos; sin embargo, no abandona el trabajo. En un frenesí creativo combina su proyectada novela *Los beodos,* que nunca vio la luz[2] y que había sido rechazada por Kraevski, con su nuevo libro.

La estrechez económica le acucia, su ánimo oscila entre la desesperación y el obstinado empeño de llevar a cabo su propósito.

Por fin, en el número de enero de *El Mensajero* aparece la primera entrega. «Si Dios me ayuda —escribe a Wrangel— esta novela puede ser magnífica». La esperanza no mengua.

Hacia el 10 de septiembre vuelve a San Petersburgo, le aguarda una tarea que acomete enfebrecido: terminar *Crimen y castigo* y escribir para Stellovski *El jugador*, bajo la amenaza, caso de no hacerlo, de perder los derechos sobre la totalidad de su obra. El editor se había presentado inopinadamente en su casa ofreciendo saldar la deuda de 3.000 rublos contraída por su hermano Mijaíl, recientemente fallecido, de las que se había hecho cargo a condición de escribir una nueva novela. Caso de no cumplir con el trato, el conjunto de sus obras pasaría a ser de su propiedad. Cerraron este acuerdo leonino y Stellovski pasó a convertirse en el nuevo acreedor. Conocedores de su situación, varios amigos

[2]. Antes de decidirse a escribir definitivamente *El adolescente*, Dostoievski albergó el propósito de redactar una novela cuyo tema principal fuera el del alcoholismo, intención antigua que se refleja en una carta de 8 de julio de 1865 al publicista Kravesvki (Andrei Alexándrovich Kravevski, 1810-1889) en la que le anticipa incluso el título, *Los beodos*, asunto tratado a través del personaje Semión Marmeládov. <http://www.enriquecastanos.com/dostoyevski_adolescente.htm>

ofrecieron su ayuda: escribirían cada uno una parte de la novela, él solo habría de revisar el conjunto. Obtienen la negativa por respuesta. Se le sugiere entonces que utilice para ganar tiempo la estenografía, pero teme no ser capaz de escribir dictando.

Resulta increíble que en tales condiciones de premura y acosado por todas partes la inspiración no le abandone y las fuerzas tampoco. Nadie supondría después que esta novela viera la luz en esa atmósfera imposible. El envite que estaba sobre el tapete era la totalidad de su producción literaria; todo un reto para su condición de jugador, esta vez gana.

Llega entonces una fecha que cambiará la vida de Dostoievski, el 4 de octubre Anna Grigorievna Snitkine le ofrece sus servicios. De ese primer encuentro la joven refiere: «Ningún hombre, ni antes ni después, me ha producido una impresión tan abrumadora», no era para menos. Con su inestimable ayuda, las páginas fluyen. Asegura que terminará su novela en un mes, una promesa hecha desde la desesperación, pero dadas las circunstancias, inevitable. Fueron días de febril trabajo, sin descanso alguno. *El jugador* quedó terminado el 29 de octubre y a renglón seguido, Dostoievski fue a casa de la madre de Anna a pedirle autorización para acabar con la ayuda de la hija *Crimen y castigo*. Completaron la novela antes de navidades. Las vicisitudes de estas semanas están descritas minuciosamente en las memorias de Anna Grigorievna.

La incesante voracidad no se extingue, el impulso que le proporciona la inspiración y el encuentro amoroso le dan fuerzas que parecía no tener; meses después, el 15 de febrero de 1867, contrajeron matrimonio. Un matrimonio por amor, «para que una unión sea feliz no basta con la estima», confesará Dostoievski.

3. LA OBRA Y SUS PERSONAJES

Raskólnikov es el Fausto ruso.

E. Carr

Conviene considerar ahora la novela dando un paso más en el análisis de los personajes.

Para Pierre Pascal inaugura un género literario, comparable a la tragedia griega, pero resulta dudoso: Edipo mata sin saber quién es su víctima, una muerte equivocada que resulta clave. Raskólnikov ignora los verdaderos motivos de su crimen, pero es consciente de la identidad de la asesinada. Para el primero el destino es el amo y señor de la historia, para el segundo es lo inconsciente lo que dota de fuerza primaria a la aciaga empresa: la tragedia griega frente al drama eslavo. Sófocles invoca a los dioses indiferentes, Dostoievski a la condición humana puesta al descubierto.

Pierre Pascal no alcanza a valorar la grandeza ominosa de lo inconsciente y no sabe compararla con el desdén del Olimpo.

Como ya vimos, Raskólnikov es un nihilista que decide matar a un ser inútil. La inutilidad es una razón de peso que justifica el crimen. Es un hombre aislado repleto de ideas confusas que actúa mediante impulsos que no logra dominar. ¿Cuáles son los motivos que le llevan a cometer el crimen? ¿Cuáles sus reparos morales?

En las novelas policiacas importa descubrir la identidad del asesino, su lucha interior cuenta poco, aquí sucede lo contrario: el mundo exterior, la escena del crimen, apenas importa.

Raskólnikov se salva de la perdición, cuando en la senda que le conduce a convertirse en el superhombre cree verse como un nuevo Napoleón.[3] En cierto sentido, recuerda a Don Quijote; en ambos casos, las fantasías que arden en su interior se abren a la realidad. Alonso Quijano el bueno sale a los caminos para probar

[3] Junto con Lord Byron, el héroe romántico ruso por excelencia.

con actos la verdad de sus fantasías, durante toda la novela las desarrolla en las diversas aventuras, solo al final, tras el encuentro con el Caballero de la Blanca Luna, retorna al redil de la cordura y a la triste condición que no soporta y por ella muere.

> Raskólnikov roza la ficción, pero no sucumbe del todo, pretende probarse primero a sí mismo —con un acto del cual nadie se enterará— la verdad de su ilusión.
>
> Lo que se propone realizar es un crimen privado, que vendría a confirmarle su grandeza napoleónica, antes de dar la cara frente a los demás, ahora sí completamente convencido de ser quien imagina.

Pero el salto que emprende airosamente el Ingenioso Hidalgo resulta trunco con Raskólnikov que se mueve entre nimiedades y grandilocuencias, de esta suerte confunde a Sonia cuando se dirige a ella exclamando: «Yo no me he prosternado ante ti sino ante todo el dolor humano».

Aldonza es una ficción, Sonia solo una proyección delirante.

Se ha dicho que Raskólnikov es el Fausto ruso; más de treinta años separan ambas obras y su gestación en el tiempo es bien diferente; la crispada premura en un caso frente a dilatada escritura del segundo. Fausto quiere saber llevado por la inercia del mito del Paraíso, pero el pacto con Mefistófeles significa algo más que su condenación, es *la muerte del deseo* y sin él su espíritu se extingue, la existencia se congela. Encuentra la salvación a los pies de Gretchen. Raskólnikov aspira a una existencia plena que le anuncia su fantasía del superhombre, el precio a pagar es el crimen; con ese acto el eterno Mefistófeles se apodera de él. Solo le podrá liberar el encuentro con el mundo y el acto amoroso.

> El amor conduce al paraíso solo a los que aman.
>
> *Fausto*

El homenaje al sacrificio de la nueva Antígona:

> Cuando Sonia iba a ver a Raskólnikov a los lugares donde trabajaba con sus compañeros o cuando se encontraba con un grupo de penados que iban camino al lugar de trabajo, todos se quitaban el gorro y la saludaban.
>
> *Crimen y castigo*

La catarsis como brisa purificadora:

> Raskólnikov se arrojó a los pies de la joven, se abrazó a sus rodillas y rompió a llorar... Pero al punto lo comprendió todo y una felicidad infinita centelleó en sus ojos. Sonia se dio cuenta de que Rodia la amaba, sí, no cabía duda. La amaba con un amor infinito el instante tan largamente esperado había llegado.

Sonia es un personaje que aparece con distinto ropaje en muchas novelas rusas: en *Las tinieblas* (L. Andréiev) una prostituta plantea a un joven idealista, que se había consagrado por entero a la causa del pueblo, esta inquietante cuestión: «¿Qué derecho tienes a ser puro y honesto mientras yo soy impura y miserable?».

Lisa *(Memorias del subsuelo)*, otra prostituta, se siente también atraída y repelida por el hombre con quien yace. *La sonata a Kreutzer* es otro ejemplo donde se aborda la cuestión, en este caso como el apetito al desnudo que atenta contra el espíritu.

La devota Sonia, personificación de *Hagia Sofía*, en un pasaje de importancia capital de la novela aparece leyendo a Raskólnikov la historia de la resurrección de Lázaro, como presagio de su propia resurrección simbólica:

> ¿Le rezas mucho a Dios, Sonia?...
>
> ¿Qué sería de mí sin Dios? Balbució rápida, enérgicamente, ella...
>
> Pero ¿qué hace Dios por ti? inquirió llevando más adelante su experiencia...
>
> ¡Lo hace todo! Murmuró ella rápidamente, tornando a bajar la cabeza.

Sonia teme a las palabras que brotan, agitadas, de un trastornado Raskólnikov.

El Evangelio se convierte ahora en protagonista, acorde con las creencias del escritor:

> Era el Nuevo testamento en su versión rusa… Acercó el libro a la luz y se dispuso a hojearlo…
>
> ¿Dónde está lo de Lázaro? Inquirió de pronto… Léemelo…

Momentos de deseo y de recelo:

> Había recIbído con desconfianza la extraña petición de Raskólnikov. Sin embargo, cogió el libro. ¿Es que usted no lo ha leído nunca? Su voz era cada vez más fría y dura.
>
> Se acercaba el momento del milagro y un sentimiento de triunfo se había apoderado de ella.
>
> Su voz había cobrado una sonoridad metálica y una firmeza nacida de aquella alegría y de aquella sensación de triunfo.

Y al leer el último versículo el que abrió los ojos al ciego brota la confesión …

> Ahora no tengo a nadie más que a ti dijo Raskólnikov.
> Vente conmigo.
> He venido por ti.
> Somos dos seres malditos.
> Vámonos juntos

Sonia vacila, quizás teme que se agite el aliento corrosivo que late en el interior de Raskólnikov.

La creencia desfallece y al tiempo la esperanza, cifrada en la unión de dos desposeídos, se acrecienta.

> El cabo de la vela estaba a punto de consumirse en el torcido candelero y expandía una luz mortecina por aquella mísera habitación donde un asesino y una prostituta se habían unido para leer el Libro Eterno.

Los editores del *Mensajero Ruso*, revista que iba a publicar estas líneas, rehusaron hacerlo en la versión original. Dostoievski volvió a escribir separando con nitidez lo malo de lo bueno. Se ha otorgado una tonalidad distinta a la lectura del Evangelio.

> No me inclino ante ti —dirá Raskólnikov a Sonia— sino ante el sufrimiento de toda la humanidad.

Sonia Simonovna simboliza la salvación por medio del sufrimiento, la presencia viva del sometido.

Esta parte de la novela era muy valorada por Dostoievski y se entregó a ella de manera plena. Se mezclan dos encuentros amorosos: el evidente entre Sonia y Raskólnikov y ese otro en la sombra entre Anna Grigorievna y el propio Dostoievski en el que encuentra este último su particular salvación del doloroso tránsito en el que vivió durante la escritura de *El jugador y Crimen y castigo.*

Esta novela posee un hilo conductor psicológico y en estos pasajes reaparece la constante religiosa del amor. No del amor a Dios, como un ente lejano, sino de amor a Cristo y por extensión del amor a los hombres; un avance de la *Leyenda del Gran Inquisidor*.

Sonia es la ficción, la realidad Anna Grigorievna; ambas libran de la desesperación a Raskólnikov y a Dostoievski.

«Había escrito este capítulo en un estado de genuina inspiración», informa Fiódor Miháilovitch a A. P. Milyukov, cuyo círculo literario frecuentaba. «Liubímov encuentra *trazas de nihilismo* y es necesario reescribirlo». Así y todo, el editor Katkov no quedó contento y procedió a borrar párrafos concernientes al carácter y conducta de Sonia.

Antes el escritor había exclamado, como última protesta: «por amor de Dios, deje todo como está».[4]

Raskólnikov, recluido en su mundo interior, no da muestras de sentirse atraído por Sonia hasta que comienza a redimirse con los actos solidarios *(sobornost)* de esta.

Dejemos a la prostituta angélica para dirigir ahora nuestra atención a un personaje que no existía en el primer boceto de la novela ni en los borradores; me refiero a Svidrigáilov, el antiguo patrón de Dunia. Al principio parece estar simplemente ahí, dibujado en el relato, pero poco a poco empezamos a conocerle.

El antecedente de Svidrigáilov se encuentra en *Memorias de la casa muerta* en el personaje de Av:

> Un puñado de carne con dientes y vientre y con una insaciable sed de lujuria soez y propia de las bestias... era un ejemplo de los límites a los que puede llegar el cuerpo de un ser humano cuando éste pierde el freno de cualquier ley o moral. ¡Qué repugnancia me producía ver su permanente sonrisa burlona! Era un monstruo, un Quasimodo moral. Al mismo tiempo, era un hombre listo e inteligente de buen aspecto y, en cierto modo, dotado de buenos modales y con ciertas capacidades.

Arcadio Ivanovitch Svidrigáilov encaja en esta descripción. Atiende tan solo a sus propias pulsiones, dictadas por los imperativos del placer. El hombre ha de ser bueno para sí mismo, parece decir, albergar odio hacia los demás, limitarse a ignorarlos salvo en lo que puedan servir a sus lujuriosos propósitos.

Svidrigáilov y Raskólnikov mantienen puntos en común, aunque el desenlace de sus vidas difiera. El primero pronto repara en sus semejanzas con Raskólnikov en uno de los habituales encuentros dialógicos:

4. Citado por Mochulski p. 277.

¿Por qué he de reprimirme? ¿Por qué he de dejar a las mujeres si me he sentido atraído por ellas? Desde luego es una ocurrencia como otra cualquiera.

Svidrigáilov confronta de manera cruel la moral de los dos hombres:

Si tú crees que no se debe espiar por los agujeros y, en cambio, que se puede romper la crisma a las viejas con el primer objeto contundente que se tenga a mano, entonces más vale que desaparezcas lo antes posible... quizá mejor que te largues a América.

De manera inevitable se llega a la transcendencia:

—Yo no creo en la vida futura —replicó Raskólnikov....

—Nos imaginamos la eternidad —continuó Svidrigáilov— como algo inmenso e inconcebible. Pero ¿por qué ha de ser así necesariamente? Y si en vez de esto fuera un cuchitril.

Un Epicuro rastrero acecha tras estas palabras, que se resume en la famosa frase: «Comamos y bebamos que mañana moriremos». Había violado a una niña de quince años, sordomuda. El asunto de las violaciones volverá en *Demonios* (con Stavroguin) y más tarde en *Los hermanos Karamázov* (con Fiódor Pávlovitch).

Svidrigáilov se suicida al fin, como tantos otros personajes dostoievskianos; al carecer de la dimensión de Kiríllov, su fin se limita al fracaso de un empeño hedónico, mientras que Kiríllov, con el mismo acto, pretende llevar al último extremo el alcance del libre albedrío y significar el desasimiento de la humana condición.

Svidrigáilov intenta una redención imposible donando tres mil rublos a Sonia. Son las buenas obras del patricio corrupto que se extingue.

Abdotia Romanovna (Dunia) representa al tiempo el orgullo y el sacrificio, un tipo femenino que hallaremos de nuevo en la Katia

Ivánova de *Los hermanos Karamázov.* Es la sacrificada hermana de Raskólnikov que sufre el acoso del sátiro, sin poder escapar. Los cien rublos que pidió como adelanto la atan a su puesto de institutriz. «Dunia y yo no tenemos a nadie más que a ti», dirá la madre, en palabras de Dostoievski, una mujer inteligente de carácter firme.

Una vez sentada su inocencia en el asunto del acoso que sufrió como institutriz. Recibe una propuesta de matrimonio de Piotr Petrovitch, un hombre *brusco y seco*, pero recto. Dunia concibe el postrer sacrificio: se casará sin amor y su querido hermano verá ascender su condición y quizá llegue a ser su socio algún día.

> Se dispone a venderse por su madre y por su hermano… Cuando se llega a esto incluso violentamos nuestras más puras convicciones. La persona pone en venta su tranquilidad, su libertad. «Perezca yo con tal que mis hijos sean felices».

Tal es la opinión de Raskólnikov.

> ¡Oh adorables e injustos seres!

Dunia ignora los sueños locos de superhombre que embargan a su hermano y proyecta en él todas sus ambiciones, aunque el sacrificio que se dispone a hacer es un tributo a su propio orgullo.

Crimen y castigo carece de la profundidad de las restantes obras mayores de Dostoievski; como al final de *Los hermanos Karamázov*, el amor triunfa cuando el sufrimiento aprieta, pero no lo hace en medio de la transcendental serenidad de su última obra. Sonia no es Zósima, ni el sufrimiento físico puede compararse con la crisis espiritual.

A pesar de todo se anuncia en sus páginas la llegada de su última y definitiva obra, quizás sea el ensayo necesario para una novela que precisa de una profunda elaboración.

CAPÍTULO VIII

DEMONIOS (1873) (БЕСЫ)

Dios me ha atormentado toda mi vida.

DOSTOIEVSKI

Obra repulsiva pero grande.

LENIN

Demonios ha de ser como un horóscopo del desastre.

G. STEINER

1. UN SINIESTRO ANUNCIO

La novela más sombría de Dostoievski. La novela panfletaria, la proclama antinihilista, el cínico testimonio que describe la colisión de dos generaciones, un canto supremo del poder, ensayo palpitante sobre la libertad, contra todo y contra todos: desde la miseria cotidiana hasta las cenagosas e inexploradas profundidades de la mente donde el yo amenaza con zozobrar.

Los personajes recuerdan al enajenado hombre superfluo, al distante esteta de la idea, al recóndito y sombrío hombre del subsuelo. Desfilan por sus páginas seres que evocan al cosaco Stenka Razin, señor del Volga, melindrosos y decadentes nobles, herederos de los antañones boyardos, hombres de principios junto a soñadores vacuos.

Dostoievski reúne al escritor verboso, perdido en una estética sin horizonte, ajeno al desastre que le rodea, con el místico que desciende al suelo que los quiméricos materialistas abandonan.

Allí se encuentran el fanático con el borracho que acaricia culpas y las mujeres acurrucadas y curiosas, de mirada ávida y porvenir estrecho; la histérica pujante que pasea su apasionada indiferencia; veremos a Liza, la amazona sin destino, de rienda firme y caminar incierto, que morirá abrasada como una valquiria eslava. Y por doquier lo inconsciente obsesivo y contradictorio capaz de representar a todos los hombres y a ninguno en concreto.

Demonios es, además, un ejemplo acabado de la novela como drama.

2. EL PRELUDIO IMPOSIBLE DE UNA NUEVA RUSIA

El telón se levanta, aunque no sabemos aún qué obra se va a representar. La caída de los dioses quiere anunciar por igual el Apocalipsis y el comienzo de una utópica libertad. Ambos extremos se verán defraudados.

Sobreviene un compás de espera: «Y cuando el cordero de Dios abrió el séptimo sello hubo un silencio como de media hora» (*Apocalipsis* 8:1). En este breve silencio amenazador discurre la trama.

Otro zar más permisivo, Alejandro II (1855-1881), pero igualmente impregnado de ambiciones absolutistas, ocupa ahora el trono ruso en plena guerra de Crimea. La paz lograda con trabajo dejó sus manos libres para acometer la tarea de *emancipar a los siervos*, que pudo ver rematada seis años después tras innumerables obstáculos. La medida fue tardía e insuficiente.

Rusia contaba con veintiún millones de siervos de entre una población total de ochenta millones, a los que había que añadir a veintiséis millones más de campesinos dependientes de la corona. Un panorama sombrío se avecina con el crudo dilema de siervos en predio ajeno junto a campesinos sin tierra. Los *eslavófilos* se unieron de manera oportunista a los estratos más conservadores para rechazarla y los *occidentalistas*, lejos de la Santa Rusia, se lamentaron de su carácter incompleto. Sus quejas eran fundadas:

los siervos liberados no adquirían *de facto* los mismos derechos que el resto de la población del imperio. Como Saint Pierre (1969) afirma: Alejandro II se encontraba atrapado entre una extrema derecha esclavista y una extrema izquierda anarquista; es entonces cuando se abre paso la generación del nihilismo retratada por I. Turguéniev en *Padres e Hijos*.

El portavoz será el escritor y filósofo Dmitri Písarev (1840-1868). Su influencia en años posteriores la atestigua la cita que de él hace Lenin en *¿Qué hacer?* (1902):

> La disparidad entre los sueños y la realidad no produce daño alguno, siempre que el soñador crea seriamente en un sueño, se fije atentamente en la vida, compare sus observaciones con sus castillos en el aire y, en general, trabaje a conciencia para que se cumplan sus fantasías. Cuando existe algún contacto entre los sueños y la vida, todo va bien.
>
> Dmitri Písarev

El populismo ruso, en consonancia con Bakunin, habría de ceder su puesto a la acción de carácter más radical.

Nietzsche pondrá más tarde orden en esta confusión y apunta que el nihilismo ante todo es:

> Rebelión en contra de los valores aceptados y estandarizados, frente al pensamiento abstracto y el control familiar, en contra de la poesía y la disciplina en la educación, en contra de la religión y la retórica.[1]

En este sentido, Dostoievski es el precursor de Nietzsche; personajes como Raskólnikov, Kiríllov, Stavroguin, Shátov e Iván Karamázov son hombres que viven y difunden a su manera la futura tesis nietzscheana de *Más allá del bien y del mal* (1886).

1. Nicolás V. Riazanovsky, *A History of Russia*, p. 381. Citado por J. Serrano Martínez, 2006, p. 55.

Nietzsche leyó a Dostoievski en Niza en 1888. Sus impresiones de entonces no fueron publicadas hasta 1970. El filósofo alemán no tuvo conocimiento del contexto en el cual se gestó la novela, lo cual era completamente comprensible en aquella época y, más aún, con la deficiente traducción francesa que tuvo en sus manos, tal vez por ello no prestó interés a los acontecimientos políticos y literarios que se reflejan y critican en la obra.

Para A. Morillas Esteban, su análisis se resume en cuatro apartados:

El primero comprende aquellos fragmentos en los que transcribe las reflexiones que Stavroguín, *«la più straordinaria personificazione del nihilismo»*, expone en su carta a Daria Pavlovna al final de la novela, en la que expone el perfil de su actitud nihilista. A Nietzsche le interesa sobre todo *el drama psicológico.*

El segundo examina el problema de la «negación de Dios», que ocupa al «ateo místico» Kiríllov. Nietzsche expone fragmentos de su argumentación que se resumen en la frase: «hemos de apropiarnos de los atributos que concedíamos a Dios».

En tercer lugar, aboga la teoría del socialista Shigáliev sobre la necesidad de acabar con todo tipo de cultura y educación, para esclavizar a dos terceras partes de la población.

Para terminar, menciona la doctrina expuesta por Shátov, el representante del movimiento eslavófilo a propósito del socialismo y el papa como peligroso representante del catolicismo. Una breve referencia posterior al movimiento de la insurrección decembrista permite a Nietzsche transcribir un fragmento en el cual resume la postura de Dostoievski frente al catolicismo: «Roma predicó un Cristo que había sucumbido a la tercera tentación: declaró que no podía prescindir de un reino terrenal y con ello precisamente proclamó al *Anticristo*».

El filósofo percibe el nacimiento del nihilismo en la negación de Dios; Dostoievski (tal vez es este el más poderoso mérito de su análisis) expone también los *efectos* del nihilismo en el hombre moderno. Pero llega más lejos (y en esto aventaja a Nietzsche):

propuso una solución efectiva: el camino hacia la liberación interior, donde Eros triunfa sobre el tanático nihilismo mediante la tragedia que lleva a la auto-purificación. Catarsis, según el modelo de Raskólnikov o de Dimitri Karamázov.

Dostoievski y Nietzsche juntos representan la crítica del racionalismo occidental, de la fe en el progreso con sus pueriles ensueños futuristas.[2]

> De sobra hemos experimentado adónde nos llevan las utopías racionalistas de los hombres que creían en el todopoderoso avance científico; buena lección la de los últimos veinte años: añejas sedes culturales reducidas a cenizas por las bombas, exterminio por hambre, por aniquilamiento físico de millones de seres que, con el juego demoníaco-cínico del *hombre-Dios,* han convertido al ser humano en la fiera más voraz contra sí mismo.
>
> (J. Matl, 1951)

Ambos se rebelan ante el dominio de una pseudociencia, sucedánea de la religión, que pugna por sustituirla sin ventaja alguna. Promete ser la presunta salvadora del hombre, dotándole de nuevos absolutos frente a esos que ya son caducos, que ofrecen la solución de todos sus problemas con sus pretendidas categorías fijas: las constantes universales. Religión y ciencia desdeñan la cultura superficial de nuestro tiempo y pretenden escapar de sus mazmorras; heraldos del choque de las fuerzas irracionales; ambos reconocen la tragedia de la existencia humana y oponen a la tesis racionalista-utilitaria burguesa de la felicidad y la virtud *(felicidad* mejor que *heroísmo)* la tesis de que este último y el vertiginoso sentimiento que despierta, prevalece sobre cualquier tipo de felicidad.

Impera el amor a la existencia, la mística del vivir y la ilusión de la madre tierra. Aliosha Karamázov confiesa a su hermano Iván:

[2] *El mundo feliz* de A. Huxley y Walden 2 de B. F. Skinner serán variaciones futuras sobre esta cuestión.

«Uno quiere amar con lo más íntimo, con las entrañas... Me alegro terriblemente de que quieras vivir así. Creo que todos tienen que empezar en el mundo por amar la vida».

El relativista Iván objeta: «¿Amar la vida más que el sentido de la vida?».

Responde Aliosha: «Necesariamente. Hay que empezar a amar la vida antes de la lógica; tiene que ser así: antes de la lógica, pues solo entonces podré llegar a comprender el sentido de la vida». La pasión precede al pensamiento.

El Iván nihilista cree en el proceso, en el fluir vital que nunca se detiene, es un Heráclito moderno. Aliosha se aferra al amor, a la existencia, tomados como principios de los que procede todo lo demás.

El socialismo hace añicos esta ensoñación mística, esa contienda estática entre absolutos que se atisban desafiantes. «Hasta mediados del siglo XIX el socialismo, en todas sus formas, fue una doctrina casi exclusiva del occidente de Europa» (G. Cole, 1953, T. II, p. 39). Este movimiento de la buena nueva llegó a Rusia, no por impulso popular, sino como el culto refinado de ciertos grupos de intelectuales. La pugna entre lo nacional telúrico y lo extranjero metafísico estaba servida.

Son bien conocidas las diferencias que Marx y Bakunin mantuvieron durante la Primera Internacional (1860). Estos enfrentamientos y las reiteradas acusaciones de paneslavismo empujaron al segundo a contactar en 1869 con Necháiev, quien le instó a concentrarse en Rusia y a abandonar sus veleidades occidentalistas; la relación solo duró un año. Bakunin sintonizaba mejor con el alma eslava, aunque tal vez su país necesitase más de Marx.

Quizás sorprenda que del caldo de cultivo del común descontento broten corrientes de talante tan opuesto. Las consideraciones históricas aportan alguna luz sobre esta cuestión. Si bien la Revolución Francesa es el *primun movens* de todas las doctrinas que consideramos aquí, el peso de los nacionalismos emergentes y la identificación del enemigo principal en cada caso difiere: el marxismo hará hincapié en la hegemonía del proletariado, en la lucha de clases, en la construcción de un orden distinto y en una nueva identidad del hombre como la consecuencia inmediata. Las aspiraciones del marxismo son internacionales, si bien subraya que las condiciones de la revolución son distintas para cada país. Un proletariado fuerte será decisivo para el cambio.

Herzen había vuelto los ojos a Rusia y, en una mezcla eslavófila y occidentalista, gesta la idea del *socialismo campesino*.

Se avecina un nuevo dilema: o bien el sujeto es el producto final de la lucha de clases o, por el contrario, en un *a priori, piensa* las clases y las *orienta* en la lucha revolucionaria.

De todo este venero de ideas y experiencias extrajo Dostoievski su talante peculiar y contradictorio, mezcla de idealismo, de realismo, de utopía y de la acción ciega e inmediata del tiempo en el que le tocó vivir. Otros escritores de su época se nos antojan más estructurados porque se alinean de forma más estable con una de las múltiples tendencias existentes. Tal es el caso de Pushkin, de Gógol, de Lérmontov, de Písarev, de Turguéniev o de Chernishevski. Sus orientaciones son muy distintas, pero aceptan mejor que Dostoievski un lugar determinado en el panorama ideológico. Fiódor Mijáilovich no se deja asir por valoraciones simples, se resiste a ser aprisionado por una sola tendencia; en una catástrofe axiológica, se zambulle en la entraña psíquica de sus personajes y cuando parece identificarse con alguno, al punto lo abandona; el resultado produce una impresión caótica. Desmenuza al reaccionario tenaz, al inquieto buscador de horizontes nuevos, al sórdido subversivo y al idealista que parece flotar por encima de su tiempo y los libra más tarde a su destino. Egoísmo y altruismo se conjugan para crear un ambiente irreal o acaso demasiado realista.

No me adscribo a la extendida opinión de que *Demonios* marque un giro político e ideológico en la vida del autor; antes bien supone una denuncia de todo lo contradictorio de la condición humana en el tormentoso período que media entre 1840 y 1870. Esta acotación temporal es decisiva a la hora de comprender el mundo dostoievskiano presente en sus últimas obras. Forzoso era elegir entre lo doctrinario con pretensiones objetivistas y la cotidiana confusión; Dostoievski se inclina por esta última.

El fallido discurso del socialista Shigáliov[3] muestra cumplidamente el zoo tragicómico que servirá de introducción al drama.

Demonios descubre un grupo subversivo donde se dan cita diversos personajes, fiel reflejo de una sociedad que se despide melancólicamente de una época y que se apresta a vivir otra con insensata ferocidad.

Todo comienza con el sempiterno té servido por la afanosa *madame* Virguinski, Arina Prohórovna, de profesión comadrona, que picotea en un vivero de ideas que no comprende. Asisten, junto al tenaz orador y el propio Virguinski, el siniestro Piotr Verjovenski, un maestro cojo, una estudiante contestataria, un alumno de secundaria y un alegre militar, entre otros.

Tras múltiples mofas e interrupciones el impertérrito y tenaz Shigáliov proclama como un nuevo profeta:

> Habiendo consagrado mis energías al estudio de la estructura de la sociedad que en el futuro ha de reemplazar a la actual, he llegado a la conclusión de que todos los fundadores de sistemas sociales desde los tiempos más remotos hasta nuestro año de 187... han sido unos soñadores fabulistas que se contradicen a sí mismos, de ese extraño animal al que llamamos ser humano. Platón, Rousseau o Fourier son columnas de aluminio, útiles acaso para los gorriones, mas no para la sociedad humana, sin embargo y dado que la forma de la futura organización social es algo acuciante en estos momentos cuando por fin nos disponemos actuar, ofrezco mi propio sistema de organización mundial para acabar con nuestros titubeos.

3. Shigáliov representa la caricatura del intelectual occidentalista que cree en la omnipotencia de las ideas. Del mismo modo, Dostoievski trata a Karmazínov (Turguéniev) como l prototipo del intelectual que se regodea, estéril, en la charca ideológica del pseudocambio, con el simultáneo desprecio de la acción.

Una patética y extemporánea exposición del intelectual encerrado en el limbo de sus ideas ante un auditorio inapropiado de carácter variopinto.

Nuestro hombre remata con la rotunda sentencia:

> Partiendo de la libertad ilimitada, he llegado al despotismo ilimitado. Debo añadir, no obstante, que aparte de mi solución al problema social, no cabe ninguna otra.

Mientras, Verjovenski se concentra en limpiarse las uñas y sorbe su coñac.

Como todo anuncio grandioso de los que en el mundo han sido, el de Shigáliov cae en saco roto. El ambiente no está para grandilocuencias y menos si estas se exponen en tono doctoral.

El maestro cojo se apresura, a pesar de todo, en su ayuda y presenta de manera más accesible el proyecto:

> Conozco su libro, lo que propone es la división de la humanidad en dos partes desiguales. Una décima parte dispone de libertad personal y un derecho ilimitado sobre las nueve décimas partes restantes. Estas tendrán que renunciar a su individualidad y convertirse en una suerte de rebaño.

Para colmo, la exposición requiere de diez sesiones.

El libro es un extraño revoltijo donde aparecen rebrotes del paternalista y desdeñoso despotismo ilustrado, con premoniciones de la venidera etapa estalinista y la de reeducación socialista de Mao, sin olvidar tampoco a la inocencia original de Rousseau y a la bíblica redención por el trabajo.

Dostoievski acude a la sátira como modo de anunciar un desenlace ominoso.

Todo un sistema político social surge inquietante, un totalitarismo incipiente, antes de que esa palabra tome carta de naturaleza para designar al movimiento fascista italiano.[4] Las palabras de Shigáliov prometen un futuro estremecedor.

Verjovenski sentencia despectivo:

> Verán, señores —levantó una pizca la vista— en mi opinión todos estos libros, los Fourier, los Cabet, el «derecho al trabajo», el «shigaliovismo» y todo eso no son más que novelas como otras cien mil más que uno puede escribir. Un pasatiempo estético.

3. LA NOVELA Y EL CONFUSO PANORAMA QUE ALLÍ SE ENCUENTRA

El atentado contra la vida del zar Alejandro II en abril de 1866, figura entre los principales motivos que inspiraron *Demonios;* pero fue el asesinato, tres años después, del estudiante nihilista Iván Ivánov, por orden de Sergéi Necháiev (1847-1882) el 21 de diciembre de 1869, lo que proporcionó a Dostoievski el argumento de su novela.

Serguéi Gennádievich Necháiev era un activista estudiantil líder de un grupo radical, el Círculo Petrashevski, que formó junto con otros jóvenes como Mijaíl Bakunin, quien llegó a llamarle *joven águila.* Su obra más conocida, el *Catecismo de un revolucionario* (1868), fue escrita quizás en colaboración con Bakunin. Fundó también *Narodnaya Rasprava* (La Voluntad del Pueblo), dedicada a la lucha armada. Su cometido era la organización de asesinatos selectivos de figuras del régimen zarista. Capturado y encerrado en prisión en 1872 murió en ella diez años más tarde.

El distintivo esencial del pensamiento de Necháiev consistió en la absoluta trasmutación de los valores vigentes, en abierto desafío a la moralidad de la época.

4. Un extenso y profundo tratamiento del problema se encuentra en H. Arendt, *Los orígenes del Totalitarismo,* 2015, pp. 474-616.

A primera vista, sus acciones pueden parecer repulsivas y amenazantes, pero hay en ellas un sentido más profundo capaz de inspirar la lucha revolucionaria, siquiera la de unos pocos. Su inmoralidad proviene de la convicción de que tanto la Iglesia como el Estado son también cruelmente inmorales en su búsqueda decidida del control total. La lucha contra esos poderes debe realizarse utilizando todos los medios necesarios. Ese es el programa de un hombre de acción.

> Siendo severo consigo mismo, el revolucionario deberá serlo con los demás. Todos los tiernos y delicados sentimientos de parentesco, amistad, amor, gratitud e incluso el honor deben extinguirse en él por la sola y fría pasión por el triunfo revolucionario.

Así reza el *Catecismo*, que pronto pasa de la condición de libelo a convertirse en un programa de lucha.

El acuerdo inicial entre Bakunin y Necháiev se resquebraja pronto, sus disensiones se centran en el papel de la acción, como refleja la carta del primero a Necháiev, de la que extraemos algunos fragmentos:

> Mis puntos de vista son diferentes en tanto que no reconocen utilidad, ni aun la mera posibilidad, de cualquier revolución, exceptuando una espontánea o una revolución social popular... [El gran aparato militar/policial] ha dado al Estado tan enorme poder, que todas las conspiraciones secretas y atentados impopulares, los ataques y golpes súbitos y sorpresivos, están condenados a fracasar. Este solo será vencido mediante una revolución popular espontánea.

Necháiev es denunciado por Bakunin como la manzana podrida de la revolución.

Más tarde, en julio de 1870, escribió una extensa carta a una familia que aquél había contactado en el exilio avisándoles del talante de su antiguo correligionario. Llega la acusación definitiva:

> La verdad, la confianza mutua, la solidaridad seria y estricta solo existen entre una docena de personas que forman el «sanctum sanctorum» de la sociedad. Todos los demás deberán servir como instrumentos ciegos, como material explotable... está permitido y hasta ordenado, engañarlos, comprometerlos, robarlos y hasta, en caso de necesidad, deshacerse de ellos.
>
> (Citado por J. Frank, 1995, T. IV, pp. 556-57)

A pesar de todo, aún en los peores momentos, la opinión de Bakunin sobre Necháiev fue ambivalente.

En la reunión en casa de Virguinski, que ya hemos mencionado, solo hay un auténtico iniciado: Piotr Verjovenski, que se limpia, displicente, las uñas mientras los «instrumentos ciegos» y el «material explotable» componen el resto de la reunión, donde el té será lo único importante, como silencioso homenaje al hombre del subsuelo.

3.1. Los antecedentes

El enfrentamiento entre ambas generaciones alcanzó su punto álgido en 1867 tras el atentado del estudiante Dimitri Karakózov (1840-1866), que mereció la repulsa de Herzen. No obstante, este llamó a la unidad, lo que desató una airada reacción en A. Serno-Solovievich, líder ginebrino del anarquismo.[5] Era el momento de la acción, no del pensamiento que discrimina y distancia.

En la mayor parte del borrador de *Demonios* el personaje que había de convertirse en Verjovenski, es designado simplemente como Necháiev.

[5]. Suiza aparece reiteradas veces en esta época, como es el caso de Serno-Soloiévich, pero también como refugio de personajes de Dostoievski: Mishkin, y como testigo de los últimos días de Stavroguin.

La novela se inspira también en los incendios ocurridos en París durante la Comuna de mayo de 1871; de ahí proceden las poderosas llamas que en la novela destruyen una parte de la ciudad y ocasionan la muerte de Liza; una hoguera que reducirá a cenizas la despreocupada existencia de los nobles rusos.

Verjovenski da lugar a muchas controversias: ¿es acaso un nihilista que arrastrado por la ideología de su grupo se convierte en ese ser demoniaco que la novela recoge? ¿O aporta al drama unas cualidades propias que se despliegan favorablemente en el ambiente revolucionario?

El proceso contra Necháiev empezó en julio de 1871 y Dostoievski sacó de las actas del tribunal valiosos detalles que sirvieron para las páginas finales de *Demonios.*

> Los borradores demuestran que la famosa exclamación de Virguinski «¡No era eso, no era eso!» proviene de una carta escrita por el libelista conservador T. I. Filípov.
>
> (Steiner, 1959, pp. 151-152)

En *Demonios* resuenan también ecos de Schiller, de su *Demetrio,* el falso zar de Moscú.[6]

La casi totalidad de la obra discurre en el corto espacio de cuarenta y ocho horas, en el característico tiempo agobiante dostoievskiano.[7]

6. Dimitri I, el impostor, fue zar entre 1605 y 1606. Luchó contra Borís Godúnov apoyado por cosacos y boyardos.

7. Snitkin, hermano menor de María Grigorievna, que había conocido bien a Ivánov, aseguró a Dostoievski que no lo habían matado por soplón, sino por cuestionar las ideas de Necháiev. El episodio terminó de decidirle a hacer un ajuste de cuentas con su propio pasado revolucionario. En los cuadernos de notas de Demonios escribe que fue su generación, con su europeísmo libertario de juventud, la que había engendrado a la joven generación terrorista. En su novela confluirán los relatos del joven Snitkin, la co-bertura de prensa del asesinato de Ivánov y sus propios recuerdos de la célula que integró en 1849.

Ningún otro escritor ruso de la época otorgó a aquellos grupúsculos nihilistas la importancia que les concedió Dostoievski. Ni siquiera Turguéniev adjudicaba la menor capacidad de cambiar el mundo a aquellos jóvenes conspiradores. Dostoievski, en cambio, sostenía que, así como Occidente había perdido a Cristo por culpa del catolicismo, Rusia iba a extraviarse a causa de los nihilistas. Tal vez rescoldos de su pasado en el círculo Petrashevski y sobre todo de los largos años pasados en Siberia.

En realidad, conoció más de cerca que Turguéniev los entresijos del nihilismo. Los grandes responsables de lo que se avecinaba eran «esos liberales en pantuflas, esos miopes que se acercan al pueblo sin entenderlo», todos aquellos «intelectuales terratenientes» que simpatizaban con los jóvenes extremistas, con Iván Turguéniev a la cabeza.

Aunque *Padres e hijos* es ambigua ante el fenómeno nihilista, Dostoievski realiza una parodia feroz de su autor en *Demonios:* lo pinta como un escritor de moda, de espesa melena, voz dulzona y vestuario impecable, que escribe para lucirse y que, al relatar un naufragio frente a la costa inglesa, dice prendado de sí: «Miradme mejor a mí, y cómo no pude soportar la vista de aquel niño inerte en brazos de su madre muerta».

En los cuadernos de apuntes que sirvieron para la redacción de *Demonios* se revelan con más claridad que en ningún otro lugar los vínculos que unen a Dostoievski con Nietzsche. Escribe entonces: solo hay una cosa en el mundo, la compasión directa. En cuanto a la justicia viene en segundo lugar.

Los incendios de París hicieron exclamar al impotente gobernador Lembke: «¡Son los incendiarios! ¡Es el nihilismo! ¡Si algo arde es el nihilismo!». Y añade: «¡El fuego está en las mentes de los hombres y no en los techos de las casas! *(Ibíd.*, p. 190).

El melodrama, dirá Steiner es, en su desmesura, claramente anti-trágico, el planteamiento requiere cuatro actos de conflicto seguidos de un quinto de redención, así sucede en *Crimen y castigo* y más tarde en *Los hermanos Karamázov*. Por el contrario, *El idiota* y *Demonios* acaban... «en aquel limbo crepuscular de yermo y veracidad, de calma a la que se llega a través de la desesperación, que reconocemos como genéricamente trágica» *(Ibíd.,* p. 216).

En una carta a Máikov de 1870, Dostoievski declararía en referencia a *Demonios*:

> Un hombre que se aleja de su gente y sus raíces nacionales también pierde la fe en sus ancestros y su Dios; bien, si quieres saberlo, este es, en esencia, el tema de mi novela. Se llama *Demonios* y describe cómo estos entraron en la piara de cerdos.

4. EL INCESANTE GOTEO DE PERSONAJES

Se ha considerado que esta obra estuvo inicialmente concebida como un panfleto político pero que, sobre la marcha, Dostoievski habría cambiado, como tantas otras veces, el planteamiento, dando importancia al personaje de Stavroguin con un enfoque más *psicológico;* otras fuentes apuntan a que este personaje estuvo presente ya en los primeros bocetos del texto. Desde luego, el proyecto es sumamente ambicioso y su alcance es mayor que el de un simple libelo. Poder, protesta, vacío y al final el reposo inexorable de la muerte.

La trama enfrenta a dos generaciones, según el tratamiento que ya vimos en *Padres e hijos:* la representada por Várvara Petrovna Stavroguina, el liberal Stepán Trofímóvich Verjovenski, Karmazínov y el gobernador Lembke y la siguiente, compuesta por Nikolái Stavroguin, Piotr Verjovenski, Shátov y Kiríllov, pero su desarrollo es bien distinto.

Las ideas liberales predicadas por la intelectualidad en la década de los cuarenta habrían sido la semilla de los brotes de nihilismo en la generación posterior.

El joven Verjovenski es un «fanático despiadado» y un ser displicente.

> Mi Piotr Verjovenski tal vez no se parezca en nada a Necháiev, pero creo que mi mente exaltada ha creado, por imaginación, al personaje, el tipo que en realidad corresponde al crimen. Desde luego, hay cierto valor en describir a un hombre semejante, pero por sí solo no me habría atraído. A mi parecer, estos lastimosos monstruos no son dignos de la literatura. Para mi sorpresa esta figura se convierte en algo casi cómico.
>
> (Edición de las obras de Dostoievski en 30 vols., Leningrado, 1972-1990, p.141)

La capacidad manipuladora del conspirador es notable. Llega a la ciudad donde se desarrollarán los hechos como íntimo amigo de Stavroguin y de la familia Drozhdov. Desprecia el socialismo, como se demuestra en la fiesta de cumpleaños en la casa de Virguinski, al que califica de *entretenimiento estético.*

El plan de Shigáliev que aparece de nuevo en ese marasmo político, es una mezcla proteiforme de darwinismo social, racismo y paternalismo.

La figura de Stepán Trofímóvich, con sus perfiles caricaturescos y su talante patético, evoca al historiador medievalista Timoféi Granovski.

Verjovenski manipula al distante Stavroguin y al torpe gobernador Lembke y utiliza también el superficial barniz liberal de su esposa, la caprichosa y tornadiza Yulia Mijáilovna. En el sentido que más tarde se llamará *agudizar las contradicciones*, Verjovenski azuza a von Lembke para que reprima a la vieja usanza, azotando a los insurrectos.

Su retrato refleja a un hombre corriente:

> Era un joven como de veintisiete años, poco más o menos, de una estatura algo por encima de la media, de cabello ralo, rubio y bastante largo, con barba y bigotes desiguales, mal definidos.
>
> Vestía con aseo e incluso a la moda, pero sin elegancia; daba la impresión, a primera vista de ser algo cargado de espaldas y un tanto

> desmañado, pero se trataba de una falsa impresión, y era más bien desenvuelto. Parecía algo estrafalario y, sin embargo, todos pudimos comprobar después que sus modales eran de lo más correcto y siempre hablaba con propiedad.
>
> No podría decirse que fuera feo, pero a nadie le resultó agradable su cara. Tenía la cabeza alargada hacia la parte de la nuca y como aplastada por los lados, dándole un aspecto afilado a su rostro. La frente era alta y estrecha, pero sus rasgos faciales eran poco marcados; tenía ojos rasgados, nariz pequeña y labios largos y finos. Su expresión, en apariencia, era enfermiza, pero eso no era más que una apariencia.
>
> Tenía unas arrugas resecas en las mejillas, lo que le daba un aspecto de convaleciente tras una penosa enfermedad. No obstante, gozaba de una salud de hierro.

Una estética del mal donde asoman rasgos inquietantes. Y el padre dirá del hijo, entre irónico y asombrado:

> ¿Por qué todos estos socialistas y comunistas tan desesperados son al mismo tiempo avaros increíbles, acaparadores, capitalistas y cuanto más socialista es uno de ellos, cuanto más avanzadas son sus ideas, tanto más apegados son a la propiedad privada? ¿Por qué será eso? ¿Por sentimentalismo?

Nikolái Stavroguin, el héroe principal, es un ser sombrío, hastiado de la vida, a la que no encuentra sentido y quizá por ello incapaz de amar. En apariencia, recuerda a Bazárov; pero, como la obra descubre de manera paulatina, reserva sorpresas que este no ofrece.

Ha sido definido como «la encarnación más plena del nihilismo de todas sus obras», por mi parte añado que esta afirmación solo es válida si se aplica al mundo interior del nihilista que tiene su cumplido antecedente en el hombre del subsuelo. Ser destructivo tanto de sí mismo como de los inocentes que se cruzan en su camino.

Los borradores demuestran que Dostoievski concibió a Stavroguin como príncipe, tal vez como la antítesis de Mishkin. «Es un instrumento de gracia y también de condenación» (Steiner, 1959, p. 214).

Se ha sugerido la posibilidad de que pudo estar inspirado en parte por Nikolái Spéshnev, un miembro destacado del Círculo Petrashevski, una «figura enigmática y atractiva, con reminiscencias byronianas», así como en el Pechorin de *Un héroe de Nuestro tiempo,* en Melmoth de la obra epónima *Melmoth el errabundo* (1820) o en Ambrosio el atormentado protagonista de *El monje* (1796).

Un capítulo no publicado inicialmente, «Visita a Tijon», en el que Stavroguin realiza una confesión sobre su pasado fue omitido por el editor del *Mensajero ruso,* la revista literaria donde apareció en 1870, privando así de toda su hondura al personaje.

Para mí, dirá Dostoievski, es un personaje trágico. «Me lancé a describirlo porque desde hacía demasiado tiempo había deseado retratarlo. En mi opinión, es un ruso, un sujeto típico». La conducta de Nikolái era exhibicionista y dañina, a diferencia del hombre del subsuelo, no atentaba de inmediato contra sus propios sentimientos.

Dostoievski evoca al pendenciero y vanidoso Falstaff y al antihéroe de la novela gótica.

> Tenía el cabello algo más moreno de lo que habría sido deseable, sus hermosos ojos eran un punto demasiado serenos y claros, su tez era en exceso suave y blanca, el rubor de sus mejillas exageradamente intenso y puro, sus dientes eran como perlas, sus labios como el coral; se diría que era un modelo de belleza, pero al mismo tiempo había algo repulsivo en él. Várvara Petrovna lo miraba con orgullo, pero con permanente inquietud.

Dostoievski opta en este caso por trazar un a modo de retrato físico, a diferencia de lo que hace con otros personajes de su relato. Es inquietante, bello y siniestro, adolece de la chispa de humanidad que se traduce en las imperfecciones propias de nuestra especie. La perfecta belleza del mal.

Un sádico que muestra su última depravación sobre todo ante sí mismo y que se goza dolorosamente con ella.

Kiríllov, otro de los actores del relato, inspiró a Camus a la hora de escribir *El mito de Sísifo* (1942), aunque el análisis de Kiríllov en esta obra es aparentemente más positivo que el de Dostoievski. Su muerte nos introduce en la fantasía gótica, que lleva de manera inexorable a la tragedia. La muerte convive con la inmortalidad. Piotr pretende que se suicide tras firmar un papel en el que se atribuye el asesinato de Shátov. Aquel cede a la tentación embriagado por el poder que pretende alcanzar por el ejercicio del libre albedrío y no por las maquinaciones de Piotr.

Con su filosofía, Kiríllov representa la versión del mundo interno, mitad ajeno, mitad desolado, del superhombre.

Las páginas de *Demonios* fluyen en una sucesión sin pausa...

> El asesinato de Shátov, el suicidio de Kiríllov, el nacimiento del hijo de Stavroguin, la locura de Liamshin y la desintegración del grupo revolucionario, todo en un apretado revoltijo. También la reunión de Shátov con María y la despedida de Piotr «al más patético de los asesinos, el joven Erkel».
>
> *(Ibíd.,* p. 195)

Shátov es apasionante y extraño a la vez; en el capítulo III de *Demonios* exclama:

> No sé lo que les pasará a los demás, pero entiendo que no puedo ser como todos. Todos piensan en una cosa y luego en otra. Yo pienso en una sola cosa. Dios me ha atormentado durante toda mi vida.

Frases que dan cima al tono dramático y trágico de la obra.

Por lo demás, *Demonios* es una novela con múltiples facetas, desarrolla lo que ya inició en *Memorias del subsuelo* y anticipa mucho de *Los hermanos Karamázov*, pero conviene no dejar atrás a los trozos intimistas que salpican la narración a la manera de *Humillados y ofendidos* y a la experiencia siberiana de *Memorias de la casa muerta*.

En la obra figuran sus preocupaciones fundamentales: la religión, la entraña telúrica de Rusia, la emancipación de los siervos, la tensión intelectuales-pueblo campesino y su afinidad con el socialismo utópico pregonado por Herzen.

Dostoievski es el príncipe de lo contradictorio. Si aceptamos este punto de partida, la novela se aleja del libelo, con su cualidad monocolor.

M. Gorki (1906) manifestó: «*Demonios* es el más perverso, y el más talentoso, de todos los intentos por difamar el movimiento revolucionario de la década del 70».[8]

¿Es el nihilismo una doctrina revolucionaria o la simple rebeldía ante una generación sumida en su caduca existencia? La falta de un proyecto alternativo induce a inclinarse por lo segundo.

Todo revolucionario posee en su mundo interno un fondo contradictorio, pleno de antagonismos, lejos de la figura idealizada con la que nos lo presentan sus partidarios o de los perfiles monstruosos con que lo definen sus detractores. No puede ser de otro modo, puesto que emerge de un entorno social patógeno; su *grandeza,* cuando la tiene, reside en su falta de adaptación, en una actitud tenaz ante a un mundo opresivo que no le doblega y no en su pureza ideal a todas luces imposible. Es un producto del mismo mundo al que pretende combatir. Dos peligros le acechan: el refugio en el fanatismo o una profunda crisis existencial que le lleve a las tinieblas de lo negativo.

[8] F. Mijáilovich Dostoievski, *Demonios*, 1871.

Dostoievski critica al intelectual que «salva» al mundo desde fuera, animado solo por el pensamiento, como si este pudiera disociarse de la acción e incluso sustituirla.

Desde esta perspectiva, ataca al intelectual europeísta y sitúa en la diana de su invectiva a I. Turguéniev, el Karmazínov de este relato.

Ciertamente, es una novela desmesurada, como el desmesurado mundo donde se desarrolla, con los excesos que en él suceden en el corto espacio de cuarenta y ocho horas. Ese universo que ya había sido anticipado en las profundidades psicológicas de *Crimen y castigo* y *El idiota*. Ahora el paisaje se amplía y se complica con el enfrentamiento generacional, la insurrección, el incendio que aterra y purifica a un tiempo y esa ciega búsqueda de la libertad con Dios, sin Dios y contra Dios. El corazón ruso palpita al filo del caos, más allá de las ideas y de los proyectos, guiado por la lógica tornadiza de las pasiones.

Stepán Trofimóvich Verjovenski, el padre del nihilista, es presentando por el narrador como un hombre situado en la cómoda cima de su propia vanidad.[9] Revolucionario de guardarropía arrollado por los acontecimientos, refugiado en la amistad de veinte años con Várvara Petrovna Stavroguina, acarició hasta su muerte sueños pueriles, esteticistas e imposibles, reliquias de otra época, de unos valores en inexorable declive.

Todo ello le valió el desdeñoso comentario: «No resulta trabajoso imaginarse hasta qué punto de histeria llegaban a veces los ataques de este hombre, el más inocente de todos los adolescentes de cincuenta años». El teniente general Stavroguin falleció en 1855 y desde entonces la amistad de Stepán Trofimóvich y Várvara Petrovna, su viuda, se fortaleció aun más.

9. Muchos irreflexivos de aquella época pronunciaban su nombre casi a la par de los de Chadáiev, Belinski, Granovski y Herzen —este último acababa de irse a vivir al extranjero—. Ahora bien, la actividad de Stepán Trofimóvich concluyó casi en el minuto mismo en que había empezado (F. Mijáilovich Dostoievski, *Demonios*, 1871).

> Se mostró desde luego conforme con la inutilidad y comicidad de la palabra «patria» y con lo perjudicial de la religión, pero afirmó enérgica y sonoramente que un par de botas vale mucho menos que Pushkin, mucho menos.
>
> El miembro más veterano del grupo [de Stepán] era Liputin, funcionario de la administración provincial, significado liberal con fama de ateo en la ciudad ...
>
> Era un hombre inquieto y no había llegado muy lejos en su carrera.

En este variopinto cenáculo destaca Shátov:

> No era de su estima tampoco Shátov, que ingresó en el grupo solo este último año. Un estudiante, expulsado de la Universidad después de un incidente. Había sido discípulo de Stepán. Era hijo de un siervo de Várvara Petrovna, el difunto ayuda de cámara Pável Fiódorov y la señora le había dispensado su protección.
>
> Era uno de esos rusos idealistas de quienes se apodera de pronto una generosa idea que acaba por esclavizarlos para siempre.

Su clamor eslavófilo es vigoroso: «A ustedes no les bastó con dar esquinazo al pueblo; lo trataron con repugnante desprecio. Y solo porque entendían por pueblo únicamente al francés» (*Demonios,* Cap. I). Su vehemente *creeré* acaba por hacerse realidad y el cumplimiento se encuentra íntimamente ligado a una experiencia amorosa. Hacia el final de la novela recibirá la visita de su esquiva mujer, Masha, que lo había abandonado para traicionarlo con Stavroguin, de quien llevaba a un hijo a punto de nacer. No teniendo dónde ir, acude como último recurso al honesto Shátov; este la perdona y la asiste ardorosamente en su parto. Esa experiencia de amor compasivo, de tener parte en el milagro del nacimiento del niño, de ser de algún modo también padre, le revela, por fin, la presencia de Dios:

> Era como un renacer. Shátov lloraba como un niño pequeño; hablaba de dios sabe qué cosas, impetuoso, pueril, inspirado, le besaba las manos; ella le oía con embriaguez, aunque sin entenderle quizás; pero con su lánguida manecita le acariciaba, le alisaba los cabellos. Él le hablaba... de la nueva vida que se iba a iniciar ahora, para ellos, nueva y para siempre, de la existencia de Dios, de que todos los seres son buenos. Entusiasmado otra vez, cogió el niño para verlo.

Shátov vive en el nacionalismo religioso, tan caro a Dostoievski, que espera la resurrección de Cristo en su Rusia; es un militante del nacionalismo místico y mesiánico.

Todo pueblo tiene su propio dios; es decir, su concepto del bien y del mal, cayendo en la degeneración y desapareciendo como pueblo en el momento en el cual concibe a Dios como una realidad universal, lo cual significa perder el carácter distintivo que le otorgaba fuerza y vida. Con ello, indica su nostalgia y su deseo de la unión del pueblo con la fe cristiana.

Le toca ahora el turno a Virguinski:

> Aún se encontraba entre nosotros un tal Virguinski, un joven funcionario de características muy parecidas a Shátov, pese a semejar su antítesis. Tenía unos treinta años, era extremadamente dulce y poseía una instrucción seria que en parte había conseguido por sí mismo. Casado y pobre, mantenía a la tía y a la hermana de su esposa. Estas dos mujeres, como su esposa, tenían ideas muy avanzadas que se revelaba en ellas de modo algo vulgar. Se nutrían de ideas de los libros.

Lebiadkin, un personaje secundario, un *ruso típico* que resulta igualmente imprescindible en el drama:

> El tal Lebiadkin era un forastero, que después resultaría ser un tipo bastante sospechoso. Por no ser, ni siquiera era teniente en la reserva, que era el grado con el que se había presentado. Lo único que sabía hacer era retorcerse los bigotes, beber y decir las mayores zafiedades.

Un tímido anticipo del padre de los Karamázov, con quien comparte su condición de patético bufón.

El grupúsculo de Stepán cobra vida; en sus reuniones se expresan apuntes sobre Dios, ante todo sobre el Dios ruso:

> Al Papa, desde tiempo atrás, le habíamos profetizado el papel de simple arzobispo en la unificación de Italia, y estábamos plenamente persuadidos de que ese problema milenario resultaba solo trivial en nuestro siglo de humanitarismo, industria y ferrocarriles.

Otra era la intención de Pío IX, como se recoge en el Concilio Vaticano I.

Las reflexiones sobre la religión, en un vano jugueteo de ideas, adquieren fuerza retórica a propósito de Stepán:

> Nuestro maestro creía en Dios.
>
> —No entiendo por qué todos me toman aquí por ateo —decía alguna vez—. Creo en Dios, *mais distinguons,* creo en Él como en un ser consciente de sí mismo solo en mí. En cambio, no puedo creer como cree mi Nastasia —se refería a su criada— o como ese señor que cree «por si acaso», o como nuestro querido Shátov... bueno no, Shátov no cuenta, cree *a la fuerza,* como un eslavófilo de Moscú. En cuanto al cristianismo, a pesar de mi sincero respeto por él, no soy cristiano.
>
> »Soy más bien un pagano antiguo, como el gran Goethe, o como un griego clásico. Por otra parte, está el hecho de que el cristianismo no haya comprendido a la mujer, como George Sand ha demostrado magistralmente en una de sus novelas geniales.[10] En cuanto al culto, los ayunos y todo lo demás, no entiendo a quién puede importarle lo que yo haga. A pesar de las maquinaciones de nuestros soplones locales, no aspiro a ser un jesuita.

10. Probablemente *Valentine* (1831).

El decisivo enfrentamiento de generaciones utiliza a Shátov:

¡No es posible amar lo que no se conoce, y no sabían nada del pueblo ruso! Todos ellos y también usted, miraban al pueblo ruso sin fijarse en nada y Belinski el primero, su misma carta a Gógol lo demuestra. Belinski, como le pasaba al curioso de Krylov,[11] no se dio cuenta de que había un elefante en la Kumstkámera y concentró toda su atención en unos bichitos socialistas franceses.

El narrador encuentra, como de pasada, a Karmazínov y aprovecha la ocasión para ensañarse con los escritores europeístas. Sigue la maligna descripción del escritor:

Era un viejo bajito y remilgado, aunque no tendría más de cincuenta y cinco años, de rostro exiguo y rubicundo, pelo gris rizado y espeso que asomaba bajo un sombrero redondo, cilíndrico, y que circundaba unas orejitas limpias y rosadas. Su rostro pulcro y pequeño no era muy atrayente; tenía los labios largos, delgados y contraídos en un gesto de astucia; la nariz algo carnosa, y los ojos inteligentes, pequeños y de mirada aguda...

Yo estoy seguro de que en verano calza botines color uva cerrados por una hilera de botones de nácar.[12]

La indolente estulticia deja paso a lo demoníaco, a lo dramático y hasta a lo bufonesco, Falstaff al fondo:

—La razón por la cual el señor Kiríllov está hoy tan sombrío —dijo Liputin volviéndose cuando ya salía de la habitación y, por así decirlo, de pasada— es que acaba de enojarse mucho con el capitán Lebiadkin por causa de su hermana. El capitán Lebiadkin golpea día y noche a su bella hermana, que está loca. Parece que incluso

[11]. Iván Krylov (1769-1844), poeta ruso, autor de la fábula *El curioso.*

[12]. F. Mijáilovich Dostoiévski, *Demonios,* 1871.

> llega a utilizar un auténtico látigo cosaco. Por eso, para verse libre de todo, Aleksési Nilych (Kiríllov) ha alquilado una casita junto a la casa de ellos. Bueno, señores, hasta la vista.

Por mediación de Liputin y Kiríllov encontramos de nuevo a Stavroguin. A lo largo de la novela el personaje hace cosas, pero es ante todo depositario de fantasías y especulaciones de seres próximos y lejanos, comenzando por su propia madre Várvara y siguiendo por Stepán Trofimóvich y más tarde por Piotr Verjovenski. Solo en la adenda (La confesión de Stavroguin), llegamos a saber más sobre él.

Le toca el turno ahora a la trágica heroína de *Demonios* con un párrafo introductorio que bien podía haber sido escrito por Pushkin en sus relatos napoleónicos:

> No voy a describir la belleza de Lizaveta Nikolaievna. No se hablaba de otra cosa en toda la ciudad; a pesar de que algunas de nuestras damas y damiselas rechazaban indignadas ese parecer. No faltaban quienes la detestaban, en primer lugar, por su orgullo: los Drozdov apenas habían empezado a hacer visitas, algo que se tomaba a mal, si bien la culpa de su demora la tenía en realidad la indisposición de Praskovia Ivanovna. En segundo lugar, la odiaban por ser pariente de la mujer del gobernador; en tercer lugar, por sus paseos diarios a caballo.

Vital muchachita rusa que apenas roza lo cotidiano, cautiva en el seguro refugio de un asedado capullo.

Los sucesos se agolpan en el espacio temporal agobiante y estrecho que envuelve a Kiríllov, el altivo nihilista con ideas que presagian dramas:

> —Y ¿los ateos que no creen en el otro mundo?
>
> Volvió a quedarse callado.
>
> —Tal vez lo juzga por usted mismo…

—Todo el mundo tiene que juzgar por si mismo —dijo con rabia—. La libertad será completa cuando dé igual vivir que no vivir. Esa es la meta para todos.

—Pero entonces podría no querer vivir nadie...

—Nadie —afirmó sin vacilar.

—El hombre teme la muerte porque ama la vida, así lo entiendo yo y así lo ha ordenado la naturaleza.

En el diálogo con Stavroguin Kiríllov queda preso de una insólita cadena asociativa: dolor-suicidio-ateísmo-libertad, en secuencia delirante, que se detiene y concentra ante el Dios que pretende negar:

—Habrá un hombre nuevo feliz y orgulloso. A quien le dé lo mismo vivir o no vivir; ese será el hombre nuevo. El que conquiste el dolor y el terror, él mismo será un dios. Y el otro Dios ya no será.

—Así pues, en su opinión, ¿ese otro Dios existe?

—No existe, pero es. En la piedra no hay dolor, pero sí lo hay en el horror de la piedra. Dios es el dolor producido por el horror a la muerte. Quien conquiste el dolor y el horror llegará a ser Dios. Entonces habrá una vida nueva, un hombre nuevo, todo será nuevo. Entonces la historia se dividirá en dos partes: desde el gorila hasta la aniquilación de Dios y desde la aniquilación de Dios hasta...

—¿Hasta el gorila?

—Hasta la transformación física de la tierra y el hombre.

Dios *es* y por lo tanto posee las características de lo estático. «Dios es el dolor producido por el horror a la muerte». Dios duele y a través del dolor se aproxima el fantasma de la eterna separadora: la muerte.

Una anticipación de Nietzsche y de su *Zaratustra* y una versión distinta del hombre nuevo de Chernishevski. «Dios no existe, pero es» y nos asombra. Posee la densa inexistencia del fantasma.

Kiríllov prosigue, arrasador, con su teoría del suicidio:

—Da lo mismo. Matarán el engaño. Todo el que quiera la libertad suprema debe tener el atrevimiento de matarse. Quien se atreva a matarse habrá descubierto el secreto del engaño. Más allá de eso no hay libertad; ahí está todo; más allá no hay nada. Quien se atreve a matarse es un dios. Ahora cualquiera puede hacer que no haya Dios y que no haya nada. Pero nadie lo ha hecho hasta ahora.

—Ha habido millones de suicidas.

—Pero no ha sido por eso; ha sido por terror y no por eso; no ha sido para matar el terror. Quien se mate solo por eso, para matar el terror, llega en ese instante mismo a ser Dios.

Ideas que coinciden con el hondón nihilista del autor. *Demonios* no es solo una crítica acerba de esta doctrina en el plano social, sino también un descenso al infierno psíquico propio del escritor, que a su vez da fe de los demonios interiores que nos acechan. El Dostoievski político deviene en el Dostoievski psicólogo: «Hay otros mundos, pero están en este», como escribió el poeta surrealista Paul Éluard.

Momento dialógico Stavroguin-Kiríllov mientras el suicidio acecha. La novela enseña dos formas de enfrentarlo.

—Por supuesto, comprendo el por qué de pegarse un tiro —empezó Nikolái Vsevolódovich—. Yo también pensé en ello alguna vez, pero siempre vino a interponerse alguna nueva idea. Si comete uno una villanía o, más aún, algo vergonzoso, es decir, una estupidez, solo que muy ruin y... ridícula, de la que la gente se acuerda mil años con repugnancia, y de pronto piensa uno: «Un tiro en la sien y nada más».

—¿Llama usted a eso una nueva idea? —preguntó pensativo Kiríllov.

—No, yo... no llamo..., pero cuando la tuve en el pasado sentí que era una nueva idea.

—¿Ha sentido una idea? —dijo Kiríllov—. Esto está bien. Hay muchas ideas que siempre y de pronto resultan nuevas. Eso es cierto. Yo ahora veo muchas cosas como por primera vez.

El suicidio da pie a una disquisición religiosa en un a modo de ensayo de lo que después será *La leyenda del Gran Inquisidor:*

—Aquel que enseñe que todos son buenos terminará con el mundo.
—Quien lo enseñó fue crucificado
—Vendrá y su nombre será el de Hombreydios.
—¿Dios y hombre?
—Hombre y dios, ahí está la diferencia.
—¿Ha sido usted quien ha encendido la lamparilla?
—Sí, la he encendido yo.
—¿Con fe?...
—¿Usted no reza?
—Yo le rezo a todo. Vea a esa araña que trepa por la pared; yo la miro y le doy las gracias por trepar...
—Apuesto a que a la próxima vez que venga creerá en Dios.
—¿Por qué?...
—Si usted supiera que cree en Dios creería en Él; pero, como todavía no lo sabe pues no cree —dijo Nikolái Vsevólodich riéndose.

Rezar no es creer. La duda da pie a rezos continuos. Kiríllov muestra su comunión con la existencia de la araña como exponente de todo lo vivo.

La libertad está limitada por el engaño.

Continúa el desfile de personajes que tejen progresivamente una red de vínculos. Conocemos a Lebiadkina de la mano de Shátov:

Mademoiselle Lebiadkina a la que ansiaba ver, estaba en un rincón de la segunda pieza. Tranquila y callada, sentada en un banco, junto a una mesa de tablas. No reaccionó cuando abrimos la puerta...

A la triste luz de la delgada vela que había en una palmatoria de hierro pude vislumbrar a una mujer de unos treinta años, de una delgadez enfermiza, que llevaba un vestido de algodón viejo y

> oscuro con el largo cuello al descubierto y los ralos cabellos morenos recogidos en la nuca en un moño tan pequeño como el puñito de un crío de dos años. Nos miraba con considerable alegría; además de la palmatoria, tenía en la mesa, delante de ella, un pequeño espejo rústico, una baraja vieja, un ajado libro de canciones y un panecillo blanco alemán al que ye había dado un par de mordiscos.

Era desigual y coja. Su mundo, la antítesis del de Lizaveta Pocos y expresivos trazos para presentar el entorno de María Timofeyevna Lebiadkina. Su cosmos religioso: la Gran Madre Tierra; los insignificantes objetos que la rodean y su apariencia hablan por ella mejor que cualquier confesión que hubiera hecho.

María da pie para abordar a Stavroguin y a sus ocultas felonías. La madre —Várvara— sin preámbulos, le lanza la pregunta:

> —Nikolái Vsevolódovich —repitió, recalcando su nombre con voz firme en la que vibraba un reto amenazador—, te ruego que digas ahora mismo y sin moverte de ese sitio, si es verdad que esta coja infeliz (ahí la tienes, está ahí, mírala), si es verdad que es… tu esposa legítima.

La respuesta se hace esperar; Stavroguin ignora a su madre y se dirige ahora, con dulzura, a María:

> —No olvide que es usted doncella y que yo, aunque su amigo más fiel, no dejo de ser para usted un extraño: ni marido, ni padre, ni prometido. Deme la mano y nos iremos. La acompañaré hasta el coche y, si me lo permite, la llevaré a su casa.

Calmosa e impersonal malevolencia, desdén hacia las dos mujeres.

Los encuentros se suceden: le toca el turno a la entrevista Stavroguin-Shátov, sus vidas se entrecruzan y preparan el próximo desenlace.

—¿Me agredió por los amoríos que tuve con su mujer?

—Entonces, adiviné y usted adivinó —prosiguió Stavroguin en tono tranquilo.

—Tiene usted razón. María Timofeyevna Lebiadkina es mi esposa legítima, con la que me casé en Petersburgo hace cuatro años y medio. ¿Fue por ella por la que me agredió?...

Shátov enrojeció y murmuró casi incoherente:

—Lo hice por su caída... lo hice por su mentira. No me acerqué a usted para castigarlo. Cuando lo hice no sabía que iba a agredirlo... Lo hice porque usted había significado tanto en mi vida... yo...

—Lo entiendo, ahórrese las palabras.

La impudicia de Stavroguin confunde a Shátov

Stavroguin, en un puntual arranque generoso, advierte a Shátov de que puede ser asesinado:

—Piotr Verjovenski ha venido, entre otras cosas, para resolver su caso definitivamente, para lo cual tiene plenos poderes; se propone, en concreto, liquidarle en el momento oportuno, por ser usted alguien que sabe mucho y podría delatarlos ...

—No es más que una chinche, un ignorante, ¡un payaso que no entiende una palabra de Rusia! —exclamó Shátov con rabia.

—Usted no lo conoce. Es verdad que esa gente, en general, sabe muy poco de Rusia, pero posiblemente solo algo menos que usted y que yo; y además Verjovenski es un entusiasta.

—¿Un entusiasta Verjovenski?

—Oh sí. Hay un punto en el que deja de ser un bufón y se convierte en... en un enajenado. Le ruego que recuerde su propia frase: «¿Sabe lo poderoso que puede ser un solo hombre?» No se ría, por favor, es muy capaz de apretar el gatillo.

El diálogo recae en la religión, la eterna perseguidora:

[Shátov]

—¿Se acuerda usted de su expresión? «Un ateo no puede ser ruso; un ateo por el mero hecho de serlo deja de ser ruso». ¿Lo recuerda?

—¿Eso dije? —preguntó a su vez Nikolái Vsevólodich—. El socialismo, por su propia naturaleza, es una forma de ateísmo, pues ha proclamado desde el primer momento que es una institución atea y que se propone organizarse exclusivamente sobre la base de la ciencia y de la razón...

—Una señal de la decadencia de las naciones es que sus dioses empiecen a ser comunes... Cuanto más poderoso es un pueblo, más exclusivo es su dios. Nunca ha existido un pueblo sin religión...

—¿Qué es eso de que reduzco a Dios a un atributo de la nacionalidad? —gritó Shátov—. El ateísmo, que ahora llaman socialismo, eso se ha debido únicamente a que el ateísmo, al fin y al cabo, es más sano que el catolicismo romano.

La excitación o, por mejor decir, la desesperación de Shátov va en aumento; Stavroguín hurga en la herida con esta estocada decisiva:

—Nikolái Vsevólodich —lo miró con severidad—, solo quería saber una cosa: ¿usted cree en Dios o no?

—Yo creo en Rusia, creo en su ortodoxia. Creo en el cuerpo de Cristo. Creo que el nuevo advenimiento ocurrirá en Rusia... Creo... —farfullo Shátov, con frenesí.

—Y ¿en Dios? ¿En Dios?

—Yo creeré en Dios.

Inquietante futuro, incierto porvenir. La incisiva pregunta de Stavroguin desata las más recónditas emociones.

Ahora es Shátov quien interroga a Stavroguin:

—¿Es vedad que usted ha declarado que no existe ninguna diferencia en lo que respecta a la belleza, entre un acto voluptuoso

> y bestial y una grandiosa hazaña, incluido el sacrificio de una vida por el bien de la humanidad? ¿Es vedad que encontraba usted la misma belleza, idéntico placer, en ambos extremos?
>
> —No quiero contestar —balbuceó Stavroguin.

Shátov resume así gran parte del credo dostoievskiano, solo que en su caso está acompañado de la desesperación.

«El Festival» (Capítulo V) marca el punto álgido del relato. Todo se suma, se relaciona, se complica, culminando en una suprema escena dramática.

El tejido, minuciosamente trabajado, está presto: Piotr Stepánovich gana ascendiente sobre Iulia Mihailovna, esposa del gobernador. El festival proyectado pretendía congregar a las clases sociales más dispersas en una imposible Arcadia. Antes Dostoievski había tratado la utopía a una escala menor.

Entre tanto, la buena sociedad se despereza de su secular aburrimiento en una siniestra y desenfadada escena de *voyeurs,* ignorando que serán las víctimas:

> Cuando la expedición, cerca ya del puente, llegó a la altura de un hotel local, nos informaron de que en una de las habitaciones habían encontrado a un huésped que se había pegado un tiro, y estaban esperando a la policía. De inmediato alguien propuso entrar a ver al suicida. La propuesta fue muy bien acogida, nuestras damas nunca habían visto uno. Recuerdo que lo primero que comentó una de ellas, en voz alta, fue que es todo tan aburrido que «no hay que ser escrupulosos con las diversiones, siempre que sean interesantes».

El suicidio que sobrecoge, el suicidio como expresión postrera del libre albedrío y ahora, el suicidio como interesante diversión.

Comienza el drama sobre el fondo de una evanescente curiosidad:

> En esa fábrica acababa de estallar el llamado «caso Shpigulin», que tantos comentarios había despertado entre nosotros y del que se

hicieron eco, con toda clase de variantes, los periódicos capitalinos. Unas tres semanas antes, un obrero había caído enfermo y había muerto de cólera asiático. Después habían contraído la enfermedad varios individuos más. En la ciudad todo el mundo se asustó. Porque el cólera procedía de la provincia vecina.

Las páginas siguientes se dedican a la artera denuncia contra Shátov, que Piotr Stepánovich hace a Andréi Antonóvich von Lembke, gozando a un tiempo de su huera petulancia.

—Escuche, usted me da a Shátov, y que el diablo se lleve a todos los demás, incluso a Kiríllov, que se ha encerrado ahora en casa de Filipov, donde también vive Shátov escondido. No me tienen ningún aprecio por haber regresado... pero prométame que me va a dar a Shátov y yo le entrego al resto servido en bandeja. ¡Le seré muy útil, Andréi Antónovich! Todo ese miserable grupo calculo que no pasará de nueve o diez personas.

Se descubre la condición demoníaca, hasta ahora oculta, de Piotr Stepánovich. Entre tanto, la trama, de apariencia dispersa pero perfectamente urdida, se va resolviendo en múltiples encuentros que la matizan, como el de Stepánovich con Karmazínov, donde este último queda malparado. Hombre vacuo, sin importancia, sometido a la autocomplacencia mezquina de sus escritos se ve rebasado por los hechos.

Después y en abrupto contraste, la conversación Stepánovich-Kiríllov, sobre el proyecto de suicidio de este y su posible utilidad para los planes de la Sociedad subversiva:

—A la Sociedad se le ocurrió —prosiguió en el mismo tono de voz— que podría serle útil suicidándome, y que cuando usted armara aquí un escándalo y las autoridades buscaran a los responsables, yo de pronto me pegaría un tiro y dejaría una carta en la que me declararía culpable, de modo que no sospecharan de usted durante todo un año.

La confrontación Piotr Stepánovich-Stavroguin da pie a toda una exhibición cínica, esta vez a propósito del socialismo que se propaga a través de lo sentimental. Pero al mismo tiempo, se añade esta inquietante reflexión:

> Todo eso de los rangos y el sentimentalismo; todo eso es un buen engrudo, pero hay algo todavía mejor: convenza a cuatro miembros de un círculo de que despachen a un quinto, con la excusa de que es un soplón, e inmediatamente los tendrá a todos atados. Hechos un nudo con la sangre derramada. Se convertirán en sus esclavos, no se atreverán a rebelarse ni a pedirle cuenta. ¡Ja, ja, ja!

Y las disquisiciones se extienden a los asuntos más diversos:

> No tendrían qué comer. El invento del feminismo es algo que los mismos hombres han echado a correr y no advierten que es en perjuicio propio. ¡Agradezco al cielo no estar casado! Ellas no tienen ni la más básica de las habilidades, para confeccionar un vestido tienen que copiar el molde de algún modelo diseñado por un hombre.

A la manera de una nueva Comuna de París, la llama purificadora: «¡Fuego! ¡El barrio al otro lado del río está ardiendo!» Las llamas quieren resolverlo todo.... «¡Es fuego intencionado! ¡Los obreros de Shpigulin!».

Lembke, en pleno descontrol, decía las cosas más extrañas ...

> —¡Es un incendio intencionado! ¡Esto es nihilismo! ¡Si algo arde, es nihilismo! —le oí gritar, casi con espanto; y aunque ya no había de qué asombrarse, la realidad siempre tiene algo de chocante

Todo lo adverso es nihilismo en la mente de von Lembke. Pero el entorno se obstina en mostrar otras caras:

> De pronto vi que detrás de ella se alzaba una mano y se descargaba sobre su cabeza; Liza cayó al suelo. Mavriki Nikoláievich soltó un grito espantoso, se lanzó en su ayuda y golpeó con todas sus fuerzas al hombre que se interponía entre Liza y él....

La agonía de Liza junto al abrupto derrumbe hacia una realidad hasta entonces desconocida:

> La multitud se abrió y formó un pequeño círculo alrededor de Liza, que seguía tendida, mientras Mavriki Nikoláeivich de pie a su lado cubierto de sangre, fuera de sí, gritaba, lloraba y se retorcía las manos. No recuerdo con toda exactitud lo que ocurrió a continuación solo que de pronto se llevaron a Liza. Corrí tras ella; todavía estaba viva y, posiblemente, todavía consciente.

El mundo se abre con un tétrico relámpago:

> —¡Oh sí, vámonos de aquí cuanto antes! ¡No me abandone! —y ella misma lo cogió de la mano.
>
> Y tiró de él—. Mavriki Nikolaievich —de pronto bajó la voz intimidada—, ahí dentro me hacía la valiente, pero aquí tengo miedo a la muerte. Voy a morir, voy a morir muy pronto, pero tengo miedo, tengo miedo de morir... —susurraba, apretándole la mano con fuerza.

Miedo a la muerte que se avecina, a la muerte concreta, no a la efusión liberadora que anuncia Kiríllov. Descubrimos diversas clases de muerte: la muerte metafísica, la muerte heroica, la muerte transcendente, la muerte liberadora y la muerte concreta e irrepetible, la de cada uno. Ese final que resulta inimaginable hasta que se muestra.

Mientras tanto, Stavroguin se sitúa más allá del bien y del mal porque la libertad le coloca por encima de los absolutos, él mismo es ya casi un absoluto más.

El placer, su placer, domina la escena. Goce sin culpa, sin remordimiento: «Puedo desear hacer una acción buena y sentir placer. Pero, a la vez, puedo desear igualmente realizar una acción mala y sentir igual placer».

Como contraste, algo cálido en el catártico encuentro de Shátov con María, la efímera esposa:

> Y le dirigió una larga mirada de cansancio, de extenuación. Shátov estaba frente a ella, al otro lado del cuarto, a cinco pasos, escuchando tímidamente, pero con un aire renovado, con una expresión radiante en la cara. Este hombre fuerte y rudo, siempre con el pelo erizado, se ablandó y se iluminó de pronto. Algo insólito, completamente inesperado, se agitaba en su espíritu. Tres años de separación, tres años de ruptura matrimonial, no habían desterrado nada de su corazón. Y es posible que todos los días, en esos tres años, hubiera soñado con ella, con la criatura amada, que una vez le había dicho: «Te quiero».

Una nueva y entrañable versión del deforme Quasimodo, ahora convertido en un ser tosco y primario y a la vez el idealista imposible, el más acabado ejemplo de chivo expiatorio. Shátov iba a cargar con su propia muerte en la demoniaca conjura urdida a medias por corifeos maquiavélicos e insensatos movidos por los más ciegos impulsos.

La elemental realidad le invade de golpe:

> —Marie, Marie... —Shátov creía de veras que se estaba volviendo loca.
>
> —Pero, de verdad, ¿no ve usted que estoy sufriendo los dolores del parto? Se incorporó y le dirigió una mirada de rabia terrible, enfermiza, que le desfiguró el rostro, maldita sea de antemano esta criatura.
>
> —María...
>
> —Pero ¿por qué no lo has dicho desde el principio? De pronto se rehízo y con enérgica resolución cogió su gorra.

> En esas se oyó un grito, nuevo grito, que hizo que Shátov se estremeciera y se pusiera en pie de un salto: el grito débil y quebrado de un recién nacido.
>
> Se persignó y corrió a la habitación, en los brazos de Arina Projórovna un pequeño ser colorado y cubierto de arrugas gritaba y agitaba su diminutos brazos y piernas; era una criatura indefensa.

Algo recuerda en el sórdido asesinato que se avecina a la conjura de Bruto contra César, salvo que Shátov no persigue el poder. Es la empresa de un grupo mediocre que afronta un hecho que le rebasa, es la ruda prueba con que le desafía. La tenebrosa realidad.

El plan está ultimado:

> Ayer todo quedó dicho y mascado abiertamente con precisión.
>
> Pero por lo que veo por sus caras, es posible que alguien quiera decir algo; en ese caso, ruego brevedad qué demonios, que queda poco tiempo y Erkel puede traerlo en cualquier momento.

Shigáliov interviene:

> Después de meditar, he llegado a la conclusión de que el asesinato propuesto no solo es una pérdida de tiempo, un tiempo precioso que podía ser empleado de un modo más esencial e inmediato, sino que por encima de todo representa esa desviación perniciosa de la senda corriente que siempre ha perjudicado gravemente a nuestra causa.

El desenlace:

> Ahora se sabe con todo lujo de detalles cómo ocurrió aquel horrible episodio. Primero Lipunton se encontró con Erkel y Shatov a la entrada de la gruta. Shátov no lo saludó con un gesto ni le ofreció la mano, sino que se apresuró a decir en voz alta:

—A ver ¿dónde hay una pala? ¿No hay más farol que esté? Y no se preocupe que por aquí no hay nadie y ahora mismo en Skvoréshniki, aunque disparásemos con un cañón, tampoco oiría nada. Es justo aquí, aquí mismo, exactamente en este lugar... Y de hecho dio una patada en el suelo a diez pasos del extremo posterior de la gruta del lado del bosque. En ese mismo instante salió Tolkachenko de detrás de un árbol y saltó sobre él, mientras que Erkel lo sujetaba de los codos por detrás. Liputin se abalanzó sobre él por delante. Entre los tres le derribaron al momento y lo inmovilizaron en el suelo. Fue entonces cuando apareció Piotr Stepánovich con su revolver. Cuentan que a Shátov le dio tiempo de volver la cabeza y que llegó a verlo y reconocerlo... Piotr Stepánovich, con firmeza y precisión, le puso el revólver en la frente y apretó el gatillo a bocajarro.

La muerte fue casi instantánea.

Despojos que parecen cobrar vida, reclamando nuestra atención ante la desoladora presencia de la muerte.

¿Dónde paran las recatadas objeciones de Virguinski, el aseado funcionario?, ¿dónde las prédicas que iban a salvar al mundo del huido Shigáliov?, ¿dónde la vida, abrasada por el pistoletazo de Verjovenski?

Virguinski se puso de pronto a tiritar. Juntó las manos y exclamó a voz en cuello con amargura:

—¡No es esto, no es esto! No es esto, ¡de ninguna manera!

Posiblemente habría añadido algo más a esa queja tardía, pero Liamshin no le dio ocasión de terminar, súbitamente, lo agarró por detrás con todas sus fuerzas y lo estrujó, con un alarido inverosímil. Hay momentos de intenso pánico, como, por ejemplo, cuando alguien grita con una voz que no es la suya, sino con otra que nadie habría imaginado antes y eso en ocasiones resulta aterrador. Liamshin no había gritado con voz humana, sino animal.

Virguinski se asustó hasta tal punto que empezó a gritar como perturbado…

Finalmente, Erkel le ayudó a librarse de Liamshin…

—Sí que es raro —dijo Piotr Stepànovich, mirando al enajenado con sorpresa alarmada—. No me esperaba esto de él —añadió pensativo.

Es el grito de Raskólnikov, el alarido de Dimitri Karamázov, el aullido primordial de la naturaleza que se despereza indiferente.

Verjovenski visita a Kiríllov:

—¡Ha muerto! —exclamó Kiríllov saltando del sofá.

—Hoy pasadas las siete de la tarde o, mejor dicho, ayer, pasadas las siete de la tarde, porque ahora ya es casi la una.

—¡Tú lo has matado! … Y ¡yo lo preví ayer!

La religión y el libre albedrío vuelven con el destemplado sonido de una noria insensible. Kiríllov insiste en la idea que concita todas sus energías:

Y reitera:

—Si no hay Dios, yo soy Dios.

—Precisamente nunca he podido comprender ese punto suyo: ¿Por qué es usted Dios?...

—Estoy obligado a pegarme un tiro, porque el grado más pleno de mi albedrío es matarme.

—Pero no es usted el único que se mata, hay muchos suicidas.

—Con un motivo. Pero sin ningún motivo solo yo… Yo soy el único en la historia universal que por primera vez no ha querido inventar a Dios.

Y más añade, entre clarividente y mesiánico:

—Para mí no hay idea más elevada que la de que no hay un Dios. La historia humana está de mi parte. El hombre no ha hecho más que inventar a Dios para vivir sin tener que matarse; en eso consiste toda la historia universal hasta ahora. Yo soy el único en la historia universal que por vez primera no ha querido inventar a Dios. Que se sepa de una vez para siempre.

Estas reflexiones, venidas de tan lejanas tierras, debieron causar un gran impacto en Nietzsche.

Verjovenski es un *nihilista del acto*, un *fanático* que no deja resquicio a la culpa. Un ser destructivo que solo encuentra paz en la acción. Kiríllov es un *nihilista de la idea* y esa misma idea acaba por matarle. El poder de Verjovenski reside en la capacidad de destruir; la fuerza de Kiríllov consiste negar a Dios, en desmitificar y relativizar a la muerte, en despojarla de su tradicional solemnidad.

Se acerca el prosaico final: «Con los pies apuntando al rincón de la derecha, yacía el cadáver de Kirillov. Se había disparado el tiro en la sien derecha».

Le toca el turno ahora al iluso Stepán, que semeja al dinosaurio solitario postrer testigo de un mundo que se agoniza. Sus reflexiones finales bien merecen compararse con las de Kiríllov:

Necesito la inmortalidad porque Dios no querrá cometer la injusticia y apagar por completo la llama de amor por Él que ha prendido en mi corazón. Y ¿qué puede haber más precioso que el amor? El amor está por encima de la existencia, el amor es la corona de la existencia, y ¿cómo es posible que la existencia no se incline ante él? Si he llegado a Dios y me regocijo en mi amor, ¿es posible que Él apague mi vida y mi alegría y me devuelva a la nada? ¡Si hay un Dios yo también soy inmortal! *Voilà ma profession de foi.*

Stepán Trofimóvich, desencanto y esperanza, falleció tres días más tarde. Que el francés asedado sea la lengua de sus exequias.

Las muertes se suceden, cumplido ya el destino para el que estos seres fueron creados. Primero será María Ignatievna, mujer de Shátov y amante de Stavroguin: «A mediodía tuvo un síncope del que ya nunca salió y falleció tres días después. El niño había sufrido un enfriamiento y había muerto antes que ella». Vienen a unirse al asesinato de la mujer de Stavroguin y a la muerte de Liza. Queda al final el sinsentido de la sociedad secreta, de cortas miras y de impensables reacciones.

Los conspiradores serán capturados.

El fin de Stavroguin:

> El ciudadano del cantón de Uri colgaba justo detrás de la puerta. En una mesilla había un pedazo de papel con estas palabras escritas a lápiz: «No se debe culpar a nadie, he sido yo». Allí mismo, en la mesilla había un martillo, un trozo de jabón y un clavo grande, aparentemente de repuesto. La recia cuerda de seda de la que colgaba Nikolái Vsevodovich, evidentemente escogida y preparada de antemano, estaba embadurnada de jabón. Todo indicaba premeditación y plena conciencia hasta el último momento.

Llega así la desolada conclusión de la novela tal y como se publicó en 1873.

5. *Apéndice con Tijon*. La confesión de Stavroguin

El apéndice de este extenso escrito fue hallado en 1921 entre los papeles de Ana Grigorievna;[13] muestra que el personaje Stavroguin estaba lejos de agotarse y es en él donde Dostoievski despliega toda su maestría en el análisis psicológico. En realidad, su sombra se

[13] Utilizamos aquí la primera versión castellana de 1923 traducción de Torralba Beci, Madrid, Librería Renacimiento.

desliza en novelas posteriores: en *El adolescente* y, sobre todo, en *Los hermanos Karamázov.*

El autor deseaba situarlo tras el capítulo VIII. En sus páginas aparece el obispo Tijon, que se asomará de nuevo en *Los hermanos Karamázov,* ahora como el padre Zósima.

Nikolái Vsevolódovich se entrevista con él en una atmósfera de cautela. Siguen a continuación unas páginas de mutuo examen: recelo y desconfianza en Stavroguin, cauta espera en Tijon.

En el curso de la larga conversación aparecen los demonios, como negativo de Dios:

> —¿Pero es posible creer en el demonio sin creer por completo en Dios? —preguntó Stavroguin riendo.
>
> —Enteramente posible. Ocurre muy a menudo. —Tijon levantó la vista y también se sonrió.

Mientras el diálogo se mantiene en el terreno de lo negativo Stavroguin se siente cómodo y en un momento dado ambos se confiesan amor mutuo. Ese sentimiento enfurece a Stavroguin, el hombre que se goza en la maldad. El odio defiende del amor y se siente vulnerable más allá de ese sentimiento.

Una carta, a modo de confesión, a la manera de testamento, protagoniza transitoriamente el drama. La misiva le salva del contacto directo, un reconocimiento que se envía a ninguna parte. Comienza con el relato de su vida licenciosa como oficial del ejército en situación de retiro.

Tras esta introducción se abre paso el suceso central, relatado con un talante sadomasoquista, de una inconfesable etapa de su vida:

> Yo me quedaba solo con la hija, que por su aspecto era todavía muy niña. Se llamaba Matriosha. Su madre la quería, pero le pegaba a menudo y, según costumbre de esa gente, le chillaba a más y mejor. Me servía de criada y me hacía la cama detrás de un biombo.

Un inocente extravío da pie a que se desboquen las frustraciones de una madre injusta, la malévola naturaleza del *voyeur* y el pesado y acusador silencio de la niña:

> Un día eché de menos en mi mesa un cortaplumas que no necesitaba para nada y que no dejé allí por ninguna razón particular. Pero la patrona, que había estado regañando a la muchachita por la pérdida de un trapo, pensando que lo había robado la había tirado del pelo. Cuando el trapo fue hallado bajo el mantel, la muchacha no dijo una sola palabra de queja y se limitó a mirar a su madre en silencio. Yo lo noté, y fue cabalmente entonces cuando por vez primera vi bien su rostro, en el que apenas había reparado hasta entonces. Era rubia y pecosa, de rostro común y corriente, pero con algo muy infantil y agradable, sumamente agradable.

La niña que, sin duda, había madurado de manera precoz por los malos tratos, recupera bajo la mirada de Stavroguin los rasgos infantiles, su rostro pecoso, el poso de la inocencia y por un momento le inspira una cálida ternura. Pero, todo es apenas un chispazo luminoso entre las tinieblas que se avecinan:

> Entonces esperé dos días. La muchacha, después de haber llorado, se volvió más taciturna que antes [...], me levanté y me fui acercando a ella con sigilo. En sus ventanas había macetas con geranios y brillaba un sol cegador. Me senté en el suelo a su lado, sin hacer ruido. Se sobresaltó y, con un susto de muerte, se puso en pie de un brinco. Yo le cogí la mano y se la besé en silencio, la hice sentar de nuevo en la banqueta y empecé a mirarla a los ojos. Que le besara la mano hizo que le diera la risa, pero solo por un segundo, porque de inmediato volvió a levantarse de un salto impetuoso, y tan asustada que un espasmo le contrajo la cara. Se quedó mirándome con los ojos fijos por el terror y empezó a fruncir los labios como si estuviera a punto de echarse a llorar, pero no lloró. Yo volví a besarle la mano, me la senté en las rodillas y le besé la cara y los pies. En ese momento trató de zafarse de mí y sonrió como si

> le diera vergüenza con una sonrisa burlona y se ruborizó hasta ponerse completamente colorada. Yo le susurré algo. Finalmente, sin transición, ocurrió algo extraordinario que nunca podré olvidar y que me dejó completamente desconcertado, la chiquilla me echó los brazos al cuello y empezó a besarme apasionadamente. En su rostro se reflejaba el éxtasis más completo. A punto estuve de levantarme e irme, por pura lástima: tan desagradable me parecía esa conducta en una cría tan pequeña. Pero me sobrepuse al repentino sentimiento de terror y me quedé. Cuando todo hubo acabado, parecía confusa. Yo no intenté tranquilizarla ni seguí acariciándola. Ella me miraba sonriendo con timidez. De repente, me pareció que tenía cara de estúpida…
>
> Temí que volviera a entrarle pánico, como poco antes y sigilosamente me marché de la casa

El viscoso miembro que penetra en la insuficiente criatura. Miedo y deseo unidos ante la incertidumbre de lo que se aproxima. Placer y depravación o, mejor dicho: el placer en la depravación. La embriaguez de violar, el poder de violar. No falta nada: la atracción, el pánico, una fugaz sonrisa, unas palabras al oído, que valen más como caricia. La violencia en su punto justo y al final «aquellos brazos al cuello».

> Esa noche, en mi cuarto, llegué a odiarla hasta el extremo de resolver que la mataría. El motivo principal de mi odio era el recuerdo de su sonrisa. Empecé a sentir desprecio e intensa repugnancia al recordar cómo después de lo ocurrido se había metido en el rincón y tapado la cara con las manos; me dominaba una rabia inexplicable a la que siguieron escalofríos; y cuando al alba empecé a sentir fiebre, volvió la sensación de espanto, pero tan aguda que no he conocido tormento más intenso. Ahora bien, ya no odiaba a la muchacha; al menos no llegué al paroxismo de la noche antes.

Asombra la retorcida forma que adopta el remordimiento. La fiebre ocupa el lugar reservado a la reparación del daño. El recuerdo se diluye en el té sempiterno, la conciencia se esfuma con el alivio temporal de una partida de cartas. «Tres horas después estábamos todos tomando té en nuestras habitaciones, en mangas de camisa y jugando a las cartas con una baraja vieja».

La tragedia se desploma como del rayo: «Ya estaban para dar las once cuando entró corriendo la hijita del portero con un recado para mí de la calle Gorohovaya: Matriosha se había ahorcado».

«La mansa» había puesto fin a su silenciosa existencia arrojándose por una ventana, ahíta ya del lugar que le había sido reservado por su condición de mujer. Matriosha paga con su muerte el instante de placer que le ha sido robado a su cuerpo.

> Observé que en esos días en que no había tenido ocasión de verla de cerca, había adelgazado muchísimo Tenía la cara chupada y un aspecto indudablemente febril, Sus ojos más grandes que antes, estaban fijos en mí y muy abiertos con una expresión de curiosidad embobada.

Se recrea en la imagen infantil:

> Vi a Matriosha, enflaquecida, con ojos febriles, exactamente igual que entonces, cuando estaba en el umbral de mi cuarto y, meneando la cabeza, me amenazaba con su puño diminuto. ¡Y nada me ha sido tan doloroso como aquello! La desesperación patética de una criatura indefensa de diez años, de mente aún informe, que me amenazaba (¿con qué? ¿Qué podía hacerme a mí?), pero que, por supuesto, se culpaba solo a sí misma. Nunca me había sucedido nada semejante. Estuve sentado, sin moverme, hasta que llegó la noche y perdí la noción del tiempo. ¿Es eso lo que llaman remordimiento de conciencia o arrepentimiento? No lo sé, ni ahora puedo decirlo.

Matriosha cree «haber matado a Dios», un ente que mira para otro lado mientras asesina su inocencia.

Aquí acaba lo esencial del documento.

La carta omitida por una censura pacata resume con mano maestra las entrecortadas vivencias de un ser que se resiste a una aproximación lineal. Stavroguin, hombre de contrastes, de natural reservado, roza el exhibicionismo y se complace en él, escondido tras una fría indiferencia. Se recrea en el fangal de la inmundicia que el mismo ha creado.

«Cuan presto se va el placer, cómo una vez acordado da dolor...», un eco del siglo XV. Tras el éxtasis orgiástico, tras la violación salvaje de Matriosha, la niña indefensa, sobreviene un sufrimiento que no reclama la reparación, sino que abre las puertas a un nuevo goce. Masoquismo,[14] pero también sadismo, en inusitada armonía, en inseparable complicidad. El propósito es quebrar al ser, destruir o ser destruido en una diabólica alternancia. A la madre de Matriosha «no le gustaba que la niña no se quejara de que la habían pegado por nada»; el pequeño ser frustraba su torpe sadismo, la sumía en la impotencia. Mientras, Stavroguin se refocila en la contemplación de la injusticia y más tarde recuerda: «Toda situación, inusitada vergonzosa, degradante, cobarde y, sobre todo ridícula, que me ha ocurrido, produjo constantemente en mí, junto a una extrema angustia, una delicia increíble» (Dostoievski, 1923, p. 60).

Para *distraerse*, para ahondar en la inmundicia, Stavroguin comete un mezquino robo, Lebiadkin es la víctima. Poco a poco, una discreta pátina de villanía lo recubre todo.

La escena podría haber quedado reducida a la dramática violación de una niña inocente, de un *ángel sin sexo*, pero Dostoievski va mucho más allá y enfrenta al perverso Stavroguin con una naciente púber en el estallido inesperado de su propia sexualidad.

Su canon moral se proyecta: matando a Matriosha destruye a su propia conciencia.

14. Justamente en esta época, en la obra de Sacher-Masoch *La venus de las pieles* (*Venus im Pelz*, 1869/70) figura por primera vez el término masoquismo.

Pronto vuelve el sexo del *bon vivant* como un narcótico. El reparador encuentro con Nina es cordial, desenfadado, pero no disipa las sombras que le acosan.

Al tiempo, Matriosha enferma y en su delirio afirma que «ha matado a Dios».

> Sé que puedo echar de mí el pensamiento de Matriosha, aún ahora, siempre que lo necesite. Soy tan completamente dueño de mí mismo como siempre. Pero todo está en que nunca he necesitado hacerlo. Así seguirá hasta que me vuelva loco.

Su torpe y demorado suicidio en nada se parece al de Kiríllov. Tampoco su locura semeja a la que más tarde se apoderará de Iván Karamázov. El mundo del subsuelo aniquila a Stavroguin, la muerte convierte en imposible el sueño de Kiríllov, el frustrado devaneo de un superhombre.

La nada se disipa con un simple cordón de seda, la horca une en un postrer abrazo al hombre y a la niña vulnerada. El demonio une lo que debía permanecer separado.

CAPÍTULO IX

LOS HERMANOS KARAMÁZOV: PARRICIDIO Y NIHILISMO

CRISTO ACECHA

(Братья Карамазовы), Brátya Karamázovy

El drama es un conflicto de conflictos.
COPEAU

Hay dos formas de estudiar filosofía:
leyendo a Aristóteles y a Kant, o leyendo a Dostoievski y a Kafka.
Con el paso de los años, prefiero la segunda opción.
J.C. MÈLICH

La civilización ha creado, sino a un hombre mas sangriento, a un
hombre más cruel y peor que antes.
DOSTOIEVSKI

1. LA LUMINARIA SE EXTINGUE. EL TRÁNSITO HACIA LA INMORTALIDAD

Yo seguiré.
LEONARDO DA VINCI

Es el momento del balance. Tras una intensa juventud sin gran esparcimiento, bajo la sombra de un padre temible, se abre camino en San Petersburgo hacia una agitada vida. Llevará las cicatrices de una condena injusta por su pertenencia al círculo Petrashevski, que culmina en el indescriptible instante del fusilamiento siempre recordado; más tarde la *kátorga* y después el reclutamiento militar.

Cuando vuelve a San Petersburgo es ya otro; dejó atrás las ensoñaciones románticas, ha descubierto la experiencia de la casa muerta y los secretos del hombre del subsuelo. Y se dispone a escribir.

Desde el furierismo ingenuo y utópico su atención se dirigirá ahora al mundo interior y de esa aventura brotan desgarrados gritos de protesta, no como alaridos primarios, sino en forma de obras maestras.

Memorias de la casa muerta clausura su primer periodo como escritor de la aventura romántica y de solidaridad con los oprimidos, obra anunciadora del porvenir.

La epilepsia, siempre la epilepsia, le acosará hasta sus últimos días.[1] Le siguen el juego, las deudas, las privaciones y los trabajos por encargo escritos con urgencia.

Accede a un relativo sosiego con Anna Grigoriévna, la solícita muchachita que contiene sus desbordes y resulta ayuda decisiva para dar forma y final a la explosión literaria suprema.

Pasa el tiempo, ahora está en la consideración del público a la altura de Turguéniev y Tolstói, e incluso por encima de ellos. Todo apunta a la plenitud trabajosamente conseguida cuando, de forma inesperada, muere su hijo Alexis de un ataque epiléptico.[2] Se siente culpable por trasmitir la enfermedad, esa eterna acosadora de su existencia, pero el trabajo paulatinamente lo saca de la angustia.

Otros habrían sucumbido al desánimo, a la melancolía, a la autocompasión y al enfisema que mina sus fuerzas físicas de manera insidiosa. Pero, como antes en la época de *Crimen y castigo* y

[1] Th. Alajoaunine estableció en 1963 el diagnóstico de epilepsia del lóbulo temporal. Gastaut, por su parte, el de epilepsia generalizada primaria (1978).

[2] Diversos personajes de su obra padecen esta enfermedad: Murin y Ordinov, (*La patrona*), Nelly (*Humillados y ofendidos*), Mishkin (*El idiota*), Smerdiákov (*Los hermanos Karamázov*), entre otros. A este respecto véase también a I. Iniesta, 2004.

El jugador, renace del caos que le amenaza y comienza a escribir en 1879 la obra que será definitiva: *Los hermanos Karamázov*. En esas páginas se condensan sus preocupaciones filosóficas, existenciales, religiosas y psicológicas; también algo de su encontrada y tormentosa vida.

Alienta la premonición, vale por un testamento hecho de la mejor manera en que sabe expresarse: en forma de novela.

Completa el trabajo tres meses antes de su muerte.

Si el tiempo empleado para escribir *Crimen y castigo* fue insusitadamente breve, aquí se demora tres años, que emplea en acumular reflexiones y también en intercambiar ideas con el filósofo Vladímir Solóviov, para ordenar y clarificar su propio pensamiento. No es de extrañar la complicidad que surgirá entre ellos. Ambos comparten su amor por lo ruso; el filósofo, de vastas y diversas inquietudes, es también antipositivista, posee profundos conocimientos de la patrística y la teología ortodoxa; para acabar, es partidario del romántico Schelling y comparte sus ideas sobre el mal. Un compañero adecuado para criticar la ciencia en su costado más mecanicista y de esa su pretensión extrema de sustituir a Dios.

No deja de ser significativa la repulsa que sus opiniones despertaron en Tolstói, como nuevo indicio de la confrontación visceral entre los dos escritores. A ambos les aguarda el mundo de la fama, pero mantienen entre sí una relación ambivalente, con el riesgo cierto que representan sus narcisismos excluyentes.

El misticismo que impregna *Los hermanos Karamázov* posee un carácter telúrico, primordial, ávido de lo inmediato. «Amar la vida», como Aliosha proclama, antes que el deseo de «descubrir su sentido».

Por aquellos años, Dostoievski había soñado con una gran obra dividida en cinco partes, que llevaría por título *El ateísmo*; en 1870 se transformará en *Vida de un gran pecador*[3] donde el héroe

3. Ver las cartas 20 III-1869 a Mme. Ivánov y a Maikov del 27 de mayo del mismo año.

principal sería: religioso, ateo, fanático, hereje; un ser poseedor de una extensa paleta de creencias. Debía congregar en torno a la religión a la serie de personajes que animan sus grandes obras, desde el hombre del subsuelo, a Aliosha, Dimitri e Iván Karamázov, pasando por Mishkin, Verjovenski, Stavroguin, Kiríllov y Fiódor Karamázov. Dudas y certidumbres Se harían presentes inquietantes y mínimas mujeres como Varenka, la seducida de *Pobres gentes*, Nástenka, que sueña en las luminosas *Noches blancas*, la silenciosa y atenta Sonia de *Crimen y castigo*. Otras como Dunia, la resignada y protectora hermana de Raskólnikov o la voluble Pólina, que revolotea al compás de los giros de la ruleta. La galería femenina se agita con la autodestructiva Natasia Filipovna, la burlona y lejana Aglaya Ivánovna y Lizaveta, que sucumbirá abrasada en su imposible fantasía que se reduce a cenizas. Para terminar, María Lebiádkina, el ser que se refugia en su locura, su último reducto; el orgullo de la virtuosa Katia y la elemental sensualidad de Grúshenka cierran esta extensa y no exhaustiva relación.

Restan los niños: la epiléptica Nelly, de la que Dostoievski hace un magistral retrato; Matriosha, cumplida víctima de un pervertidor demoniaco que arrasa su naciente sexualidad e Illiusha que, con su entierro, sirve de broche final al drama de los Karamázov.

Las mujeres representan el contrapunto que Dostoievski precisa para contemplar ese panorama que discurre entre el subsuelo y la utopía, para expresar el drama que los hombres por sí solos son incapaces de representar. Los niños son el lugar incierto de donde todo parte.

2. EL DRAMA COMO *LEITMOTIV*. LA SINFONÍA COMIENZA

La familia Karamázov vive en un pueblo de provincias. El viejo libertino, Fiódor Pávlovich ve transcurrir su existencia gozándose en el desenfreno sin horizontes; es un insaciable catador de vicios y mezquindades, sumo sacerdote de la trasgresión, sátiro sin rumbo, confundido en un perpetuo festín dionisiaco. Un padre carente de las menores cualidades para desempeñar esta función.

De su primera mujer nació Dimitri, ser atrabiliario, con repentinos momentos de honradez entreverados con efímeros transportes místicos. Encarna ante todo el acto como esa esa respuesta primaria ausente de pensamiento.

De su segundo matrimonio nacieron dos hijos más: Iván, intelectual atormentado que pertenece a la saga nihilista y Aliosha, un ser sencillo, de nobles sentimientos y de profundas creencias religiosas, que medra a la benéfica sombra del *stárets* Zósima.

A estos tres hermanos reconocidos, se añade Smerdiákov, nacido de una débil mental a la que Fiódor violó; un epiléptico que sirve como lacayo en la casa paterna y que siente una rendida admiración por Iván.

En el sentir de Dostoievski, Aliosha es el héroe de la novela; la segunda parte —que no pudo escribir—iba a girar en torno suyo. Al igual que el resto de sus hermanos, fue abandonado por su padre a muy temprana edad. Destaca su fe en Dios y en la humanidad, esa humanidad que Cristo ha redimido con su sacrificio en la cruz.

La filósofa Anna-Teresa Tymieniecka identifica a Aliosha, con la figura de Jesús: Alexéi es «el Cristo humano».

El novicio que sale del monasterio para servir al mundo, siguiendo las indicaciones del *stárets* Zósima, no escapa al influjo diabólico de la inquietante sentencia que flota en toda la trayectoria literaria de Dostoievski: «Si Dios no existe, todo está permitido». Convencido de su fe, cree en Dios, pero también duda, como el padre Tijon, como Zósima y sobre todo como el propio Dostoievski. El fanatismo le es ajeno; el escritor despoja su obra de absolutos y Aliosha no es una excepción. Pero las cavilaciones no le detienen, prosigue su camino roturado en buena parte por las circunstancias dramáticas que acosan a su familia.

Representa un intento de hacer a Cristo persona, librándole de sus acentos trágicos y resaltando su humildad y su cálida presencia.

Grúshenka surge en el drama para enfrentar las vidas de los Karamázov, presta erotismo el relato. Eros es vida y también tragedia, sin Eros el grupo familiar carecería de los imprescindibles vínculos que les mantienen unidos y separados al tiempo, que les impulsan a *saber* de los otros. La lascivia, más o menos encubierta, cobra forma por su mediación.

Katia se deja sentir en sus vidas en el registro del orgullo, de la humillación y del pseudoperdón. Es la damisela altiva, ahíta de prejuicios, de impostada generosidad.

La inquietud que Dios inspira recae sobre todo en Aliosha e Iván. Para el primero Dios es un Cristo transfigurado, para el segundo un ente lejano, producto de la fantasía, preñada de nostalgia, que preside sus zozobras y un ser próximo que le atormenta hasta enajenarlo.

Grúshenka ha seducido al viejo Karamázov y a su hijo Dimitri, mas no cede ante los embates de su lujuria. Juega con ellos, aletea sin alejarse demasiado. A medida que pasan los días aumenta el odio entre el viejo chivo insatisfecho y el impetuoso Mitia. La joven termina eligiendo a Dimitri y será la causa inmediata de la tragedia.

Mientras, Katia se erige como modelo de pseudovirtud y altar del orgullo auténtico.

Smerdiákov, ajeno a las inquietudes metafísicas, y creyendo satisfacer el deseo secreto de Iván, mata al viejo Karamázov. La ejecución atávica del parricidio primordial y sobre todo la fantasía antropológica de *Tótem y tabú*. Con la muerte del sátiro decrépito, el drama alcanza su punto álgido. Dimitri será acusado del crimen y condenando a trabajos forzados en Siberia, la temida *kátorga*, la incansable devoradora de hombres donde solo los colosos como el propio Dostoievski vuelven renacidos.

El pretendido crimen encuentra su castigo, pero no hay sosiego para las torturas que infringe, incansable, la razón y la culpa, la desgracia de tener conciencia. El suicidio será la salida oportuna para Smerdiákov, cumplido ya su destino, el descontrol de la locura el escape de Iván, Aliosha se amansa y aquieta a la sombra de Cristo.

De la acción directa, Dostoievski se traslada al reducto laberíntico del pensamiento y es allí donde la obra alcanza su clímax. Salta desde el combate entre las pasiones elementales a las torturantes dudas metafísicas, a las intuiciones sobre la nada, el vacío, el sinsentido, la culpa y la libertad, donde el Ser y el Devenir, en su apariencia hierática, amenazan con extinguirse. Es la pesada sombra del nihilismo en su costado existencial. La muerte psíquica hace olvidar la muerte del cuerpo. La Nada y el Todo juegan entre sí, como dos infantes, ajenos a la vida cotidiana.

Tras Dimitri, Iván toma el relevo en el curso de los acontecimientos. Deseó la muerte del padre y su deseo transciende y cobra vida en la acción de Smerdiákov. La conciencia nihilista debería aprobar sin ambages el crimen; pero la culpa inconsciente, que procede de una ley no superada, le atenaza y se debate embargado por la zozobra.

En Iván alientan juntos el Gran Inquisidor y el Cristo sepultado por el olvido, pero que aún existe. No es el Cristo yacente de Holbein que obsesionó a Dostoievski en *El idiota,* del que Anna Grigorievna se hace eco en sus memorias, el Cristo que invita al descreimiento, es el Redentor de Sonia y de Aliosha, el Cristo ruso, que, a pesar de todo, se cobija en las profundidades de su mente.

El crimen y sus consecuencias superan al mero acto, a la superficial descripción. De la misma manera que en *Crimen y castigo* la muerte de la vieja usurera es el pretexto, el asesinato de Fiódor Mihálovich desata una catarata de pasiones cuyo origen está en la tierra pero que al tiempo invade las inefables esferas del cuestionable más allá. De un padre ruin nos transportamos a la muerte de Dios, a la obscena presencia del Diablo, para descender después al sencillo Cristo de Aliosha.

La trama amorosa sigue su camino con el encuentro de Mitia y Grúshenka y el desvarío de Katia; pero, poco a poco, quedan en un segundo plano. La novela adquiere entonces tintes a la vez místicos y metafísicos, fiel reflejo del mundo interior del autor.

Eltchaninoff (1998) hace evidente la polifonía de *Los hermanos Karamázov*, donde cada personaje posee tal independencia, con relación a su autor, que escapa a cualquier tipo de control. Pero, al tiempo, en cada uno de ellos aparece un jirón del alma del escritor. Por ello su análisis proporciona muchas claves sobre su creador.

Es la novela polifónica que describe M. Bajtín.

El debate principal se desarrolla a continuación en el diálogo que enfrenta a Iván con Aliosha, tras el relato de la *Leyenda del Gran Inquisidor.* De la que nos vamos a ocupar a continuación.

3. EL GRAN INQUISIDOR, UN DECISIVO INTERLUDIO

La leyenda del Gran Inquisidor discurre entre un callado retorno y termina con un beso. Viene a la memoria otro beso acontecido dos milenios antes: el que Judas dio a Jesús, en el huerto de Getsemaní.

El Gran Inquisidor traiciona a Cristo y Judas hace lo propio; en el primer caso simboliza el perdón, en el segundo es el acto que sella la traidora delación.

George Panichas sugiere que el Gran Inquisidor pretende borrar con su conducta la imagen de un Cristo histórico, que ya fue, pero fracasa. Cristo opone a la sequedad del anciano una sola frase que ya había pronunciado cuando resucitó a la hija de Jairo: *Talita Cumi* («niña, a ti te lo digo: levántate» Mc. 5, 41), el resto es silencio, un silencio sobrecogedor que termina con un acto anonadante de amor.

El cinismo del Inquisidor en su altanero discurso no encuentra eco.

Como Kirsten Koppel (2012) señala acertadamente —en su tesis *The grand inquisitor and the problem of evil in modern literature and theology*—:

> Podemos ver en Iván —el autor de la leyenda— cómo un mal convoca el siguiente, en un simulacro de equilibrio. Un equilibrio en el que no hay espacio para el alma. Iván desvela que estamos al borde de una segunda caída, la primera nos introdujo en el conocimiento, la segunda en el relativismo o en el dogmatismo, ambas expresan la disolución del conocimiento en la nada.

La *Leyenda,* una deflagración metafísica y teológica, fue escrita de manera independiente, tal vez dictada por la explosión de sus preocupaciones religiosas y, como ocurrió con los restos de *El beodo* en *Crimen y castigo,* incorporada después a *Los hermanos Karamázov*; un recurso literario empleado con frecuencia por Dostoievski.

La sumisión, la ausencia de crítica, la regresión a etapas donde el pensamiento está ausente, son las condiciones del totalitarismo, el estado que el Inquisidor pretende para su sumiso rebaño.

La dialéctica del amo y el esclavo es la magra felicidad que deja para su gente el despotismo ilustrado, que intenta hacer dichosos a los desposeídos dando pan a cambio de sometimiento. Por este camino vamos al encuentro del poder que, cuando triunfa de los brotes de rebelión, se aquieta y adopta la apariencia de una paternal y apacible calma, que se adormece en una bobalicona autocomplacencia.

La dialéctica amo-esclavo no representa un encuentro dado para siempre, posee una historia y por lo tanto experimenta transformaciones a lo largo del tiempo. Aunque el referente próximo para su análisis es el pensamiento de Hegel, hay que remontarse a Aristóteles para completar las reflexiones pertinentes sobre el hecho de la esclavitud que se resumen así:

> Existe una ciencia, propia del señor, la cual se confunde con la del padre de familia, con la del magistrado. Otros, por lo contrario, pretenden que el poder del señor es contra naturaleza; que la ley es la que hace a los hombres libres y esclavos, no reconociendo la naturaleza

> ninguna diferencia entre ellos; y que, por último, la esclavitud es inicua, puesto que es obra de la violencia.
> (Aristóteles, *Política*)

El poder del amo se afirma contra la naturaleza y cabe definirlo como producto derivado de la cultura, esa singular excrecencia del *homo sapiens.*

Poder, siempre el poder.

No parece ser esta la opinión del filósofo griego: «Algunos seres, desde el momento en que nacen, están destinados, unos a obedecer, otros a mandar; aunque en grados muy diversos en ambos casos» *(Ibíd.)*. Por caminos diferentes a esa misma conclusión llega Shigáliev en *Demonios,* con su mesiánico plan.

El poder encuentra siempre argumentos para justificarse. Antes de apelar al recurso de la fuerza, adopta los más sutiles disfraces, se adorna de responsabilidad, de paternal preocupación, aparenta ser el olímpico pastor que cuida de su incapaz rebaño.

Fiódor Mijáilovich sugiere a través del nuevo Sumo sacerdote, los efectos perversos que el poder tiene en la Iglesia Católica.

Sus opiniones tienen el origen inmediato de la experiencia florentina.[4]

El Inquisidor, el poder encarnado, es una figura intemporal:

> Diferentes totalitarismos y fundamentalismos, surgidos en el siglo XX y presentes también en la actualidad, han aplicado al pie de la letra estas instrucciones. Este personaje dostoievskiano utiliza la religión

4. Con motivo de su estancia en Florencia en 1868 tuvo ocasión de contemplar de cerca las intrigas del papa Pío IX. Enfrentado tanto a Bismark, artífice del segundo Reich y unificador de Alemania, como al recién creado estado italiano de Garibaldi; su pontificado se caracterizó por un declarado autoritarismo como defensa suprema ante sus adversarios. La visita de Dostoievski a Florencia coincidió con el comienzo del concilio Vaticano I, un momento crítico de su prédica. Esta experiencia confirmó al escritor en su enemiga hacia el catolicismo institucional.

para dominar al pueblo, pero cuando el escritor ruso le hace dirigirse a Cristo, se desnuda por completo la hipocresía de su poder (y de cualquier poder).[5]

El libro V de la novela describe el encuentro en el espacio dialógico donde el escritor dirime las grandes cuestiones. Vuelve a ocuparse entonces de los problemas recurrentes que atraviesan la totalidad de su obra: Dios, Cristo, la libertad, el amor y el presentido ocaso de los absolutos. Dostoievski es un relativista de la mente y dota a estas cuestiones de una dimensión humana que las despoja del ropaje de la abstracción, pero su realismo no está exento de espacios donde anida la fantasía.

La *Leyenda del Gran Inquisidor* socava las creencias, como ocurre en *Demonios* con la contemplación del cuadro de Holbein. El Cristo flamenco, el de la boca entreabierta en un mudo estertor, ofrece una imagen distinta a la que expresan el cálido Cristo ruso y el severo Cristo español.

El relato se sitúa en el siglo XVI en la ciudad de Sevilla, donde campea la negra sombra de la Inquisición. Los herejes arden, los magos y las brujas se reducen a cenizas; pero también los acompañan los inocentes, los orates, los epilépticos, testigos del éxtasis y de lo inhumano, los buscadores de sentido, los que piensan; corren malos tiempos para la razón.

En esa sombría atmósfera, Jesucristo cumple su segunda venida. De nuevo es el Mesías, anuncia al hijo del hombre y es el hijo del hombre. Como siglos atrás sucedió con el pueblo judío, estás gentes, las eternas y reiterativas gentes, que nada aprenden y que todo olvidan, también le siguen.

Cristo, en su espacio intemporal, se afana en su destino, hace lo que sabe, lo que su bondad le dicta: resucita a una niña muerta

5. Tamara Djermanovic, «Dostoievski Y Don Quijote: Poética Y estética De Una ilusión», An. cervant. 2015, 47, 9-24 <https://doi.org/10.3989/anacervantinos.2015.001>

(*Talita cumi*, «muchachita, levántate»), los testigos se asombran, redescubren desconocidas emociones que creían extinguidas. Pero el fanatismo acecha, el Vía Crucis se aleja de la corta memoria de los cristianos, que conjuga el asombro con el olvido.

Se aproxima el clímax místico cuando, en el momento oportuno, emerge la figura del Gran Inquisidor, un anciano sarmentoso, de frío talante, de contenida expresión, de años sin cuento y largo desencanto. El silencio se hace en derredor suyo: temor, sumisión, acaso tímida esperanza. Con un gesto, ordena que arresten y encarcelen a Jesús.

Esta vez la discreción se impone, son otros tiempos, el Sanedrín, Pilatos y Barrabás están ausentes, no hacen falta; tampoco hay dolor ante las tragedias de su madre y María de Magdala, la mujer liberada de siete demonios. Discreto es ahora su regreso, callado igualmente el prendimiento.

Cristo y el Inquisidor se encuentran más tarde en el oscuro calabozo, lejos de las miradas curiosas. Este último le inquiere con cinismo sobre la razón de su vuelta. Le acusa de haber destruido el largo y paciente trabajo de la Iglesia para someter a sus fieles, para predicar la resignación fiándolo todo al cielo prometido.

Aparece de nuevo, con distinto ropaje, la teoría que Shigáliev desarrolló en *Demonios*. El Gran Inquisidor y sus secuaces son ateos, nihilistas y, en cierto modo, esclarecidos y trágicos elegidos por un oscuro designio.

La tarea principal de la Iglesia católica consiste en ocultar la terrible verdad: el *sinsentido* de la existencia misma, que se lleva a cabo mediante una política de dominación y sometimiento a través de los dogmas revelados (la Inmaculada Concepción acaba de promulgarse), el papa es la voz autoritaria que prohíbe cualquier debate, que controla con mano firme las creencias y que somete a una severa censura las acciones.

Gracias al sacrificio de una minoría, los más vivirán felices y ausentes.

El Gran Inquisidor confiesa a Cristo:

> Solo nosotros seremos infelices. Yo me levantaré y te mostraré los miles de millones de jóvenes que no conocieron el pecado. Y nosotros, los que cargamos con ellos por su desdicha, nos plantaremos delante de Ti y te diremos: Júzganos si puedes y te atreves.

Orgulloso desafío que le sitúa como digno adversario de Dios, en él cobra de nuevo vida la serpiente demoniaca de la sabiduría con su tentador anuncio: «Seréis como Dioses», que oculta un ominoso mensaje: «Seréis, solamente, hombres».

Pero quien le escucha en la penumbra de la celda no es el Padre distante, sino su Hijo hecho hombre, que proclama la doctrina de la libertad, que arroja al ser humano a una dolorosa consciencia. Tanto Dios como el Inquisidor ven en peligro sus planes y designios por la presencia de un Cristo que puede arruinar sus designios. Dios lo envió a la cruz y el Inquisidor, a su vez, pretende condenarlo a la hoguera. Cristo le responde con un beso simple y evidente. El Inquisidor, sumido en la confusión, lo deja ir.

Parte en silencio, en un silencio desolado, donde no existe el Gólgota, ni dolientes discípulos, ni esperanza, ni abatimiento. ¿Hacia dónde se dirige? Es el gran enigma. ¿De que nos redime ahora? ¿Por qué no arrostra una nueva Pasión?

La eterna pugna entre Dios y el Diablo toma cuerpo en el encuentro entre Jesucristo y el Inquisidor. ¿Quién es el triunfador?

El negro pesimismo de este último esboza una visión escatológica de la historia que responde a la cuestión que *Demonios* ha dejado en suspenso. Ha previsto la rebelión del hombre, Cristo sabe de los sufrimientos que causaría su venida. Incurriendo en la tentación de alcanzar la divinidad sin Cristo el hombre se coloca a sí mismo en la cruz. Se diría que el saber conduce a la libertad, pero ante el vértigo que esta inspira, el superhombre que nace en ella se encuentra solo, tanto más cuanto mayor sea el convencimiento de su mesiánica ilusión.

Este cruce dialéctico entre Iván y Aliosha, del que la *Leyenda del Inquisidor* representa su culmen, resume el gran conflicto que atormentó durante toda la vida al propio Dostoievski, el propulsor de lo mejor de sus obras.

Detrás de la leyenda se agitan las cuitas del creador, Iván Karamázov, que invitan a las reflexiones que sobre el atormentado intelectual hace D. García:

> En Iván podemos ver esa conjunción de *constructivismo* y espíritu romántico que aparece en Rousseau, personificando la compleja relación que se dio en Alemania entre romanticismo e idealismo. Comparte con ambos uno de los anhelos comunes en ambos movimientos, «la aspiración a la identificación de contrarios y a la fusión de todos los aspectos de la realidad y de la cultura en un principio único omnicomprensivo».[6]

Volver racional lo irracional implica tanto como ese otro sueño imposible de Freud: «volver consciente lo inconsciente», que años más tarde se convertirá en la bien conocida sentencia: *Wo Es war, soll Ich werden.*[7] Habremos de conformarnos con encontrar caminos que permitan articular estos espacios sin intentar destruirlos, ni negarlos.

¿Y si resulta que lo irracional es el paso previo que traslada a la razón, su humana compañera? La ciencia no puede parapetarse en el permanente desdén hacia la oscuridad, su cometido es, por el contrario, atraerla hacía sí e iluminarla como un sector más de la totalidad del ser.

El proyecto del hombre Dostoievski fue descubrir al otro, como primer paso para superar la mortífera adoración de sí mismo. Proyectó después parte de ese amor y así se vuelve cálido y vital. El hombre del subsuelo se transforma, tras un penoso

6. D. García, *Pasión y razón en Iván Karamázov. Aproximación a una lectura filosófica de La Leyenda del Gran Inquisidor,* 2014.

7. Donde está el Ello ha de devenir el Yo.

tránsito, en el auténtico hombre nuevo de la utopía, distinto a ese pagano ser angélico que conocemos por Chernishevski.

Iván, preso de sus cavilaciones, se aleja de semejante sueño: Iván Fiodórovich declaró de modo solemne durante una discusión que en toda la tierra no existe absolutamente nada que obligue a los hombres a amar a sus semejantes, ninguna ley natural lleva al hombre a amar a la humanidad y que, si hasta ahora ha habido amor en la tierra, se debe tan solo a que la gente creía en su inmortalidad.

Ignoro hasta qué punto el escritor tenía presente en ese momento las teorías del positivista Comte.

4. LOS PERSONAJES

Los hermanos Karamázov es, como se ha dicho, una novela polifónica, una sinfonía en donde surgen diversos solistas que tienen a su cargo intervenciones inolvidables; pero que, al mismo tiempo, nada son sin invocar al conjunto de la obra.

Los personajes componen una monumental psicomaquia, eso sí, alejada ya del hieratismo medieval donde entraban en liza elementales virtudes y no menos simples vicios, en primarias confrontaciones. Ahora son personajes complejos, repletos de escandalosa humanidad.

Demos paso a la nueva *Comedia humana*, al fresco que sobrecoge tomado en su conjunto.

4.1 Fiódor Pávlovich. El patético y lujurioso bufón

> Si he perdido mi condición de cristiano,
> ¿cómo y con qué derecho podrán pedirme cuentas en el otro mundo,
> en tanto que cristiano, por haber abjurado de Cristo?
> DOSTOIEVSKI, *Los hermanos Karamázov*

El padre, o por mejor decir una burlesca caricatura del padre; no llega siquiera a la talla del tirano. Fiódor Pávlovich, es el impulso, la personificación del deseo elemental que no admite demora; requiere, pero no ama; exige, pero no respeta, depreda porque lo considera un derecho. Un narciso feroz que todo lo ignora menos sus urgentes apetitos. El poder le es ajeno.

Llega ahora el turno a la cuestión del parricidio. El problema que Freud sacó a la luz de entre la complicada red de temores, deseos y resentimientos que caracterizan a la familia Karamázov.

Primero fue la hipotética horda primitiva que, representada ahora por este pequeño grupo, exige la muerte del padre, entregado al culto de sí mismo y que desempeña la función dispersora que es propia del Diablo. Sus hijos se conocen y reconocen como el objeto común de su brutalidad. Hace bien el autor en denominar su obra *Los hermanos Karamázov*, en lugar de aludir a una problemática *Familia Karamázov.*

Dostoievski disfraza hábilmente en la muerte del padre sus propios deseos, aunque en la novela no existe un auténtico parricidio, puesto que no hay un padre digno de tal nombre. Fiódor Pávlovich, esa bestia lasciva, ese ser primario, posee muchos rasgos infantiles, si por tales se entiende que ante todo rinde culto al dios desatado de su propio placer, a un eterno Dionisos. Los otros, lejos de ser semejantes, son meros instrumentos, simples objetos destinados a satisfacer las urgencias de sus apetitos inmediatos.

Si acudimos a su biografía, no cabe duda, que la muerte de su padre dejó en él una profunda huella; pero Mijaíl Andréievich Dostoievski, el hombre asesinado por sus siervos, era diferente al patriarca de los Karamázov: rígido e intransigente, aunque la brutalidad de la que debió hacer gala la reservaba para aquellos. Se ocupó de sus hijos, fue un padre de estrictas convicciones, tal vez la antítesis de la bestia primaria del Karamázov. Desear la muerte de tal padre, sí depara culpa.

En este ambiente viciado, la relación padre-hijo semeja la ya mencionada del amo-esclavo. El parricidio significa la rebelión.

Desde Freud, sabemos que implica la victoria del mundo subsuelo, del espacio de lo inconsciente, sobre las ataduras de la ley, obra de la conciencia. El culto a la ley es la salvaguarda de la cultura. Matar al padre primitivo supone comer la manzana del conocimiento, generar límites para las avasalladoras demandas del placer. El parricida es al tiempo asesino y suicida. Ambos actos coinciden en sus orígenes y Dostoievski lo describe a través del nihilismo, donde a la muerte del padre se une el suicidio del hijo. Por la superación de este perverso círculo vicioso, que a nada conduce, la cultura paga el tributo de la culpa.

El padre y el hijo vienen a ser la misma cosa y por tanto parricidio y suicidio coinciden, de la misma manera que el yo y el otro forman una totalidad en los comienzos. El padre es objeto del odio en tanto que es un otro, el que fractura la ideal y autosuficiente diada que forman la madre y el hijo, la satisfacción sin horizontes.

La cultura, como última depositaria de este conflicto que arranca en los comienzos, cobra expresión en la tradición rusa animada por el equilibrio inestable que mantienen la inmensa Madre Tierra, la santa Rusia y el Dios encarnado en el padrecito zar, tan distante, tan lejano, tan autosuficiente. Matar al padrecito zar, volver a la santa Rusia.

El joven Dostoievski se precipita en el occidentalismo, al objeto de olvidar al padre y sus leyes antañonas. Occidente como buena nueva invita al parricidio y con ello, a traicionar las más profundas ahincadas y tradicionales raíces. Cree adivinar en los aristócratas y en los intelectuales reformistas que se remontan a la Revolución Francesa a los pervertidores de las costumbres y de la lengua misma de Rusia, penosamente rescatada en el siglo XVIII por Lomonósov.

Sumergido en una patria que ha descubierto en la miseria de *Pobres gentes*, en el abuso psicológico de *La patrona,* en el trunco romanticismo de *Noches blancas* o en la secular resignación de *Un corazón débil,* se siente ajeno más tarde, a los vientos renovadores de Occidente. El *mujik* Marei de su infancia habla por él, le cuida y le remite a la tierra que es del padre y al mismo tiempo reclama sus derechos contra él. Dostoievski se mueve en el terreno de las oposiciones y el enfrentamiento Europa-Rusia no es el menor de ellos. Nunca milita de forma rígida y decidida en campo alguno y siempre tiene presente un objetivo al que asaltar.

> Es ruso frente a Occidente; proletario ante los ricos; culpable delante de los inocentes. Siempre será el extranjero: en relación con la vida rusa de la que está separado por su condición de intelectual y de artista, así como su recuerdo del padre, pero también lo es ante la *intelligentsia* cosmopolita, que forma con sus leyes y sobre todo con sus prejuicios otra sociedad donde los Karamázov no se sienten menos cómodos que los *mujiks* en sus *isbas.*[8]

El parricidio cometido contra un padre indigno permite una suerte de liberación para el escritor, pero este acto se consuma sobre todo en el terreno de lo teológico con la muerte de Dios padre. Así pues, Smerdiákov e Iván cometen en dos planos diferentes el mismo crimen.

Pero la caracterización del padre de los Karamázov no se agota ahí. También asoma el sempiterno bufón, el ser que se autodenigra en clave de humor negro. Sus intervenciones en este trance causaban más indignación que risa. Habían pasado ya los tiempos en que esa vida sin honra y sin honor permitiese medrar; en la nueva sociedad el descubrimiento del subsuelo volvía amargo el ejercicio de la sátira.

4.2. *Dimitri, el sensual que se apiada de Dios*

Mitia es el hermano más primario, pero no por eso completamente ausente de los conflictos filosóficos que los incluyen a todos.

[8]. R. Girard, *Dostoyevski, du duble a l'únite*, 1963, p.137.

Frecuenta a Dionisos, pero a veces visita a Apolo. Es apasionado, primordial e impetuoso, la pasión se resuelve con el acto. Transita de la iracundia a la calma.

Dice Andréi, el cochero, cuando Dimitri lo interroga burdamente sobre si cree que por pecador habrá de ir al infierno: «En nuestra ciudad, señor, usted es como una criatura... así por lo menos lo consideramos... Y aunque monta usted en cólera con facilidad y esto no se puede negar, Dios le perdonará porque tiene un natural bondadoso».

El drama, del que se convertirá en principal protagonista, se desencadena en el triángulo amoroso formado por el padre, Grúshenka y él mismo. A este respecto, procede decir que en *Los hermanos Karamázov* se encuentran dos novelas bien diferenciadas, fenómeno que bien conocemos por *Crimen y castigo*: la que gravita en la atmósfera del crimen y la que tiene lugar en el tormentoso espacio de la religión. Es la primera la que ahora nos ocupa.

Mitia amaba a Grúshenka con pasión, sin complicaciones existenciales. Para el padre la joven representaba el ciego desenfreno de la lujuria ante el que se erguía un obstáculo: su propio hijo. La disputa por el corazón y sobre todo por el cuerpo de la codiciada perseguida lleva al desenfreno. Fiódor es primario e inmediato: ha de saciar su concupiscencia y Grúshenka es el medio urgente y actual de su satisfacción. Para Dimitri, la joven es un ser real que da forma concreta a sus impulsos. Por motivos bien diferentes, la voluptuosa rusa también ocupa el lugar privilegiado de sus anhelos

Dimitri se hubiera agarrado a lo que fuera con tal de sentirse autorizado a pelear por ella. La teología no desempeña papel alguno, el ateísmo nada significa. Sus deseos lo llevan al amor no tanto de la Divinidad, algo abstracto que tampoco comprende, sino del dios ruso, más próximo y evidente, que no desentona tanto en su romance con Grúshenka.

Al terminar el juicio en el que ha sido condenado injustamente exclama: «¡Yo amo a Rusia, Alexéi, amo al dios ruso, aunque yo sea un canalla!».

Dimitri Karamázov no duda en culparse a sí mismo antes que buscar en los demás la razón de sus conflictos. Un alma simple, incapaz de comprender las cavilaciones de Iván.

Por su odio a Fiódor Pávlovich se convierte en el principal sospechoso del parricidio. Además, se le imputa haber robado tres mil rublos que su padre guardaba bajo el colchón como regalo para Grúshenka.

Como dijimos, Mitia personifica la acción, no ve condicionada su caótica libertad por el mandato moral; golpea a quien se le atraviese en su camino, gasta su dinero de una manera desmesurada y lo hace una y otra vez, sin medida. Vive a su antojo víctima de su propia debilidad, no se apoya en el omnipresente «todo está permitido». Sus pasiones determinan sus actos y cuando llega la pausa se inquieta y nace la culpa. Se evidencia en hechos muy concretos, como el profundo remordimiento que le acosa por no haber pagado una deuda a Katerina Ivánovna; Dimitri se resiste a que lo llamen ladrón por ese motivo. Un hombre paga sus deudas y él se propone hacerlo.

Dimitri Karamázov sirve de excusa a Dostoievski para ocuparse del trágico sentimiento de los celos. Comienza con el apoyo de Pushkin: «Otelo no era celoso sino confiado» (notas de la década de 1830). Otelo tenía el alma rota y toda su concepción del mundo se vio enturbiada porque su ideal *había sido destruido*. Y lo diferencia de los auténticos celosos: «No es posible imaginar siquiera toda la deshonra y la decadencia moral con la que es capaz de transigir el celoso sin el menor remordimiento» (*Minas de oro*, F. Dostoievski).

Y a continuación denuncia la contradicción que les embarga:

> Los celosos están más dispuestos a perdonar que los demás hombres y eso lo saben todas las mujeres… Por supuesto, la reconciliación apenas dura una hora, aún en el caso que el adversario haya desaparecido, al día siguiente el celoso se inventará uno nuevo.
>
> (*Ibíd.*)

El incansable explorador del mundo interior no puede por menos que medir sus fuerzas con Shakespeare, pero lo hacen en territorios distintos, también en épocas diferentes.

Le acosan los autorreproches al recordar que había golpeado a su fiel criado, que no merecía ser tratado de esta manera, siente que lo hizo embargado por sus instintos y pasiones. El temor a la transgresión no le sirve de freno, y la culpa se convierte entonces en un vano lamento.

Ante el jurado exclama como postrera e inútil justificación:

> ¡Soy inocente de la sangre de mi padre! Acepto el castigo no por haberlo matado, sino por haberlo querido matar.

Equipara el deseo con el acto.

Dimitri cree en Dios y por ese mismo hecho no mata a su padre; hizo lo que estuvo a su alcance para pagar su deuda con Katerina Ivánovna y le invadió el remordimiento por haber golpeado a su criado. Es un hombre que busca redimirse, pero sus impulsos desenfrenados arrasan cualquier obstáculo que se oponga a sus más inmediatos propósitos.

Dostoievski se ayuda, una vez más, de Mitia para tratar el cientificismo y el afán de extender la ciencia a todos los dominios de la vida. El escritor admiraba a Claude Bernard, pero no a los excesos que en su nombre se producían. Parece decir que son los hombres los que pervierten la ciencia.

En el libro 11, capitulo IV, figura un diálogo entre Dimitri y Aliosha, que M. R. Katz (1988) recoge sobre el tema que nos ocupa ahora. En la víspera del juicio, el oportunista Rakitin visita a Dimitri para recabar información para un artículo que está escribiendo. La llegada de Aliosha acelera la partida de este. Dimitri pregunta a su hermano sobre Claude Bernard. Este es incapaz de contestar, aunque aquél le proporciona más datos:

—Debe ser un científico —respondió Aliosha—, pero te confieso que no sé mucho de él. He oído decir, únicamente, que es un científico, pero no sé de qué clase.

—Bueno, al diablo con él, tampoco yo lo sé —maldijo Mitia—. Será algún canalla, eso es lo más probable, son todos unos canallas. Aunque Rakitin llegará lejos, Rakitin es de los que aprovechan cualquier rendija para colarse, es otro Bernard.

Dimitri pronuncia, a renglón seguido, una auténtica lección de neuroanatomía:

> Imagínate: está todo ahí, en los nervios, en la cabeza, o sea, esos nervios que están en el cerebro (bueno, ¡al diablo con ellos!) ... hay como unos rabitos, los nervios tienen esos rabitos, bueno, y en cuanto empiezan a vibrar... quiero decir, verás, yo miro algo con los ojos, así, y empiezan a vibrar esos rabitos... y al vibrar aparece la imagen, pero no aparece enseguida, sino que pasa un instante, como un segundo, y aparece algo así como un momento, o sea, no un momento (al diablo el momento), sino una imagen, es decir, el objeto o el acontecimiento (bueno, al diablo con ellos), y gracias a eso puedo ver, y luego pienso... es por esos rabitos, de ningún modo porque tenga yo un alma o esté yo hecho a imagen y semejanza de nada, todo eso son tonterías. Eso, hermano, me lo explicó ayer Mijaíl [Rakitin], y fue como si me hubieran quemado. ¡Esta ciencia, Aliosha, es algo grandioso! Un nuevo hombre va a surgir, eso sí que lo entiendo. Pero, de todos modos, ¡Dios me da pena!

La ciencia parece ser el futuro, a partir de ella nacerá el hombre nuevo, esa es la teoría de Rakitin, que se alinea con el diablo. Nadie mejor que el impetuoso Mitia para exponerla con su acostumbrado ardor. ¿Dónde queda Dios? ¡Dios me da pena!

4.3. *Iván, el intelectual atormentado por el mundo de Dios*

Todo está permitido... en el pensamiento.

Iván, al igual que Dimitri y Aliosha, fue abandonado por su padre. Un filántropo ruso se hizo cargo de sus estudios universitarios. La cultura opera en su intelecto el mismo efecto que Zósima consiguió con la fe en Aliosha.

Es frío, reflexivo, escéptico y materialista. La razón prima, el acto aguarda, temeroso de manifestarse. Distante excepto con Aliosha y recatado en su amor hacia Katerina Ivánovna. Iván no podría enamorarse de la espontaneidad de Grúshenka y tampoco queda clara la razón de su inclinación por Katia.

En el diálogo con su hermano Aliosha, que termina con la *Leyenda del Gran Inquisidor*, Iván renuncia a pedir perdón a Cristo, como medio para restaurar la armonía. Le relata a Aliosha, en apoyo de su argumento, la historia del terrateniente cuyos perros destrozan a un niño que había arrojado una piedra a uno de sus lebreles. La madre presenció la terrible escena e Iván exclama: «¡Qué no ose perdonarle!». Si lo desea que lo perdone a sus expensas. Puede exculpar al torturador de su efímera maternidad, pero en lo que respecta al sufrimiento de su hijo despedazado, no tiene derecho a perdonar, no puede hacerlo con su torturador, incluso si la misma criatura le perdona.

Si este es el caso, ¿dónde reside la armonía? ¿Existe en el mundo un ser que pueda perdonar, que tenga el derecho de perdonar? No quiero armonía más allá del amor al género humano. Dejadme con mis sufrimientos y mi desconsolada indignación, incluso si estoy equivocado. En cualquier caso, se ha sobreestimado el valor de la armonía, no tenemos dinero para pagarla. La deuda no puede ser cancelada a no ser mediante un perdón que pudiera negar la singularidad y el carácter irremplazable del niño. Cancelar semejante deuda significa negar la subjetividad del ser humano. Por consiguiente, el mundo debe permanecer herido. Tenemos, según Iván, la obligación ética de soportar esta *disarmonía.* Sentido alegato en pro del subjetivismo contra las proclamas utópicas de carácter abstracto que a nadie conciernen tales como el amor a la humanidad

Aunque Iván sea ateo posee un espíritu cristiano: desea la reconciliación y al mismo tiempo se da cuenta del abismo que separa a Dios de la humanidad, que se agiganta cuando la mediación no es posible. Cuando la creencia representa el postrer recurso que nos resta, la armonía desaparece.

En el fondo la armonía imposible encierra la atroz paradoja de pretender que la humanidad sintonice con el mal. Desesperación, negación o locura son las tres salidas posibles ante esta trampa.

Serguéi Bulgákov sostiene a este respecto:

> La razón pura entra aquí en conflicto con la razón práctica, lo que la lógica niega habla en el corazón, existe como un hecho, a pesar de todas las negaciones de la conciencia moral, como voz de la conciencia. Quizá una moral elevada esté impelida a negar, pero quien está sumido en el sufrimiento que esto conlleva penetra en un terrible conflicto.

O lo que el filósofo marxista Éwald Iliénkov afirma:

> La mente, burlándose de las demandas elementales de la moralidad, se convierte en un estúpido fraude, un *ignoramus* fraudulento, reconociendo que es intolerable tanto para la mente como para la conciencia. La creencia fue proclamada como un principio abstracto, pero fue traicionada.

Hemos incorporado la ternura a los dominios de la razón práctica, olvidándonos que no encaja en ninguna línea lógica de pensamiento, a menos tal y como lo concibe el utilitarismo. Convirtamos, entonces, a la felicidad en el primer principio de un sistema ético.

Iván Karamázov representa lo que para nosotros significa ser guiados por el intelecto, por la razón pura. Con su lógica implacable, refleja en sus reflexiones nuestro sufrimiento. Señala que no pertenecemos, tras la expulsión del Paraíso, al orden divino. Es el producto implacable de esa caída la que inaugura la condición humana y la expresa de forma descarnada y convincente. El hombre deja de ser concebido a imagen y semejanza de Dios, queda alienado del ser supremo. Sufre porque está escindido en una suerte de perpetua esquizofrenia entre mente y corazón.

La reconciliación que es posible para Aliosha y que significa una vuelta a la plenitud, es también ansiada por Iván, pero rechazada por su intelecto.

Iván es éticamente incapaz de acceder a lo religioso como Aliosha, tampoco puede ser un sensualista como Dimitri.

La dinámica que traban la cabeza y el corazón de Iván se desplaza a la pugna entre Cristo y el Inquisidor. Algo que también alienta entre él y su hermano Aliosha: el beso de Aliosha en los labios de Iván.

El Diablo, el sempiterno confundidor, se inmiscuye en estos delirios y ensoñaciones míticas de las que tanto gusta. Iván sabe que alucina, pero continúa.

Camus ha subrayado que este no es originalmente ateo, más bien cree que Dios no merece existir, y por eso dice que no existe. El Karamázov es un agnóstico, para quien la existencia de Dios no está comprobada, ni tampoco negada. De paso, algo parecido sucede con el Diablo. Por ello se permite frecuentar escenarios en los que Dios existe, y desarrolla en ellos sus reflexiones.

La antítesis de la rebeldía se encuentra en *El sueño de un hombre ridículo* (1877):

> Se halla en un archipiélago, sus habitantes son bellos y sabios, está en el paraíso, la tierra no ha sido manchada aún por el pecado, reinan la inocencia y la felicidad. La ciencia no es necesaria. La fusión con el Todo hace superflua a la religión. El soñante habita largos años entre ellos y precipita al final su caída. Los hombres aprenden la mentira, el engaño engendra el honor, los celos la crueldad... y acontece el

> primer homicidio. Los seres se separan, sufren y aprenden a gozarse en el dolor. La ciencia reemplaza a la emoción, el paraíso se olvida, la nostalgia y la incertidumbre crean religiones. El soñante se duele y se culpa de su obra, ellos lo tratan de loco.

Al despertar le afirman que todo fue una alucinación. Él responde que la realidad podría ser un sueño y que su revelación podría ser superior a lo que ellos llaman vida.

La suprema confesión de Iván difiere en muchos aspectos de la de Raskólnikov. En ella no anidan esperanzas de redención, huye hacia la locura o quizás hacia la muerte:

> —Lo recibí [el dinero] de manos de Smerdiákov, del asesino, ayer. Estuve con él antes de que se colgara. Él mato a mi padre y no mi hermano. Él le mató y yo le enseñé a matar… ¿Quién no desea la muerte de su padre?...
>
> —¿Está usted en su sano juicio? —se le escapó sin querer al presidente.
>
> —Pues claro que estoy en mi sano juicio… en un juicio infame, en el mismo que usted y que todos estos.
>
> Se volvió hacia el público.
>
> —Han matado a un padre y ellos fingen espanto. —Hizo rechinar los dientes con violento desprecio… Se hacen gestos unos a otros, ¡farsantes! Todos desean la muerte de su padre. Un reptil devora a otro reptil…
>
> De repente se llevó las manos a la cabeza.

Iván Karamázov formula un dilema trágico que engloba el problema capital de todos los personajes del escritor que pierden la fe: «Si Dios no existe, todo está permitido». Ante su ausencia, no hay ley moral absoluta, cada hombre ocupa el lugar vacante. Dostoievski concibe una moral firme si esta deriva del poder divino. Pero no solo eso: está seguro de que todos los seres humanos se precipitarán en el abismo de la depravación (que en Stavroguín le aboca al suicidio, en Raskólnikov le conduce a la redención y en Iván, a la locura), de no verse contenidos por la ley superior moral de origen divino que, asimismo, les promete la inmortalidad. Sus aseveraciones sobre el odio que prevalecerá entre los hombres en ausencia de Dios son tajantes.

El deseo antecede a la ley. «No matarás» es la restricción al deseo de matar. La culpa es el precio con que *los hombres* se oponen al deseo *del hombre*.

Iván Fiodórovich declaró de modo solemne:

> No existe en toda la tierra, en modo alguno, nada que obligue a la gente a amar a nuestros semejantes, que no hay ley natural que lleve al hombre a amar al género humano y que, si hay amor en la tierra y lo ha habido en el pasado, eso no obedece a ninguna ley natural, sino a que la gente creía en la inmortalidad.

Iván sobresale por su aguda intuición y sus profundas y circulares cavilaciones acerca de la naturaleza humana. Es un personaje que Dostoievski explota al límite para mostrar la realidad de la Europa moderna, en la cual el racionalismo estaba arrasando con toda la tradición. La religión cede y la ciencia quiere erigirse como su sustituta.

Iván defiende su tesis: «Si Dios no existe, todo está permitido». El «si» da pie a la duda. En cierto modo, es el negativo de Shátov, que también vacila desde el otro extremo de la cuestión: «Si Dios existe, no todo está permitido», y lo reemplaza con un desesperado «creeré». Es su salvaguarda contra el nihilismo y al tiempo su perdición.

Dios se constituye como el referente que determina lo que está permitido en el plano moral y jurídico, esta situación le lleva a afirmar que: «El delito no solo debe ser permitido, sino que hasta debe ser reconocido como la salida necesaria e inteligente ante la situación en que se encuentra cualquier ateo».

A Iván le duele Dios; un verdadero ateo tiene otras preocupaciones, si es que Dios queda atrás. En un momento de sinceridad con su hermano sostiene:

> Así pues, acepto a Dios, y no solo de buen grado, sino que acepto, por añadidura, su sabiduría y sus fines, aunque nos resulten por completo ignotos; creo en el orden, en el sentido de la vida, creo en la armonía eterna, en la que, al parecer, todos acabaremos fundiéndonos: creo en el Verbo, al que tiende el universo, en el Verbo que «era con Dios» y que él mismo es Dios, y etcétera, etcétera y así hasta el infinito...
>
> En última instancia, yo este mundo de Dios no lo admito, aunque sé que existe...
>
> No es que no acepte a Dios, entiéndeme bien, es el mundo creado por Él, ni lo acepto ni estoy dispuesto a aceptarlo.

Con ese exabrupto expresa la duda sobre el plan divino que llevó a Dios de manera incomprensible a crear el mundo. Precisamente este mundo, donde la armonía no existe, donde el caos informe se impone al orden.

«Dios no juega a los dados», dirá mucho después A. Einstein, el físico que trasciende a Euclides, que parecería abogar por el determinismo. El tiempo relativista y el espacio cuántico han obligado a admitir una dosis de incertidumbre, como quería Heisenberg.

Las reflexiones del joven Karamázov le conducen a afirmar la existencia de Dios, pero a negar el mundo por él creado, se constituye en mero observador, más allá de sus incomprensibles veleidades. Sus dudas son reflejo de la agonía de los absolutos.

Quizás el ser supremo se ha limitado a crear un mundo para que el hombre lo acabe o acaso lo destruya. Iván no admite la armonía que dimana de la existencia de Dios. Su incapacidad para comprender este hecho, en su propio sentir, procede de que posee un entendimiento euclidiano. Su mente es tridimensional y la supuesta armonía divina existe en la cuarta dimensión o tal vez en otras aún más intricadas.

Muchos filósofos y no digamos físicos y matemáticos, sostienen que el universo no se explica acudiendo solo a la geometría euclídea. Otros desconfían de que la mente se ocupe de cuestiones tales como que dos rectas paralelas puedan encontrarse en el infinito. Infinito, eternidad, intemporalidad, el laberinto de las dimensiones, la ciencia no alcanza a sustituir con sus teoremas lo que la creencia despacha con una simple efusión, con una primordial entrega guiada por la infalible fuerza de la emoción.

Dostoievski ha señalado de manera enigmática el tedio que anuncia la proposición dos más dos son cuatro. Ha de haber algo más que transcienda a esta prosaica evidencia. Eso explica la afirmación de Wapnick:

> El creer que 2+2=4 no nos enseñará lo que es la realidad, si bien nos ayudará a ver cómo funciona el mundo.[9]
>
> (K. Wapnick, 2013)

Menos de un siglo después Gödel debatirá aún esta cuestión; también Einstein se aventura en todas estas intuiciones.

«Tengo una mente euclídea», exclama Iván. ¿Cómo podría resolver problemas que no son de este mundo? Iván muestra su impotencia, pero se obstina en seguir en el universo tridimensional, que tan beneficioso ha resultado hasta entonces para la historia del mundo. La mente buscará allí, intuitiva, donde la inercia se detiene. Sus preguntas rebasan las consistentes certidumbres. Pero, ha de abandonar a Newton, el hombre que conjugó ciencia y religión, para seguir una ruta incierta.

Los conocimientos de Dostoievski sobre la geometría hiperbólica de la cuarta dimensión provienen de sus estudios en la Academia Militar de Ingenieros y que se supone volvió a examinar en la época de *Los hermanos Karamázov.*[10]

9. Ver también a Kenneth Wapnick, *Cuando 2+2= 5. El reflejo del amor en un mundo sin amor,* Barcelona, El grano de Mostaza, 2014.

10. Para los geómetras del siglo XIX la cuarta dimensión no poseía una existencia real en nuestro espacio físico, más bien se consideraba como una creación ideal de la mente humana. Hubo que esperar a Einstein y Minkowski en el siguiente siglo para que el tiempo alcanzase el atributo cierto de la cuarta dimensión. De todos modos, la hipótesis sobre su existencia se remonta al menos al siglo XVIII, con los matemáticos D´Alembert y Lagrange. Dostoievski, a través de Iván, se

En la locura, Iván retoma el viejo asunto del doble que Dostoievski ya trató muchos años antes: «¡Insultándote a ti me insulto a mí mismo! Tú eras yo mismo, solo que con otra cara» (Libro XI), exclama dirigiéndose al Diablo, que piruetea con su disfraz de *gentleman.*

Y más tarde interpone esta lúcida observación: «No, tú no existes por ti mismo, tú eres yo, ¡y nada más que yo! ¡Eres basura, eres mi fantasía!» (Libro XI).

El maligno adopta modos humanos y parece habitar entre los hombres; se constituye en su horrendo doble: «Satanás *sum et nihil humanun a me alienun puto*»[11] (Libro XI).

Pronto renace la eterna cuestión formulada ahora en términos imaginarios.

El diablo relata una leyenda con matices crípticos. Versa sobre el paraíso:

> Aquí en la tierra, hubo una vez cierto pensador y filósofo que lo negaba todo, leyes, conciencia, y en especial la vida eterna. Murió creyendo que iba a desaparecer en las tinieblas y la nada, pero no: hete aquí que se encontró ante la vida eterna; estaba asombrado e indignado: esto, dijo, va en contra de mis convicciones.
>
> Y por estas palabras lo condenaron a que recorriera en las tinieblas un cuatrillón de kilómetros (también usamos los kilómetros ahora) y, una vez que acabase el recorrido, le abrirían las puertas del paraíso y le perdonarían todas sus faltas.
>
> —¿Y qué otros tormentos tenéis en ese mundo aparte de lo del cuatrillón de kilómetros? —le interrumpió Iván con cierta viveza inesperada.
>
> —¿Que otros tormentos? ¡ah, ni me lo preguntes! Antes los había de todas clases, pero ahora solo se llevan los de tipo moral, remordimientos de conciencia y todas esas zarandajas…

debate entre lo macrosocial y el mínimo mundo interno y no logra dar con una teoría que unifique ambos niveles. Tampoco lo han conseguido hasta ahora los físicos. La Teoría Unificada aguarda.

[11] Soy Satanás y nada de lo humano me es ajeno.

—Y entonces, ¿aún sigue allí echado?

—El caso es que no: estuvo echado cerca de 1000 años y luego se levantó y se puso a andar.

—¡Vaya zopenco! —exclamó Iván con estallido de risa nerviosa, como esforzándose por recordar algo—. ¿No da lo mismo estar eternamente echado que andar un cuatrillón de kilómetros? ¡Debe suponer como un billón de años de camino!

—Pero hace mucho tiempo que llegó y ahí es donde empieza la anécdota.

—Fue abrirle las puertas del paraíso y entrar en él, y antes de que hubiera pasado allí ni dos segundos... exclamó que por aquellos dos segundos valía la pena caminar no ya un cuatrillón de kilómetros sino un cuatrillón de cuatrillones y hasta elevado a la cuatrillonésima potencia (Libro XI).

La leyenda trata del tiempo inconmensurable y sobre todo de nuestra dificultad para comprender los conceptos paratemporales, en especial el de eternidad.[12] Tradicionalmente, el tiempo se ha medido en términos del movimiento de un cuerpo en el espacio. Pero en el siglo XIX los científicos cambiaron de perspectiva. Lobachevski lo definía en función del movimiento relativo de los cuerpos materiales: «La continuación del movimiento de un cuerpo conocido en comparación con otro se llama tiempo». El geómetra supera de este modo el tiempo absoluto de Newton y el tiempo subjetivo de Kant, como formas típicas de nuestra intuición.[13]

El tiempo y sus consecuencias para el hombre es asunto principal en la obra de Dostoievski. En *Demonios,* Kiríllov declara que no es una cosa sino una idea, en una suerte de variación de la

12. Ver mi obra *Tiempo, Temporalidad y Psicoanálisis,* Madrid, Quipú Ed. 1994.

13. Einstein aborda en su Teoría de la Relatividad General el problema de la estructura geométrica del universo. El espacio-tiempo es curvo debido a la acción de la gravedad.

noción kantiana; *razón pura*. Ahora el concepto adquiere nuevos contenidos.

Iván intenta someter el tiempo a los dictados de la física, concibiéndolo como el movimiento de un cuerpo en el espacio y no basado solo en términos estrictos de movimiento.

El filósofo de la leyenda *rehúsa creer* porque se ve impotente para enunciarla en conceptos. Esa impotencia le lleva a ser condenado a una burda *imitación espacial de la eternidad:* el recorrido de un cuatrillón de kilómetros. Cuando el purgatorio toca a su fin y alcanza el paraíso, aprende que la eternidad no puede ser traducida en términos espaciales.

Cantor, el matemático ruso, creará los números transfinitos, donde el todo no es mayor que las partes y hace manejables nociones que antes se antojaban más allá de la imaginación. Por su parte, el Diablo viene a decir que en esos dos segundos se pueden caminar cuatrillones de kilómetros. Los instantes del paraíso son por completo diferentes a los desvaídos momentos de la tierra.

La locura aguarda, o tal vez la impensable serenidad que proporcionen los nuevos conocimientos.

4.4 Aliosha, donde la tempestad se aquieta

> Aliosha, el bondadoso Aliosha, casi un ángel debido a su fe en Dios.
> Pero no todo es tan sencillo porque, a fin de cuentas,
> es un Karamázov y algo debe haber en él
> que le identifique como miembro de esta vertiginosa familia.
> *La culpa. Aliosha Karamázov*, Tarrou

La cizaña convive con el trigo en el corazón del hombre. Todos tenemos nuestra parte en la culpa. No podemos escandalizarnos frente a la propagación de la peste.

Una respuesta similar es la que pone Dostoievski en boca de Aliosha Karamázov cuando describe la conversión de Markel, el hermano mayor de Zósima, que es como si fuera la suya.

Dostoievski se responde a sí mismo, impugna sus propias objeciones hechas al orden del mundo a través de Iván Karamázov:

> Además, te digo, *mátushka,*[14] que todos nosotros somos recíprocamente culpables y más que nadie yo...
>
> Has de saber que, en verdad, todos y ante todos, somos culpables. No sé cómo explicártelo, pero siento que es así hasta la tortura. ¿Por qué reñimos, por qué nos pavoneamos los unos ante los otros y nos ofendemos?
>
> (M. Mosto, *Albert Camus y Fiódor Dostoievski*, 2015)

Culpa omnipresente, precio que, acaso, hemos de pagar por ser protagonistas de nuestras vidas. Culpa y sufrimiento.

> Que sea yo pecador ante todos, pero que todos me perdonen; eso es el paraíso. ¿Acaso no estoy ahora en el paraíso?

Es el gran hallazgo de Markel, el hermano de Zósima, en su lecho de muerte. Suprema libertad, entonces el precio de nuestros deseos inconfesables es la culpa, pero también culpa gozosa cuando reclama el perdón, el reconocimiento de los semejantes.

Culpa oceánica que todo lo inunda.

> Amigo, en verdad esto es así, pues en cuanto te hagas sinceramente responsable de todo y de todos, inmediatamente verás que esto ocurre en realidad y que tú eres culpable por todos y por todo. Si te hundes en la pereza y en la impotencia ante la gente, acabarás participando del orgullo satánico y murmurando de Dios.

[14]. Exclamación intraducible. *Rossiya Mátushka* (Madrecita Rusia).

La contradicción en Aliosha, donde habitan el amor a los hombres, junto con la tajante retirada del vínculo carnal:

> En Aliosha, se conjuga esta primigenia inclinación a amar al prójimo con una especie de recato erótico: su castidad se califica de feroz; de manera que, por esta vía, llega a la religión teniendo ya la inclinación a la clase de virtudes que el cristianismo ha sabido impulsar. Se me objetará con razón que Dostoievski de forma explícita renuncia en el caso de Aliosha a la pretensión de hacerlo un creyente primero y un personaje bondadoso después.
>
> (Víquez, 2009)

El novicio no se interesa por los aspectos teológicos o metafísicos, sus creencias reposan sobre bases más tangibles y evidentes como lo demuestra en su diálogo con Iván:

> —Creo que lo primero que hay que amar en este mundo es la vida.
>
> —¿Amar la vida antes que su sentido?
>
> —Así tiene que ser: amar la vida antes que la lógica, como dices tú, y solo entonces podré entender también su sentido.

Aliosha habita en un monasterio ortodoxo del que se aleja tras la muerte de Zósima para enfrentarse al mundo y volver después a Dios enriquecido por la experiencia secular. Iván le confía que Dios no existe, sus argumentos para sostener tal postura descansan en la presencia del mal en el mundo, en el sufrimiento de los niños (ver *La confesión de Stavroguin)*. Si estos hechos aberrantes ocurren, ese Dios misericordioso, omnipotente que todo lo ve, ese Dios distante del Vaticano, no existe.[15]

[15]. Con motivo del 75 aniversario del cierre de Auschwitz, una de las supervivientes que asistía al acto declaraba algo semejante: «allí dejé de creer en Dios».

Aliosha se defiende con los argumentos del evangelio: Dios envía a Jesucristo para redimir a los hombres. Dios padre nos regala a su propio hijo... ¿qué designio le anima para tamaño sacrificio? Era el menor de los cuatros hermanos. Al igual que todos, fue abandonado por su padre a muy temprana edad; sin embargo, ello no impidió que sintiera un profundo cariño por él. Durante toda su vida siguió la senda de su fe. Su creencia en Dios y en la humanidad siempre dictaron los pasos de este notable personaje:

> Aliosha no soporta ver el sufrimiento de los demás y siempre debe hacer algo para aliviar la existencia de quienes lo rodean.[16]

Aliosha, el novicio que sale del monasterio para serle de mayor utilidad al mundo, como le indicó Zósima, no es ajeno a ese pensamiento que acecha, con una apariencia u otra, en toda la obra de Dostoievski: la inexistencia de Dios permite cualquier acto. Pero está íntimamente convencido de la existencia de Dios.

Si existe algún elemento en común a todos los personajes de la novela (excepto para Smerdiákov) es el profundo amor y respeto por la figura de Alexéi. Para Dostoievski representa el modelo a seguir de toda la humanidad; en efecto, si Dios existe, no todo está permitido.

Mishkin supone una suerte de bondad en sí, Aliosha posee un amor transcendente.

Karamázov, gritó repentinamente Kolia al final de la novela: «¿es verdad lo que dice la religión de que resucitaremos de entre los muertos y nos volveremos a ver todos, todos, incluso Iliuscha?» Aliosha Karamázov responde, entre risueño y entusiasta: «Seguro que resucitaremos, seguro que nos volveremos a ver y alegremente nos contaremos unos a otros todo lo sucedido».

16. Tymieniecka, *Alexéi, el Cristo humano,* 2000, pág. 373.

4.5 Zósima, un hombre para la eternidad

¿Representa este personaje la encarnación de una idea, del ideal dostoievskiano de la religión, o es un simple hombre del gran teatro de los Karamázov?

La actitud de Zósima para con el tiempo es paradójica, de la misma manera en que se preocupa poco de las estaciones, aconseja rendirse al proceso del envejecimiento hasta la muerte y a otros cambios sujetos a sus efectos. En este sentido, el tiempo parece actuar junto con las leyes de la naturaleza para eliminar al hombre. La muerte es tozuda.

Naturaleza y tiempo están ligadas de manera inextricable. Serguéi Bulgákov define la corruptibilidad *(tlennost)* como la fuerza destructiva de lo intemporal, añadiendo que la meta del hombre es transcender este estado.

El *stárets* acepta su inexorable transcurso, se rinde ante él y frente al determinismo físico que implica. No obstante, la existencia para el monje no está mecánicamente predeterminada y el tiempo no solo significa la cuarta coordenada necesaria para comprender las leyes de la naturaleza.

Aunque la segunda ley de la termodinámica establece la dirección del tiempo y la irreversibilidad de ciertos procesos físicos, no existe un equivalente espiritual de esta ley. Zósima demuestra que el milagro de la voluntad divina, un primario *Wille zur Macht* nitzscheano, rige el universo y no el determinismo.

Parece poseer el «ojo esclarecido de los santos», descrito por Serguéi Bulgákov.

El *stárets* expone la visión de Dostoievski acerca de la cristiandad, que alcanza en su sentir un carácter universal, allí donde el autor supera sus límites y contradicciones. Si Zósima está más allá del tiempo, también trasciende a la torturante duda, pero no se instala en el absolutismo, sino en la serenidad.

Integra, junto con el obispo Tijon de *Demonios* y con Makar Ivánovitch Dolgoruki de *El adolescente*, la trilogía de los grandes maestros de la existencia.

Zósima representa la dimensión mística del autor, en contraposición a la siniestra presencia del hombre del subsuelo.

G. Panichas le califica de *homo fictus*[17] elevado a un plano metafísico.

Para crear a este personaje, Dostoievski se inspiró en el santo Tijon de Zadonsk (1724-1783). En el borrador de *Los hermanos Karamázov* figura el nombre de Tijon, que más tarde será sustituido por el de Zósima. La vida de este santo tal vez ya le fuese conocida durante su destierro en Siberia.

El monje ruso, ideal de perfección del escritor, se caracteriza por ser alguien poco apegado a las jerarquías eclesiásticas, que recuerda más al modelo de la iglesia primitiva.

Las siguientes líneas expresan de manera elocuente sus sentimientos:

> La totalidad de la segunda historia [de *La vida de un gran pecador*] tendrá lugar en un monasterio. He depositado todas mis esperanzas en este segundo relato para retratar a su personaje principal, Tijon de Zadonsk, por supuesto bajo un nombre distinto. También será obispo y vivirá retirado en el monasterio; conozco el ambiente monástico desde mi niñez y si pudiera representar una figura *positiva* de santo en realidad no crearé, sino que haré un retrato de Tijon, que desde hace tiempo y con profunda satisfacción, recibí en mi corazón. Si lo consigo habré alcanzado un gran logro.
>
> (Citado por G. Gorodetsky, p. 183)

Siguiendo su estilo dialógico, en *Demonios* contrapone Tijon a Stavroguin; en *Los hermanos Karamázov* Zósima preside las controversias y el intercambio queda concentrado entre Aliosha, como tímido subrogado del monje, e Iván Karamázov.

17. El *homo fictus* se relaciona con el bíblico, que a su vez lo hace con Dios por modo de semejanza.

Para acabar de retratar al *stárets* resulta útil acudir a su contrario en materia de religión: el padre Ferapont, «anciano monje y estricto ayunador». Si detrás de Zósima se adivina la fe de Dostoievski, donde la conciencia de culpa y el perdón son la culminación de la senda que debe recorrer cada ser humano en este mundo, la sombra del padre Ferapont vigila a un ser muy diferente: «Lo veneraban como un hombre justo y lo tenían por asceta, a pesar de ver en él a un evidente *yuródivi*»[18] (Libro IV).

Sumido en un trance, que le es habitual, confiesa al reverente y temeroso monjecillo que acude a recibir su bendición:

> Suele ocurrir de noche. ¿Ves esas dos ramas? Pues de noche Cristo extiende sus brazos hacia mí y sus manos me buscan, yo lo veo con toda claridad y me echo a temblar. ¡Es terrible! ¡Terrible! (Libro IV).

Satanás y sus acólitos, los diablos menores, están presentes por doquier en su adusta existencia. En este sentido, Ferapont parece seguir los austeros y rígidos dictados del cristianismo medieval.

> Siempre hacía lo mismo allá adonde fuera, y jamás se sentaba ni decía una sola palabra sin haber exorcizado antes al maligno.
>
> —¡Satanás, fuera de aquí! ¡Satanás, fuera de aquí! —repetía cada vez que hacía la señal de la cruz—. ¡Yo te conjuro! —volvió a exclamar.

En otra ocasión, dirigiéndose al padre Paísi, el hieromonje taciturno: «heme aquí resuelto a expulsar a vuestros huéspedes, malditos diablos. Deseo comprobar si habéis acogido muchos en mi ausencia» (Libro VII).

Del cristianismo apacible de Zósima, que predica el perdón y el amor, al escenario que rodea al padre Ferapont existe una gran diferencia.

18. *Yuródivy*: el enajenado en Cristo.

La mística de san Agustín, que llega a su clímax en la arrobada contemplación de la presencia de Dios, tiene también su costado militar en *La ciudad de Dios contra los paganos*, título completo de su obra más famosa. Los paganos no eran para él simples no-cristianos, sino seres oscuros regidos por diablos a los que había que combatir.

La ominosa presencia de Satán se hace por doquier más evidente, da fe de ello el fundador del movimiento eremita, san Antonio Abad (221-356), venerado también por la Iglesia ortodoxa.

Lo malvado pasó a ser responsabilidad del Demonio, no del hombre, idea ajena al pensamiento de Dostoievski. La mansedumbre cedía su lugar a la agria confrontación que permitía a san Agustín decir: «Todas las gentes estaban subyugadas por el demonio». El Edicto de Milán (313 d. C) tuvo escaso eco con su olvidada admonición: «Todo hombre puede tener completa tolerancia en la práctica de cualquier devoción que haya escogido».

En *Los hermanos Karamázov* el diablo se hace presente con Ferapont e Iván Karamázov en su conversación con Aliosha, en ambos casos Satán es degradado a los lugares del fanatismo o de la locura. El *juródivy* y el *stárets* no se enfrentan de manera abierta, son un simple telón de fondo para la confrontación entre la ortodoxia oficial de carácter medieval y la sencilla prédica evangélica.

Zósima acaba sus días de manera serena. Más tarde se percibe en la estancia un olor a muerte que invade al sensible olfato, de la misma forma que antes la vista denuncia la primera descomposición del Cristo yacente.

La duda inquietante es siempre compañera inseparable de la creencia.

4.6. Smerdiákov, el remedo de nihilista

> Un día la Burra de Balaam de pronto se puso a hablar.
>
> Dostoievski, *Los hermanos Karamázov*

El sucinto retrato que de él hace Dostoievski:

> Todavía joven, de unos veinticuatro años, era terriblemente insociable y taciturno. No es que fuera un salvaje o que se avergonzara de algo: no, al contrario, era de natural arrogante y parecía despreciar a todos... Creció «sin ninguna gratitud», según la expresión de Grigori. De niño le encantaba ahorcar gatos y luego los enterraba con gran ceremonia... ¿De veras eres un ser humano? Le preguntó un día directamente.

«Todo está permitido». Esta máxima en Iván campa a sus anchas por los lamentosos vericuetos de su mente. El pensamiento se dilata en deseos y fantasías sin fin y allí queda a las puertas de la locura. Pero Smerdiákov es acción y por tanto necesita sustanciarse en actos. Cree en Dios y lo hace dictado por los designios del alma rusa, pero su destructividad debe tomar cuerpo en el marasmo de la libertad de acción. Se convierte entonces en parricida de facto, mientras sus hermanos se refugian en el vagaroso e indeciso deseo de serlo. Sus ideas religiosas adoptan un curioso matiz: «En el primer día creó Dios la luz, el sol y la luna y las estrellas. ¿De dónde salía la luz el primer día?».

Su despertar teológico le valió una bofetada de Grigori.

Parecía desdeñar al sexo femenino tanto como como al masculino.

La epilepsia surge una vez más: abre las puertas del éxtasis y anuncia al tiempo los abismos de una roma estupidez que se abisma en periodos de confusión.

Sus ataques del mal caduco iban a más...

Smerdiákov sufrió malos tratos desde pequeño, le propinaron golpes en la cabeza, padece su primera crisis a los veinticuatro años, la epilepsia le procura sufrimiento, furia ciega. Encontró en el suicidio el único final posible.

Fue el hijo bastardo y no reconocido de Fiódor Pávlovich, desde su nacimiento su historia es trágica, aunque desprovista de la grandeza de un héroe romántico. Es dado a luz en un oscuro y solitario jardín. Su madre era una mujer retrasada, la apestosa Lizaveta, una pobre indefensa que sobrevive en un mundo primario.

Fiódor Pávlovich violó a la desgraciada, a resultas de lo cual nació el ignorado hermano, el hijo que nunca fue tal, resentido ante todo y frente a todos.

Carente de identidad, creció con una mezcla de orgullo y destructividad; sobrevive, que no vive, asumiendo la forma más baja y elemental del nihilismo. Un hijo que nunca fue reconocido se revela en una solapada corriente de resentimiento que siente repugnancia hacia todos los hombres.

El parricida. que robó el dinero que su padre escondió para Grúshenka, fingió ataques de epilepsia y elaboró de una manera fría y calculadora un plan para inculpar a Mitia del crimen y del robo.

Iván fue su maestro, un dios humano, distante como Dios padre y severo como Él. Reconoce el crimen y le entrega el dinero a Iván; este le pregunta por el motivo del asesinato, y si era quedarse con el dinero, a lo que responde:

> —No me hace ninguna falta —dijo Smerdiákov, con voz temblorosa, haciendo un gesto de renuncia.
>
> Antes pensaba empezar con ese dinero una vida nueva, en Moscú o, mejor aún, en el extranjero, y más que nada porque todo está permitido. La verdad es que fue usted quien me enseñó esto, me lo repitió en numerosas ocasiones: si no hay un Dios infinito, la virtud tampoco existe y no hace ninguna falta. Así lo decía. Y yo pensé lo mismo.
>
> (Citado por L. Pareyson, *Filosofía. novela y experiencia religiosa*, 2011)

Smerdiákov simboliza para Dostoievski el riesgo cierto que representa perder la fe en la existencia de Dios en su forma más extrema y radical.

A Shátov le embarga la angustia de la duda y la muerte pone fin a su debate interno; Kiríllov incurre en el suicidio, ese acto peculiar del que ha rebasado las fronteras que separan el bien y el mal. Smerdiákov muere arrastrado por la autodestrucción del que no posee ya vínculo alguno con los demás y ve disolverse los escasos fundamentos de su identidad.

> A través de la literatura, Dostoievski expresa que Dios es el referente axiológico necesario para establecer el orden jurídico y moral. Si no es así la sociedad estaría repleta de Smerdiákovs, hombres destructivos que no creen en el orden, en la armonía de las cosas, en la virtud, en los valores; hombres que proponen el caos. Tal vez sea la mayor expresión de la fuerte crítica que hace al ateísmo y al materialismo en el último período de su vida.
>
> (M. Rosental & F. Ludin, 1965, pp. 127-128)

Smerdiákov es la terrible mueca que exhibe el convulso semblante de los Karamázov.

4.7. Grúshenka, la inocente que aprendió a sobrevivir

> Esa granuja de Grúshenka, que tiene ojo para los hombres.
>
> DOSTOIEVSKI, *Los hermanos Karamázov*

Grúshenka, o por mejor decir Agrafiona Aleksándrova, fue «la antigua mantenida del viejo mercader Kuzmá Samsónov, depravado hombrecillo y alcalde de la villa».

Vivía en el barrio más populoso de la ciudad y allí tenía alquilado un pequeño pabellón a la viuda del comerciante Morózov, gracias a los buenos oficios de su protector.

Sus orígenes eran inciertos. Se decía que con solo diecisiete años había sido engañada por un oficial polaco que la abandonó deshonrada y en la miseria. Por entonces era «tímida, finita, retraída y triste», en poco tiempo su carácter se transformó.

La fortuna cambió al convertirse en la mantenida de Samsónov, el viejo avaro, poseedor de centenares de miles de rublos. En el curso de esos cuatro años había amasado con astucia un pequeño capital. Entre tanto, coqueteó con los hombres y con la usura, aunque esto último en pequeña escala. En medio de sus negocios conoció a Fiódor Pávlovich.

A diferencia de Liza, la prostituta de *Memorias del subsuelo* y de Sonia en *Crimen y castigo*, entregada a la causa de salvar con la ayuda de su cuerpo a su desdichada familia, Grúshenka parece moverse en la ciénaga lujuriosa donde discurre su vida con mayor destreza que sus compañeras. Comparte con ellas un fondo de pureza, que luce con más fuerza por su temprana edad, todavía controla con sus encantos una independencia que ellas han perdido. Flirtea y seduce como una joven casadera y las supera en astucia, lo que la confiere una alegría contagiosa y una vitalidad explosiva. «Tenía veintidós años y su cara representaba exactamente esa edad. Tenía la tez muy blanca».

La histeria es la gran transformadora de las gentes. Ángel o demonio son las dos eternas caras de este Jano turbador y tornadizo.

> Ahí estaba ella, esa terrible mujer, esa «fiera» ... y, no obstante, tenía delante lo que parecía ser la criatura más sencilla y corriente: una mujer buena, agradable, digamos que bella, aunque muy parecida a todas las otras mujeres bellas, pero corrientes. Lo cierto es que era bella, muy bella incluso, con esa belleza rusa que muchos hombres aman hasta el frenesí. Era una mujer bastante alta, aunque un poco menos que Katerina Ivánova... de formas generosas y movimientos suaves, incluso silenciosos y también como lánguidos, con una especie de refinamiento particularmente dulzón y así era también su voz.

La escena con Katia en presencia de Aliosha es un acabado ejemplo del combate entre dos histéricas de diferente estilo:

—Grúshenka, ángel, deme tu manita. Mire esta mano pequeña, regordeta y encantadora. Alekséi Fiodórovich... —Y presa de una especie de éxtasis, besó tres veces la manita realmente encantadora de Grúshenka.

Tras una leve pausa en la que ambas adversarias recuperan el aliento, llega la respuesta aleve:

—¿Sabe, ángel mío! —dijo de pronto, arrastrando las palabras con la más tierna y acaramelada de las voces—, ¿sabe? No voy a besar su manita. —Y estalló en una risita menuda y jubilosa.

—Ahora mismo diré a Mitia que usted me besó la mano, pero yo a usted no la suya. ¡Cómo se va a reír!

Venganza teatral y humillante.

4.8 Katia Ivánova, donde la soberbia aumenta y la autoestima disminuye

Eran, en efecto, unas señoras muy finas, bastante alegres cuando no se las contrariaba y, cuando ellas querían, muy agradables; pero orgullosas y engreídas. Eran bastante bonitas; habían sido educadas en uno de los mejores colegios de la capital y poseían una fortuna de veinte mil libras.

JANE AUSTEN, *Orgullo y prejuicio*

En toda presentación de tintes románticos se hace imprescindible la distinción y la fortuna: «La belleza de Ivánova no es solo cuestión de dinero, aunque sesenta mil rublos es algo bien seductor... No es dinero lo que busca, ni tranquilidad, puede que busque el sufrimiento».

El juicio un tanto ingenuo de Aliosha que no advierte la doblez de Katia: «De todo el orgullo y arrogancia que tanto le habían impresionado entonces ¡ahora solo quedaba una energía audaz y noble y una fe clara y poderosa en sí misma!».

En el encuentro entre las dos mujeres que porfían por ganarse a Dimitri, la cortesía de nada sirve ya: «¡Mujerzuela, fuera de aquí!», estalla con violencia orgullosa. Aliosha, desbordado por la situación que había presenciado, pregunta más tarde a Mitia:

> —¿Crees que ha besado primero la mano de Grúshenka con algún propósito, por un cálculo astuto?
>
> —No, lo hizo sinceramente, enamorada de verdad de Grúshenka o, mejor dicho, no de Grúshenka sino de su propio sueño, de su delirio...

Dimitri, que frecuentemente ve oscurecidos sus actos por meros impulsos, esta vez intuye con acierto los sentires de Katia, la mujer a la que su honor le impulsaba a amar.

Hemos de convenir que en el drama las mujeres dañan a los hombres y los hombres hacen lo propio con las mujeres. Los deseos se entrecruzan en encuentros imposibles que la imaginación convierte en trágicos.

5. LOS HERMANOS KARAMÁZOV: PARRICIDIO Y NIHILISMO

Una duda persiste al acabar de leer esta extensa novela que pedía una continuación que no pudo ser escrita. ¿Matar al padre, tal y como los recónditos vericuetos del complejo de Edipo nos revela? Un ser frente al que se alberga sentimientos ambivalentes, para recuperar el paraíso perdido que representa la unión con la madre. ¿O tal vez matar al *Padre?* El ente superior que recibe tantos nombres y ninguno.

Otra cuestión nos asalta también ahora: ¿hacia dónde regresa el humano cuando desea la muerte del padre, caiga o no en la tentación de llevar a cabo tal acción?

La tragedia de Edipo es un mito griego, producto de una refinada cultura. En su transcurso el acto manifiesto coincide con el oculto deseo. El héroe *sabe* de su inexorable destino, de su *fatum:* huye y mata. Pero detrás de la tragedia humana, habitada por mortales, se oculta, desdeñoso, el designio de los dioses. En Grecia la grandeza del hombre se identifica con el acatamiento del destino y en el destino habita la voluntad caprichosa de aquellos. Por momentos, el triángulo formado por Fiódor Mijáilovich, Dimitri Karamázov y Grúshenka parece abocar al clásico conflicto trágico y en parte es así, ya que la esencia de la tragedia radica en el *deseo*, no en el acto. Pero Fiódor no posee a Grúshenka y esta queda también lejos de desempeñar la función de madre subrogada. El padre es solo un sátiro despiadado que no reconoce a su hijo más que como un obstáculo que se opone a sus pasiones. Dimitri aspira a Grúshenka, la hembra esquiva que revolotea alrededor suyo. El drama se desarrolla, por fin, a través del dinero, como remedo del poder y artífice de la lujuria.

Pero la poliédrica novela dostoievskiana admite otra lectura, quizá más primaria y desde luego más radical: la que nos ofrece el nihilismo. *Desear la muerte del padre* se transforma en *matar al Padre*, en la muerte de Dios. De sus imposibles cenizas surgirá un hombre nuevo.

En Fiódor Mijáilovich el amor y Cristo, su portavoz, se imponen al nihilismo. El cristiano triunfa, el vacío se llena de esperanza. Con Nietzsche el nihilismo es un aliado del hombre contra la creencia religiosa; la meta final será el superhombre *(Ubermensch),* dueño de sus actos, árbitro de su destino.

Nietzsche destruye las creencias, Dostoievski las transforma y las dota de un sentido renovado y a la vez de un propósito originario.

El mito freudiano de la horda primitiva es una propuesta inicial para explicar la supervivencia; el complejo de Edipo el resultado de una organización social mucho más avanzada, donde el deseo desplaza a la mera lucha por la existencia.

Los hermanos Karamázov representan un acabado exponente de dos momentos históricos bien diferenciados e igualmente universales.

Dejemos a la imaginación esa segunda parte que se llevó a la tumba.

CAPÍTULO X

A MANERA DE CONCLUSIÓN: DOSTOIEVSKI, NIETZSCHE, FREUD

El diablo no existe, pero el hombre lo ha creado;
lo ha creado a su imagen y semejanza.
DOSTOIEVSKI

Todo lo que se hace por amor, se hace más allá del bien y del mal.
NIETZSCHE

Si quieres poder soportar la vida,
debes estar dispuesto a aceptar la muerte.
FREUD

1. MÁS ALLÁ DEL TIEMPO

Tres hombres flotan sobre nuestro tiempo, se interesaron por Dios, el hombre y su destino; por la vida, el poder y la creencia. Supieron de las situaciones que afectan a lo inconsciente, conocen la locura, realizaron el viaje iniciático al espacio recóndito de lo subjetivo. El mito les reveló sus secretos. Atestiguaron sobre el ocaso de los absolutos, la totalidad y la nada, la transcendencia y el paisaje ínfimo de lo inmediato.

Dostoievski, se anuncia y se revela a través de sus personajes. Su presentación confunde por lo diversa: aguda, sutil, penetrante y también violenta.

Nietzsche es el dardo que hiende con su pensamiento la sumisa corriente de lo cotidiano. El hombre es el volcán que yace apresado entre incontables rocas milenarias. La frágil presencia de Apolo cubre apenas a un poderoso Dionisio.

Freud, por fin, es el aventurero que explora, sin desfallecer, el siniestro espacio de lo inconsciente, tanto más temible cuanto que está en el interior. Si Nietzsche denunció la lucha de contrarios que discurre en nuestro entorno, Freud hará lo propio con la atención puesta en el hombre del subsuelo, en perpetua lucha con la tersa y frágil superficie de la razón.

No creo en el genio, al menos en la acepción popular que se le concede al término. El genio no es un estado del ser, sino una manifestación que algunos humanos expresan en forma puntual o transitoria. Una suerte de trance que conmueve las entrañas de quien lo vive y al mundo que por su influjo sufre una transformación. Profetas y visionarios, rompedores de inercias y de tradiciones.

En este sentido, nuestros tres hombres son otros tantos genios porque producen momentos de impar grandeza. Dostoievski a través de sus novelas o, por mejor decir, de algunos de sus pasajes inmortales; Nietzsche al haber enunciado de manera explícita lo que estaba ahí sin ser reconocido: la presencia, la atracción y las consecuencias que produce el poder. Un intangible que se materializa en muy diversas conductas, mora a un tiempo en lo utópico y en lo abyecto, en lo tiránico y en lo paternal; una presencia constante en cada uno de nosotros y, para terminar, el definitivo viaje de Freud hacia lo inconsciente, tantas veces intuido y nunca hasta entonces presentado a la luz.

2. FÍSICA, METAFÍSICA, RELIGIÓN Y EL HOMBRE MISMO

Un escritor, un filósofo y el artífice del psicoanálisis se ocuparon de muchos de los eternos problemas con que se enfrenta el ser humano: *conocer y sentir, trascender y morir; creer y desconfiar.*

Dostoievski y Nietzsche atacaron la formidable barrera de los absolutos: *Dios, la Muerte, la Libertad, la Moral, el Sufrimiento…*

A Freud le tocó explicar lo que siempre había estado ahí, aunque permanecía oculto a los ojos de casi todos, librado a la intuición de poetas, orates y soñadores, más allá de los confines de la ciencia oficial, el único saber tachado de admisible. Rescató al espíritu de la carga empobrecedora de la superstición y analizó el hasta entonces vedado campo de las pasiones.

Las ideas y los afectos se entremezclan, su examen se torna difícil.

Nacieron en el siglo XIX, de cuyas miserias y grandezas ya hemos tratado, el más longevo alcanza siglo XX.

Dostoievski se mueve en un mundo proteiforme que abarca desde la primitiva *isba* a las cegadoras cúpulas del Kremlin y a los soñadores canales de San Petersburgo. En sus relatos, Dios se transforma en Cristo.

Nietzsche discurre entre Wagner y Schopenhauer, padres mentores, hasta desembarazarse de ambos y proclamar la nueva moral sin tasa, el poder del *Übermensch*. Desafía a Dios y lo somete al hombre.

Freud no se enfrenta con lo divino, se limita a situarlo, con cautela, en la historia. En un principio, representa la *necesidad (ananké)* de hallar protección frente a un amenazador entorno que desconoce y, poco a poco, no sin violentas conmociones, tenderá a quedar relegado al dominio de la evocación.

La cultura se engendra con el manto protector de la religión y con el paso del tiempo trata de expulsarla del universo que ella misma creó.

La idea de Dios les une y les separa.

3. EL DIOS DE DOSTOIEVSKI

> Yo creo en Dios, pero él no cree en mí.
>
> DOSTOIEVSKI

Los dioses o Dios mismo.

Los dioses increados o fruto singular de una nada que se autocontradice al concebir a los señores del universo. La Nada es un fértil Todo potencial de donde parten los dioses mismos, que son la apoteosis de lo absoluto, siempre temidos y alguna vez amados. Comienzo de todas las cosas y celosos guardianes del final de los tiempos. Al menos así parece.

Para Dostoievski, Dios se concreta en esa criatura evangélica llamada Cristo, lejos ya del ser tonante del Sinaí, el que no tiene nombre porque los tiene todos, que regirá a un pueblo idólatra. YHWH (יהוה) *(Yo seré lo que seré* del monoteísmo hebreo) un puro *logos*, una totalidad a la que nada le es ajeno, un ente abrumador cuyas leyes definitivas están grabadas en piedra.

Por el contrario, el Dios-Cristo de Dostoievski es cálido, queda más próximo al de san Agustín, al Cristo que se revela y se expresa en el *amor*, tal y como se encuentra en el último Raskólnikov, en Tijon, en Aliosha Karamázov o en Zósima, su maestro. Huye de los Ferapont, enamorados del exorcismo.

La virtud, el camino recto, es patrimonio del amor. Pero la serenidad y el caos que nos rodean se exigen mutuamente y se dirimen en el drama. «Una definición breve y verdadera de virtud es el orden del amor. *La Ciudad de Dios*».

El amor en san Agustín es clave para entender la relación cristiana con el Hacedor. A Dios no se le teme, se le ama. El amor sitúa lo que está disperso, es un auténtico demiurgo, transciende y lleva en sí la entraña de la inmortalidad. Quien ama permanece. Seré para siempre en aquéllos que amo.

> Justo como el hombre es por mor de Dios, es el mundo por mor del hombre. El amor como deseo determina la relación del hombre con una cosa, o sea con todo lo que existe.
>
> (H. Arendt, 1929. p, 59)

Lejos de ser esa ominosa abstracción judaica, Dios entra así, de manera decidida, en el agitado universo emocional de la existencia.

> Dostoievski ha superado, como ya señaló acertadamente el filósofo Alois Dempf, tanto al burgués Hegel como al proletario Fourier, para desembocar, como más adelante Nietzsche, en el individualismo solipsista. Sin embargo, ha dado un paso más, llegando a positivas soluciones de triunfo sobre el nihilismo. No piensa ya de forma racionalista, como Marx, Spencer, Comte y Tolstói, ni de modo esteticista como Burckhardt y Nietzsche, sino que profesa una ideología metafísico-religiosa, apocalíptica, con la enteriza plenitud de una personalidad pensante, volitiva, sensible y también doliente.
>
> (J. Matl, 1951)

Dostoievski asalta decidido la sombra del Dios inmisericorde y la humaniza. A la talla gigantesca del hombre dostoievskiano se llega atravesando el desmesurado mundo de sus pasiones. El poder y sus vicisitudes, que está en la órbita de Nietzsche, le es ajeno.

> Dostoievski no puede entenderse sin el psicoanálisis, no lo necesita, pues cada personaje y cada frase lo ilustran. Que *Los hermanos Karamázov* traten del problema más personal de Dostoievski, a saber, la muerte del padre, y que su trasfondo sea la tesis psicoanalítica de la equivalencia acto e intención inconsciente, solo sería un ejemplo de ello. También la singularidad de su amor sexual, que o bien es ardor instintivo o bien compasión sublimada; la inseguridad de sus héroes, que igual aman que odian; a quien aman, cuando aman, etc.; todo ello muestra en qué suelo tan peculiar se desarrolla su psicología.
>
> (Freud a S. Zweig, 1920)

Siempre el mundo encontrado de las pasiones que, al ser inconscientes, quedan más allá del control de la voluntad. Las pasiones representan el conocimiento primario del que el hombre se vale para gestionar su balbuciente mundo interior, para descubrir los límites de su cuerpo y para aventurarse en el desconocido entorno donde otros seres habitan.

> La religión viene a perturbar este libre juego de elección y adaptación, al imponer a todos por igual un camino único para alcanzar la felicidad y evitar el sufrimiento. Su técnica consiste en reducir el valor de la vida y en deformar delirantemente la imagen del mundo real, medidas que tienen por condición previa la intimidación de la inteligencia. A este precio, imponiendo por la fuerza al hombre la fijación a un infantilismo psíquico y haciéndolo participar en un delirio colectivo, la religión logra evitar a muchos seres la caída en la neurosis individual. Pero no alcanza nada más.
>
> (S. Freud, *El malestar en la cultura,* 1930)

El desdén por la felicidad como objetivo supremo une a los tres hombres. Para el primero la meta es el amor que se oculta tras el sufrimiento, para Nietzsche la apropiación del poder por la totalidad de los hombres y no solo como patrimonio de algunos elegidos, para Freud quizá la serenidad que se alcanza en la superación del conflicto.

El conocimiento unido a la pasión arrastra al vértigo, entonces *somos* y a la vez *tememos* disolvernos en el magma primitivo del que soñamos proceder.

La cultura es la antítesis de la Arcadia; equilibra y tiende a *estar,* pero al tiempo cobija la simiente del cambio cuando se sitúa al borde del caos, en los límites de lo conocido, que promete el futuro y al tiempo anuncia el apocalipsis.

La duda que acosa a Shátov en *Demonios,* y en ocasiones al mismo escritor, se ha debatido siempre en lo más íntimo del ser humano; ese sentimiento que, en el decir de Kierkegaard, conduce a «estar sin Dios en el mundo», es para él una duda candente, trágica si se quiere, que arrastra a la desesperación, que tan bien conoce el filósofo existencialista, pero que está lejos del oscuro abismo hamletiano en el que acecha la culpa, donde la moral ensombrece la imagen de Dios.

En sus «Meditaciones religiosas» escribe:

> Sé y siento que mi vida se acerca a su fin; pero, también al fin de cada día, siento que esta vida terrena pasa a una vida nueva, aún desconocida

para mí, pero que atisbo claramente, cuyo mero presagio hace a mi alma temblar y estremecerse, llenándola a la vez de profundo entusiasmo. De pura alegría llora mi corazón y resplandece mi espíritu.

4. NIETZSCHE, EL FILÓSOFO QUE IGNORABA A LAS MASAS

> Nietzsche permanecerá como una figura envuelta en una tragedia
> delicada y venerable, envuelta en las llamaradas
> de los relámpagos de este cambio de los tiempos.
> TH. MANN, *Schopenhauer, Nietzsche, Freud*

La prematura muerte del amado padre —Nietzsche no tenía aún cinco años— provoca que Richard Wagner se erija en epicentro de su vida afectiva. A. Liberman (1994, p.165) se detiene en las sombras que habitan la relación Wagner-Nietzsche:

> Cósima, la jovencísima mujer de Richard, de la que Nietzsche está enamorado y edípicamente excluido (soñará con *ser* Wagner), y la crítica de Wagner a la música de Nietzsche. Nietzsche deberá asumir el *rol* de tercero incluido y solo podrá ejercer su virtuoso intelecto: el gozoso camino del amor y la creación quedarán, a través de su estremecida sensualidad, en manos de Richard Wagner, que ocupa el lugar del padre.

Schopenhauer ocupó más tarde ese espacio y también, como procede, Nietzsche se rebeló contra él.

Hay algo de eterno adolescente en su figura, esta condición será clave para explicar su exceso y su pasión por la catástrofe.

Liberman añade:

> En definitiva, Nietzsche es el hijo ilegítimo que busca un padre verdadero. Wagner y Schopenhauer planean por *El nacimiento de la tragedia.* Mantendrá la elección hasta que el precio a pagar, la servidumbre,

> comience a ser una rémora; se discriminará entonces para preservarse. Zarathustra: ¡Dios ha muerto!
>
> ...Pero incluso la posterior idea del *eterno retorno* recuerda el uso de los *leitmotiv* en Wagner.
>
> (*Ibíd.*, pp. 194-5)

Con el filósofo, Dios, el silencio, su ausencia y hasta su muerte misma se agitan en un ámbito diferente al de Dostoievski. Es la épica con acentos trágicos que desafía a lo divino, Dios es un mito creado por el hombre para sosegar sus ambiciosas alas.

La gaya ciencia (1882), escrita un año después de la muerte de Dostoievski, alude a la leyenda:

> ¿No habéis oído hablar de ese hombre loco que, en pleno día, encendía una linterna y echaba a correr por la plaza pública, gritando sin cesar, busco a Dios, busco a Dios?
>
> Como allí había muchos que no creían en Él, su grito provocó la hilaridad. «Qué, ¿se ha perdido Dios?», decía uno. «¿Se ha perdido como un niño pequeño?», preguntaba otro. «¿O es que está escondido? ¿Tiene miedo de nosotros?». Así gritaban y reían con gran confusión. El loco se precipitó en medio de ellos y los traspasó con la mirada: «¿Dónde se ha ido Dios? Yo os lo voy a decir», les gritó. ¡Nosotros lo hemos matado, vosotros y yo! ¡Todos somos sus asesinos! ...
>
> ¿No vamos como errantes a través de una nada infinita? ¿No nos persigue el vacío con su aliento? ¿No hace más frío? ¿No veis oscurecer, cada vez más, cada vez más? ¿No es necesario encender linternas en pleno mediodía? ¿No oímos todavía el ruido de los sepultureros que entierran a Dios?

El nuevo Diógenes llega más lejos que el filósofo griego, no se contenta con buscar a un hombre, sino a Dios mismo y llega a una insólita conclusión: Dios va a morir y nadie lo sabe. Solo él, heraldo del antimesías, como un nuevo Bautista, conoce la silenciosa tragedia.

Fuimos ciegos ante su venida y también lo somos frente al incierto rastro que anuncia su desaparición. Nadie comprende.

Se desgranan multitud de reflexiones al respecto en *Así habló Zaratustra* (1883-85): el tema central de la primera parte es la muerte de Dios, ser cuyo peso —dice— ya no debe abrumar al hombre a fin de ser libre para conquistar, no «el otro mundo», sino este mundo que le pertenece. Y al final, sentencia de manera rotunda: «Muertos están todos los dioses; ahora queremos que viva el *superhombre*». Mensaje que dota de propósito el sueño de Kiríllov.

Pasan meses y años, Zaratustra vuelve a predicar. En esta ocasión proclama la *voluntad de poder (Wille zur Macht)* el nuevo becerro de oro. Ataca a quienes se oponen a su mensaje: a los compasivos, a los sacerdotes, a los virtuosos, a los sabios famosos, a la chusma, y también a los poetas.

A la muerte de Dios le sigue el frenesí, mezcla de placer y vértigo, y el *Poder* se impone como imperativo categórico. Retorna el primitivo *dictum:* «Seréis como dioses», que anuncia el conocimiento, el reinado del conocimiento. La realidad se impone al placer sin goce del Paraíso.

Al tiempo, a la manera de una nueva confrontación entre el Bien y el Mal, nace el socialismo con «el condicionamiento económico en última instancia»,[1] la frase de Karl Marx presagia el siguiente absoluto: la *economía,* que ha de compartir su sitial con otras que aspiran a alcanzar el mismo privilegio.

La horda medra, el padre primitivo desaparece cumplida su función, diría Freud. En el campo de batalla se enfrentan la glorificación del sujeto, el espacio de la singularidad y la conciencia emergente de poseer un lugar concreto en el sistema de producción que está naciendo. El elemento irreductible, clave de este nuevo orden socialista, es la *clase;* para Nietzsche, el organizador será el *sujeto.* Sujeto pleno, sujeto idealizado, que aspira a Ser y se confunde con el Superhombre.

[1]. En la carta de Engels a J. Boch (21-22 de septiembre de 1890) se lee: «Según el concepto materialista de la historia su momento determinante es, en última instancia, la producción y reproducción de la vida real».

Pero el sujeto es también vivido y controlado en gran parte por lo inconsciente, por el hombre del subsuelo, que posee existencia propia como generador de la angustia, del desamparo, de precursor del vacío.

La noticia de la «muerte de Dios» llega temprano; nadie está preparado para entender realmente las consecuencias de tal suceso. Solo el loco es capaz de ello; en ese momento es el genio lúcido del relato. Por tal razón resulta comprensible la manera en como termina ese párrafo: «¿Qué son aún estas iglesias, si no son las criptas y mausoleos de Dios?» (Nietzsche, 2007, p. 115[eKGWB/FW-125]).

El Dios de las iglesias, efectivamente es el Dios de la religión cristiana, su eco resuena, macabro, en las cinceladas piedras centenarias de las catedrales.

Sommer (2006, p. 49) puntualiza:

> El Dios del que se habla aquí es asimismo la suprema instancia de la religión revelada judeocristiana, la idea suprema sobre la que había girado la metafísica racional de occidente.

Y Heidegger dejó escrito a este respecto:

> El nihilismo es el movimiento histórico que conduce a los pueblos de la tierra al ámbito del poder de la Edad Moderna. Por eso, no solo es una manifestación de la edad actual, ni siquiera un producto del siglo XIX, a pesar de que fue entonces cuando se despertó la agudeza visual para captarlo y su nombre se torno habitual. El nihilismo tampoco es el producto de naciones aisladas cuyos pensadores y escritores hablen expresamente de él. Aquéllos que se creen libres del nihilismo son, tal vez, los que mejor lo desarrollan. El carácter inquietante del inhóspito huésped parte del hecho de no poder nombrar su propio origen.
>
> (Martin Heidegger, «La frase de Nietzsche "Dios ha muerto"»)

V. Lozano (2004) reflexiona a propósito de este filósofo:

> Heidegger se detiene en analizar las posibilidades históricas de despliegue de la metafísica, entendida como olvido de la verdad del ser (*alétheia*) en favor de la verdad del ente y sus fundamentos últimos (onto-teo-logía). Nietzsche caería dentro de la tradición a la que da cumplimiento, y por tanto un final, siendo, a su pesar, el último de los grandes metafísicos.

Por su parte, I. Debernardi añade:

> Heidegger considera que, con la filosofía de Nietzsche, en el fondo, «se consuma la moderna metafísica de la subjetividad»: es el pensamiento de una subjetividad que se autoafirma radicalmente en su empeño de dominio incondicionado de la totalidad del ente, para lo cual se pone a sí misma como fundamento a partir del cual obtener toda indicación y medida. Solo de este modo el hombre moderno halla la forma de darse a sí mismo la libertad: dominando. Por ello, la esencia de la modernidad —que no es en realidad sino la explicitación del proyecto filosófico occidental— es la determinación de lo que hay en términos de voluntad de poder.
>
> (I. Debernardi, 2008)[2]

La contienda continúa.

También en Nietzsche la presencia de Dios, del Padre, es una constante que permea toda su obra. Como escribe Steiner en *Presencias reales*, solo por esa referencia a Dios, al Padre, ya sea para afirmarlo o negarlo, hay obra de arte. La estética nietzscheana.

El epistolario de Nietzsche constituye un documento fundamental para constatar en qué momento de su vida trabó conocimiento del escritor ruso y hasta qué punto su lectura avivó las ideas que ya latían en su mente. La presentación del hombre del subsuelo influye más en el alemán, a buen seguro, que el peculiar sentimiento que Dios despierta en su alma.

2. I. Debernardi, *Heidegger y la superación de la metafísica*, Chile, Universidad Viña del Mar, 2008.

La primera referencia a Dostoievski se encuentra en una carta de Nietzsche fechada el 12 de febrero de 1887 dirigida a su amigo Franz Overbeck en la que, en el borde izquierdo de la primera página, anota: «¿Te he escrito acerca de H. Taine? ¿Y de que me encuentra *infiniment suggestif*? ¿Y de Dostoievski?»

Al día siguiente, le pregunta a Heinrich Köselitz (Peter Gast): «¿Conoce usted a Dostoievski?, excepto Stendhal, nadie me ha causado tanto placer y sorpresa, un psicólogo con el que me entiendo».

Tras estos sondeos a Overbeck y Köselitz, Nietzsche recibe respuesta de este último, quien le confiesa su más profunda ignorancia en torno a la existencia de este autor:

Dostoievski, a quien califica de «presumiblemente polaco», compara su concepción del cristianismo y de Cristo con la de Ernest Renan a quien ataca. El conocido fragmento póstumo (*Jesús: Dostoievski*, 1888) dice así:

> Conozco solamente a un psicólogo que ha vivido en el mundo en el que el cristianismo es posible, en el que en todo momento puede surgir un Cristo... Este es Dostoievski. Él ha *adivinado* a Cristo: e instintivamente se ha procurado ante todo de representar a este tipo con la vulgaridad de Renan... ¡Y en París se cree que Renan sufre de excesivas *finesses*!... ¿Pero se puede fallar de peor manera que cuando se hace de Cristo, que fue un idiota, un genio? ¿Que cuando se extrae mentirosamente de Cristo, que representa la antítesis de un sentimiento heroico, un héroe?

En la redacción definitiva de *El Anticristo*, Nietzsche no cambia de opinión y vuelve a criticar la utilización por parte de Renan de los dos conceptos de *genio* y de *héroe* para explicar a Jesús. Al contrario, hay una única palabra que ayuda a comprender la *psicología del Redentor* —y nótese que aquí Nietzsche habla con el rigor del fisiólogo *(Mit der Strenge des Physiologen)*—, la palabra *idiota*.

5. FREUD Y LOS SUBROGADOS DE DIOS

> Sería muy simpático que existiera Dios, que hubiese creado el mundo y fuese una benevolente providencia; que existieran un orden moral en el universo y una vida futura; pero es un hecho muy sorprendente el que todo esto sea exactamente lo que nosotros nos sentimos obligados a desear que exista.
>
> FREUD

Años después, también Freud se interesa por Dios cuando analiza el hondón del hombre mismo a través de una serie de mediaciones y desplazamientos. Así el parricidio se erige como una idea central en su largo trayecto como psicoanalista.

«Mis padres eran judíos y también yo he seguido siendo judío», dirá en su *Autobiografía*. Para él, la figura paterna cobra relevancia ante la necesidad de construir una imagen de identificación. Con el *caso Schreber* (1911) tuvimos ocasión de contemplar en la estructura delirante del magistrado la identificación de Dios con la figura de su severo padre Moritz Schreber, un Dios tonante, personificación de prohibiciones.

En el ambiente de la Viena finisecular, con sus frecuentes brotes antisemitas, era necesario adaptarse y Freud lo consigue sin abjurar del padre judío. De ahí que se pueda decir que la obra de Freud es inseparable de su judeidad y del relato de las trasgresiones que esta condición invoca.

La búsqueda de Dios tiene lugar desde dos perspectivas diferentes, que confluirán más tarde en sus últimas obras. Al principio se interesa por el *origen de la vida* en sus radicales comienzos, ese tránsito misterioso desde el mineral que yace inerte entre el polvo, que se limita a estar, hasta alcanzar después el latido exultante de la existencia. En lugar del ser supremo, ha llegado el *trasgo de la entropía* para confundirlo todo, para alterar el reposado y tradicional *antes y después, el tiempo se tambalea.*

Ahora nuestros ojos contemplan un fenómeno fascinante: de la materia inorgánica de alta entropía. Tras recibir un soplo de energía, emerge un islote de materia de baja entropía: la materia orgánica y más allá la *vida*. ¡Ah, esa inefable relación entre materia y energía!

El resto del proceso es menos salvaje y más abarcable para nuestro intelecto euclídeo, corre a cargo de la *evolución*, un bucle interminable entre el *gen* y su *entorno*. Parece imposible que, en el decir de Nietzsche, «del noble mono descienda el mísero ser humano». El filósofo que pugna contra Dios, que niega el *Génesis,* se asombra ante el pulso de energía que desde la física conduce al territorio de la humanidad.

Lo vivo avanza, la complejidad aumenta; pero, al mismo tiempo, otra fuerza generada en el mundo insólito de la termodinámica impulsa a regresar al estado anterior: a la materia inanimada. La vida sufre el constante asedio de la muerte. Un proceso carente de finalidad, salvo para el ser humano, que no desempeña en este sinsentido un papel distinto al de un triste guijarro.

El imperio de la segunda ley de la termodinámica se hace presente: «En un sistema aislado, ningún proceso puede ocurrir si a él no se asocia una disminución de la entropía total del sistema». Tal y como afirmó Clausius, a mediados del siglo XIX, poco antes del nacimiento de Freud.

El vienés se mueve en este nuevo ambiente dictado por la nueva física y resume así el embrollo: «La meta de toda vida es la muerte» y añade: «Lo inanimado era antes que lo animado».[3] El trasgo entrópico sustituye al soplo divino sin recurrir a la confrontación directa. Desde esta atalaya, que procede del universo de la física, la muerte es un estado, la vida una fugaz excepción.

La cuestión de la muerte queda ahora planteada con claridad, no así la de Dios.

La segunda búsqueda freudiana aborda la cuestión du existencia, dejando atrás a la piedra inanimada, partiendo del hombre mismo,

3. S. Freud, *Más allá del principio del placer*, en *Obras completas*, Madrid, Biblioteca Nueva, 1967, vol. I, p. 1112.

fuera del terreno de lo primordial, para penetrar en los espacios difusos de la antropología, la sociología y la psicología. La tarea sobrepasa los límites de una sola ciencia. Es el momento de los *mitos del origen.*

Freud ofrece intuiciones que son antesala de la noción de organización social: tras el asesinato perpetrado por la horda del tiránico padre primitivo se requiere la evocación encarnada en el banquete totémico.

> Que quizá sea el primer banquete de la humanidad que represente una repetición y conmemoración de este hecho criminal y memorable, que fue el comienzo de tantas cosas: de la organización social, de las restricciones morales y de la religión.
>
> (*Tótem y Tabú,* 1913)

Si no fue así, sucedió algo similar y la fuerza de la metáfora persiste.

Tras el caos llega el orden. Toda fundación se desarrolla a partir de una atmósfera catastrófica y, a pesar de todo, creativa. Al asesinato del padre le suceden las restricciones que la ley impone, se abre así una interesante alternativa: ¿es el hombre quien crea la ley o, acaso, es la ley quien crea al hombre? Ambos procesos se retroalimentan.

Las leyes cambian con el paso del tiempo, en el curso del desarrollo humano, como ya intuyó H. Poincaré a propósito de la física; pero, en los comienzos ¿qué mejor ley que la que dimana de los dioses? ... Los dioses, demiurgos que, con el monoteísmo de las gentes del Libro, devendrán en el único Absoluto.

Freud, por su origen judío, podría haber utilizado el mito adámico, pero no lo hace; soslaya la cuestión, avanza en el tiempo y va por derecho hacia *el Asesinato del padre,* que conduce al *complejo de Edipo* del que tenemos cumplidas noticias.[4]

En el *Génesis,* un mito de los orígenes, el relato difiere: Dios forma al hombre del polvo y sopla en sus fosas nasales el aliento de la vida.

[4] Traté esta cuestión en *Épica, Mito y Tragedia. Edipo más allá de Grecia,* Madrid, Biblioteca Nueva, 2015.

«Alma, ánima, como atributo y modo de la substancia divina», como dijo B. Spinoza.

Al cuerpo le sigue el alma, a la materia el espíritu.

El ser humano se contempló a sí mismo junto a todo lo existente. Y habló con Dios y, en ocasiones, se confundió con él. Al proceder de la tierra se vinculó por su mediación al resto del mundo. Pero, hay algo más: el universo fue creado *ex nihilo*, y el hombre lo fue más allá de lo que le rodeaba. «Eres polvo y en polvo te convertirás» (*Génesis*, 3.19). Parecería todo un presagio anunciador del trasgo de la entropía. Polvo y al tiempo hálito divino, quizás la energía, tal vez el eterno retorno.

Para Freud, esa fuerza, ya se llame el Bien, el Uno, o «aquel de quien parte el movimiento», supone que lo único cierto es que la vida procede de la muerte —extraña paradoja— y tiende hacia ella.

En las mitologías griega e hindú, el Caos, el Vacío primordial son previos a la existencia del mundo. Entre los hindúes, el tiempo es cíclico, el ser se anuncia de entre la nada, esa madre imposible que surge de otra dimensión y se desvanece en un constante flujo y reflujo. Es el *eterno retorno* en la concepción apacible de los orientales, que aspira a la perfección o, por el contrario, al trágico desgarro de los estoicos, donde todo vuelve y nada queda, donde el deseo muere para que la quietud impere.

El *Génesis* es una concepción diferente: el mundo es la creación de un Dios amoroso animado por un propósito. La no-existencia representa el lecho profundo del mundo creado; nuestro mundo bordea la nada, descansa en ella.

La vida es lo primario: la existencia se derrama desde su inicial completud en el divino regazo a la efímera vida temporal y será interrumpida por la muerte para pasar de nuevo a la vida plena. Creación y redención pertenecen al supremo Hacedor.

La primera hipótesis atañe a lo racional, la segunda a la revelación.

Pero lo racional, como afirma Nietzsche, no debe dejarnos caer en la trampa de la razón pura, que está siempre habitada por las emociones.

En la mitología griega es imprescindible recordar a la *Teogonía* de Hesíodo (s. VIII-s. VII a.C.), con el mito de la castración de Urano, y para nuestro propósito evocar también la *Teogonía de Derveni,* que figura en un papiro descubierto en 1962.[5]

En ambos figura el asesinato primordial; con él la nebulosa cósmica se puebla de fantasmas.

> [Rolland] está de acuerdo con mi juicio sobre la religión... lamentaba que no tuviese en cuenta la auténtica fuente de los sentimientos religiosos que, según él, consisten en un sentimiento peculiar que no suele abandonarle nunca, que le ha sido confirmado por muchos otros y se cree autorizado en suponerlo en millones de seres humanos. Es un sentimiento que preferiría llamar sensación de eternidad, algo carente de límites, sin barreras, por así decirlo «oceánico».
>
> (Freud, *El malestar en la cultura,* 1930)

Romain Rolland, ferviente idealista, apóstol del vínculo universal entre los hombres, próximo al éxtasis, busca el origen de la religión en el trasporte místico y no se resigna a considerarla solo a la luz de la incertidumbre primitiva como el único asidero para organizar las leyes de un universo provisional.

> Me sería imposible indicar una necesidad infantil tan poderosa como la del amparo paterno. Con esto pasa a segundo plano el papel del «sentimiento oceánico», que podría tender, por ejemplo, al restablecimiento del narcisismo ilimitado. [narcisismo primario] La génesis de la actitud religiosa puede ser trazada con toda claridad hasta llegar al sentimiento de desamparo infantil. Es posible que oculte todavía otros elementos; pero por ahora se pierden en las tinieblas.
>
> (*Ibíd.)*

5. Pertenece a la genealogía de Plotino, que entronca con san Agustín.

El ser para enunciarse como tal precisa del concurso [amparo] del otro; el *sentimiento oceánico* interesa a ese mundo imaginario donde el protosujeto se confunde con la totalidad presentida.

Para Freud el sentimiento oceánico representa la regresión al estadio infantil.

> Puedo imaginarme que el «sentimiento oceánico» haya venido a relacionarse ulteriormente con la religión, pues este ser-uno-con-el-todo, implícito en su contenido ideativo, nos seduce como una primera *tentativa de consolación religiosa, como otro camino para refutar el peligro que el yo reconoce amenazante* en el mundo exterior. Confieso una vez más que me resulta muy difícil operar con estas magnitudes tan intangibles.
>
> *(Ibíd.)*

Dostoievski y Nietzsche han abordado esta cuestión, aunque desde ángulos diferentes.

Freud aventura ahora de forma realista:

> De tal manera, Eros y *Ananke* (amor y necesidad) se convirtieron en los padres de la cultura humana, cuyo primer resultado fue el de facilitar la vida en común a mayor número de seres. Dado que en ello colaboraron estas dos poderosas instancias, cabría esperar que la evolución ulterior se cumpliese sin tropiezos, llevando a un dominio cada vez más perfecto del mundo exterior y al progresivo aumento del número de hombres comprendidos en la comunidad.
>
> (*Ibíd.*)

Y concluye:

> Me sería imposible indicar ninguna necesidad infantil tan poderosa como la del amparo paterno. Con esto pasa a segundo plano el papel del «sentimiento oceánico», que podría tender, por ejemplo, al restablecimiento del narcisismo ilimitado. La génesis de la actitud religiosa puede ser trazada con toda claridad hasta llegar al sentimiento de desamparo

infantil. Es posible que aquélla oculte aún otros elementos; pero por ahora se pierden en las tinieblas.

(*Ibíd.*)

El niño necesita del hombre y el hombre se resiste a abandonar el refugio de Dios.

6. ES PRECISO CONCLUIR

El lector advertirá, sin duda, que estos tres hombres se atrevieron con empresas que superaban a sus fuerzas, las fuerzas de un solo hombre; pero, sin embargo, las acometieron con la decisión del héroe de la tragedia. Como Prometeo, amigo de los mortales y adversario de los dioses, abordaron las cuestiones más transcendentes y eternas; nos legaron sometido el fuego de las emociones, de las creencias y pusieron a prueba la condición del ser humano, buscando encontrar su verdadera dimensión. Si Nietzsche intentó hacernos semejantes a los mismos dioses sacrificando al propio Dios, Dostoievski descendió a los oscuros subterráneos para mostrar la totalidad del hombre, que no se reduce a la conciencia. Freud, en su caso, se aventuró por otra senda: *flectere si nequeo Superos, Acheronta movebo,*[6] fue su divisa.

Matar a Dios, refugiarse en Cristo, iluminar el Infierno; trabajos imposibles solo al alcance de estos nuevos titanes.

Dostoievski abarca con un único trazo los recovecos metafísicos de la existencia y los une a los intereses universales de la filosofía, pero al tiempo es el paladín del subjetivismo, de la singularidad del ser. Posee una trascendencia diferente a la de Nietzsche, que persigue ante todo la realización del ser humano en su dimensión más oceánica. Por el contrario, Dostoievski desciende a la obsesiva minucia que se esconde en lo más recóndito del hombre. Nietzsche nos asoma al vacío, a la soledad cósmica del Superhombre, que reina sobre la nada, ahíto de

6. Si en contra de él no puedo mover el Cielo, moveré el Infierno.

su propia compañía. El eslavo, explora lo infinitamente pequeño, diverso en su nimiedad. Y se detiene en ello hasta el extravío.

Freud parte de la razón y se zambulle en el inexplorado mundo de las emociones que lindan por un lado con lo más primordial de características inefables y por otro, con lo abyecto, con los detritus humanos que somos incapaces de metabolizar.

Dostoievski siente y describe, Nietzsche sueña y proclama, Freud examina y somete al hombre al minucioso bisturí del psicoanálisis.

Amar a Cristo, matar a Dios, deseo de su muerte.

Ninguno de ellos es captable desde una única perspectiva. Son tres seres para la complejidad, que discurren en universos sin fronteras, por ello causan perplejidad y desazón.

La lectura de sus obras asombra, invita a soñar y a la vez provoca rechazo. No puede ser de otra forma, si nos adentramos en la atmósfera opresiva de *Memorias del Subsuelo* o en la torturante metafísica de *Los hermanos Karamázov,* tampoco deja lugar para el sosiego el desgarrado discurso de *Así hablaba Zarathustra*, ni el encendido dicterio de *El Anticristo*. Freud alarma a sus contemporáneos con la revelación de la sexualidad infantil y de la pulsión de muerte: los ángeles sin sexo ya no flotan, ingrávidos, en el Paraíso. *Más allá del principio del placer* trasporta a la inaudita muerte psíquica, mientras los físicos descubren al perverso *trasgo de la entropía.*

Nos resistimos a aceptar como propio el universo que desvela Stavroguin, las dormidas resonancias racistas que evoca Nietzsche y la proteiforme realidad del mundo de las emociones que alienta lejos de nuestro control tal y como Freud las presenta.

Dostoievski, Nietzsche y Freud consiguen, lo imposible: dar cima a la tarea de poner en palabras lo inefable.

Imposible concluir porque el proceso continúa.

BIBLIOGRAFÍA

Afanásiev, A. N., *Cuentos prohlbídos rusos*, Madrid, La ventana indiscreta, 2002.

Andréiev, L., *Los siete ahorcados*, Madrid, Olivo Azul, 2007.

Andréiev, L., *Sascha Yegúlev. Historia de un asesino*, Madrid, Editorial Eneida, 2015.

Andréiev, L., *El rey hambre*, Buenos Aires, Ediciones Renovación, 1943.

Arendt, H., *El concepto de amor en san Agustín*, Madrid, Editorial Encuentro, 2009.

Arroyave Trujillo, L. M., «Los hermanos Karamázov y la posibilidad (o imposibilidad) de concebir a Dios como referente axiológico del ordenamiento jurídico: una visión nietzscheana de la relación entre derecho y moral», Medellín, Universidad Pontificia Bolivariana, 2016.

Bajtín, M. M., *Problemas de la poética de Dostoievski*, México, F. C. E, 3ª Edición, 2012.

Baroja, P., *Juventud, Egolatría*, Madrid, Taurus, 1977.

Besançon, A., «Fonction du rêve dans le roman russe», *Cahiers du monde russe et soviétique*, vol. 9, n°3-4, Juillet-Décembre, 1968, pp. 337-352.

Besançon, A, «Dostoievski», Académie des Sciences Morales et Politiques (10 de febrero 2003). Disponible en web: <https://academiesciences-moralesetpolitiques.fr/2003/02/10/dostoievski/>.

Berdiáev, N., *Dostoievsky: an interpretation*, Semantron Press, 2009.

Bilge Yılmaz, V., Kamalova, H., *A Superfluous Man: Shakespeare's Hamlet, Lermontov's A Hero of Our Time, and Conrad's The Shadow-Line*. GATHOS, Volume 10, Issue 1, 2019, pp. 123-136.

Bird, R., *Fyodor Dostoievski*, Londres, Reaktion Books, 2012.

Caparrós, N., *Épica, Mito y Tragedia. Edipo más allá de Grecia*, Madrid, Biblioteca Nueva, 2015.

Caparrós, N., «Dostoievski y la complejidad», *Norte de Salud mental*. Vol. XVI, nº 61, 2019, pp. 68-74.

Carr, E. H., *Dostoievski 1821-1881. Lectura crítico-biográfica*, Barcelona, Editorial Laia, 1972.

Castaños, E., *La figura del «doble» y la «Idea Rusa» en la novela El adolescente de Dostoyevski*, 2013. Disponible en web: <https://enriquecastanos.blogspot.com/search?q=el+adolescente+dostoievsky>.

Catteau, J., *Dostoievski and the process of literary creation*, Nueva York, Cambridge University Press, 2005.

Chéjov, A., *Novelas, Teatro, Cuentos*, Madrid, Edaf, 1980.
Chernisevski, N., *¿Qué hacer?*, Madrid, Akal, 2019.
Chéstov, L., *L'oeuvre de Dostoïevski. Cinq Conférences diffussés en Radio París*, E-artnow, 2015.
Clemente, M., *Eros crucified*, Nueva York, Routledge, 2020.
Cole, G. D. H., *Historia del pensamiento socialista I. Los precursores* 1789-1850, México, F.C.E. 3ª Ed, 1964.
Cole, G. D. H., *Historia del pensamiento socialista II. Marxismo y Anarquismo,* 1850-1890. México, F.C.E. 3ª Ed, 1964.
Copeau, J., «Sur le Dostoievski de Suarès» *Nouvelle Revue Françáis*, 7, 1912.
Cornwell, N. Ed., *Reference Guide to Russian Literature*, Fitzroy Dearborn Publishers, Londres, Chicago, 1998.
Cornwell, N. Ed., *The Routledge companion to Russian literature*, Routledge, Londres and Nueva York, 2001.
De Lubac, H., *El drama de humanismo ateo*, Madrid, Encuentro, 2012.
De Pablo Escalante, R., *La filosofía vivida: Pensamiento y transformación en Spinoza y Nietzsche*. Tesis doctoral, Universidad Complutense de Madrid, 2016.
Descartes, R., *Tratado de las pasiones del alma*, Barcelona, Austral, 2017.
Djermanovic. T., «Profecías de Dostoievski», *Claves de la Razón Práctica* nº 229. Disponible en web: <https://www.academia.edu>.
Djermanovic, T., «Dostoievski y Don Quijote: poética y estética de una ilusión», *Anales Cervantinos*, Vol. XLVIII, 2015, pp. 9-24.
Diderot, D., *Le neveu de Rameau*, Les éditions de Londres, 2012.
Domínguez Morano, C., *Psicoanálisis y religión: diálogo interminable,* Madrid, Editorial Trotta, 2000.
Dostoievski, A., *Journal* (1867), Éditions les Syrtes, 2019.
Dostoievski, A., *Vida de Dostoievski por su hija*, Madrid, El buey mudo, 2011.
Dostoievski, F. M., *Correspondance*, París, Calman-Lévy, 1961.
Obras Completas, Madrid, Aguilar, 1969.
Noches Blancas, 1848.
La mujer de otro, Barcelona, Editorial Maucci, 1948.
Netochka. Buenos Aires, Editorial Tor, 1949.
Stepanchikovo y sus habitantes, Barcelona, Editorial Maucci, 1946.
El sueño del Príncipe, Barcelona, Editorial Maucci, 1940.
Memorias del subsuelo, e-artnow, 2014.
L'Esprit Souterrain. París, E. Plon, Nourrit et Cie, 1886.
El jugador, e-artnow, 2014.
El eterno marido, Buenos Aires, Editorial Tor, 1947.
Los demonios. Prólogo de Juan Forn, Ediciones Libertador, 2011.

Los demonios, Barcelona, Penguin clásicos, 2019.
La confesión de Stavroguin y el plan de «La vida de un gran pecador», Madrid, Librería Renacimiento, 1923.
Diario de un escritor, Barcelona, Alba, 2007.
Los hermanos Karamázov, Barcelona, Alba, 2013.
Discours sur Pouschkine en *Diario de un escritor*. Ed. La Bibliothèque Digitale, 1880.

Dunwodie, P., *Une histoire ambivalente: Le dialogue Camus-Dostoievski*, París, Libraire Nizet, 1996.

Eliade, M., *Historia de las creencias y las ideas religiosas III*, Buenos Aires, Paidós Orientalia, 1983.

Eltchalninoff, M., *Dostoieski: Roman et Philosophie*. París, PUF, 2015.

Evdokimov, P., *Introducción a Dostoievski (En torno a su ideología)*, Cartagena, Colección Diapasón, Athenas Ediciones, 1959.

Evdokimov, P., *Le Christ dans la pensée russe*, París, Éditions du cerf, 1986.

Fanger, D., *Dostoievsky and romantic realism: A study of Dostoievsky in relation to Balzac, Dickens and Gogol*. Cambridge, Havard University Press, 1965.

Fitges, O., *El baile de Natacha. Una historia cultural rusa*. Barcelona, Ensayo Edhasa, 2010.

Figes, O., *Crimea. La primera gran guerra*, Barcelona, Edhasa, 2012.

Frank, J. *Dostoievski. Las semillas de la rebelión.* (1821-1849). México, F. C. E., 2010.
Dostoievski. La secuela de la liberación. (1860-1865), México, F. C. E., 2010.
Dostoievski. Los años milagrosos. (1865-71), México, F. C. E., 2010.
Dostoievski. El manto del profeta (1871-1881), México, F. C. E. 2010.

Freud, S., *Dostoievski y el parricidio,* O. C. T. III., Madrid, Biblioteca Nueva, 1927, pp. 3004-3015.

Fromm, E., *El miedo a la libertad*, Barcelona, Paidós, 2015.

Fulöp-Miller, R., «Tolstoi et Dostoievski» *Europe*, nº. 67, 1928.

HayFestivalQuerétaro@BBCMundo. (2017). Por qué *Los hermanos Karamázov* era la novela favorita de Einstein.

García P. D., *Pasión y razón en Iván Karamázov. Aproximación a una lectura filosófica de La Leyenda del Gran Inquisidor*, Pontificia Università Gregoriana Facoltà di Filosofia, 2014.

Grigorievna, A., *Dostoiesvki. Memoires d´une vie*, París, Memoire du libre, 2001.

Girard, R., *Dostoyevski, du duble a l´únite*, París, Plon, 1963.

Hoffmann, E. T. A., *Los elixirs del diablo,* Madrid, Akal, 2008.
Cuentos fantásticos, Barcelona, Seix Barral, 1953.
La princesa Brambila, Madrid, Colecciones el Grifón, 1954.

Jones, M. V. & Miller, R. F. Eds., *The Cambridge companion to the Classic Russian Novel*, Nueva York, Cambridge University Press, 2003.

Katz, M. R., *Dreams and unconscious in nineteenth-century Russian Fiction*, Hanover y Londres, University Press of New England, 1984.

Katz, M. R., «Dostoievsky and natural Science» *International Dostoievsky Society, Vol. 9*, 1988.

Iniesta López, I., *La enfermedad en la literatura de Dostoievski*, Universidad complutense, 2004.

Kierkegaard, S., *Tratado de la desesperación*, Buenos Aires, Santiago Rueda, 1976.

Knapp, L., *Fourth dimension of non-euclidean mind; Time in Brothers Karamazov or why Ivan Karamazov´s Devil does not Carry a Watch*, Los Ángeles, University of California, 1987.

Koppel, Kirsten., *The Grand Inquisitor and the problem of evil in modern literature and theology*. Tesis doctoral, University of Glasgow, 2012.

Küng, H., *¿Vida eterna?*, Madrid, Editorial Trotta, 1982.

Kuztnetsov, B., *Einstein and Dostoievski*, Londres, Hutchison, 1972.

Larios, C., «Crítica del racionalismo y del nihilismo en las obras de Dostoievski» *Estudios Dostoievski*, nº. 1, 2018, pp. 44-63.

Leatherbarrow, W. J. Ed., *Dostoievsky´s The Devils*, Northwestern University Press, 1999.

Leatherbarrow, W. J. Ed., *The Cambridge companion to Dostoievsky*, Nueva York, Cambridge Univ. Press, 2002.

Liberman, A., *La nostalgia del padre: un ensayo sobre el derrumbe de la certeza paterna*, Barcelona, Editoral Temas de Hoy, 1994.

Llinares, J. B., *La crítica de F. Dostoievski a la antropología de N. Chernishevski. Memorias del subsuelo como réplica a ¿Qué hacer*, Madrid, Biblioteca Nueva, 2011.

López Arriazu, E., *La influencia de la sátira en el realismo de A. Pushkin*. Buenos Aires, Dedalus, 2014.

López Calle, J.A., «Los rusos y El Quijote: Dostoievski» *Catobeplas. Revista crítica, nº 129*, 2012.

López Cortezo, C., *Bakunin*. Algorta, Edita Zero, 2ª Ed., 1970.

Lukacs, G. (1949). Dostoievsky. https://www.marxists.org/archive/ dostoyevsky.htm

Mainländer, Ph., *Filosofía de la redención*, Madrid, Editorial Xorki, 2014.

Mann, Th., *Schopenhauer, Nietzsche y Freud*, Madrid, Alianza Editorial, 2015.

Marenghi, C., «Dostoievski. Guía de lectura de su obra». *Revista Enlace*, 2015.

Matl, J., «Dostoievski y la crisis de nuestro tiempo». *Revista de estudios políticos*, nº 57, 1951. Pp. 35-54.

Melchior de Vögué, E., *Le roman russe*, París, Int. Book Edition, 2012.
Medinaceli, C., «Dostoievski y la clarividencia psicológica». *Rev Cien Cult* [online]. 2016, vol. 20, nº 37 [citado 2019-05-20], pp. 229-244. Disponible en: <http://www.scielo.org>.
Mochulsky, K., *Dostoievski. His life and work,* Princeton University Press, 1967.
Morato, A., *La presencia de la filosofía del joven Hegel en el relato de Dostoievski*, Universidad Complutense de Madrid, 2017.
Morillas Esteban, A. y J., «Bases filológicas para una comparación entre F. M. Dostoievski y F. Nietzsche», *Estudios Nietzsche, n.º 11,* 2011, pp. 163-87.
Mosto, M., «El gran inquisidor» *Jornadas Diálogos entre Literatura, Estética y Teología*, Buenos Aires, 30 y 31 de mayo del 2002.
Mosto, M., «Albert Camus y Fiódor Dostoievski. Afinidades en la vocación por ser hombres», *Société des Études Camusiennes*, Buenos Aires, 2015.
Mosto M., *Empatía y compasión en la obra de Fiódor Dostoievski*, en *Manantial en el desierto, Susnik M. y otros*, Argentina, Ed. el Rastro, 2016.
Mosto, M., «Evidencias del amor: Fiódor Dostoievski y Pável Florenski», *Teoliterária, Vol. 6, nº. 12*, 2016, pp. 96-106.
Nabókov, V., *Curso de literatura rusa*, Barcelona, B S.A., 2016.
Nietzsche, F., *Así hablo Zaratustra*, Madrid, Biblioteca Nueva,
Nietzsche, F., *El Anticristo. Maldición sobre el cristianismo*, Madrid, Biblioteca Nueva.
O´Meara, P., *K. F. Ryleiev. A political biography of the decembrist poet*, Princeton University Press, 1984.
Panichas, G. A., *Dostoievsky´s Spiritual Art. The burden of vision*, Londres, Routledge, 2005.
Pareyson, L., *Dostoievski: filosofía, novela y experiencia religiosa*. Madrid, Encuentro, 2007.
Pascal, P., *Dostoievski L´Homme et L´oeuvre,* Lausane Editions, 1979.
Puche, D., *La ontología de la historia de Nietzsche,* Universidad complutense de Madrid, 2010.
Prigorian, N., «El nihilismo de Dostoievski: Una mirada sobre la estética del discurso político del autor de Demonios. Voz y escritura», *Revista de Estudios literarios nº 21*, 2013.
Proudhon, P. J., *¿Qué es la propiedad?,* Madrid, Diario Público, Biblioteca Pensamiento Crítico, 2010.
Pushkin, A., *El maestro de postas* o *Dunia, la novia eterna y otros relatos,* Barcelona, Ametller editor.
Rahimi, A., *Maldito sea Dostoievski*, Madrid, Ediciones Siruela, 2012.
Richter, J.P., *Sueño del Cristo muerto desde lo alto del edificio del mundo*, 1796.

Ridao, J.M., *Filosofía accidental. Ensayos sobre el Hombre y el Absoluto*, Barcelona, Galaxia Gutenberg, 2015.

Saint Pierre, M. de., *El drama de los Románov*, II Vols., Barcelona, Luis de Caralt, 1972.

Sala Sallent, A., *Análisis narratológico de Noches Blancas de Dostoievski*, Universitat Autónoma, Barcelona.

Sarando, G., *Nihilismo Occidental*, Universidad de Buenos Aires, 1995-2000.

Schmitz, B., «Epilepsy, in Ramachandran», *Encyclopedia of the human brain*. Vol. 2, 2002, pp. 202-219.

Schorske, C. E., *Viena fin de siglo*, Nueva York, Vintage Books, Random House, 1980.

Serrano Martínez, J., *Dostoievski frente al terrorismo. De los demonios a Al-Qaeda*, Alicante, Editorial Club Universitario, 2006.

Shakespeare, W. *La Tragedia de Ricardo III*, *Obras Completas*, tomo I, Madrid, Aguilar Ediciones, 1982.

Sheibaum, D., *Kafka, Defoe y Dostoievski en la escritura de J. M. Coetzee*, Universidad Autónoma de México, Elefanta editorial, 2017.

Sontag, S., *At the Same time*, Nueva York, Farrar, 2008.

Steiner, G., *Tolstói o Dostoievski*, Madrid, Siruela, 2002.

Stellino, P., *El descubrimiento de Dostoievski por parte de Nietzsche*, Universitat de Valencia, 2007.

Stellino, P., *Nietzsche and Dostoievsky. On the verge of nihilism*, Oxford, Peter Lang, 2015.

Suarés, A., *Dostoievski*, La bibliothèque russe et slave. Littérature russe études, 1911.

Sutterman, M-T., *Dostoiesvki et Flaubert. Ecritures de l´epilepsie*, París, P.U.F, 2015.

Técoutoff, S., «Compte rendu de "Dostoievski", in les Cahiers de l'Herne», *Revue des études slaves, tome 50, fascicule 4*, 1977, pp. 669-670.

Terras, V., *Reading Dostoievsky*, The University of Winconsin Press, 1998.

Thurneysen, E., *Dostoevsky*, Wipf and Stock Publishers, 1964.

Tierno Galván, E., *Concepción del mundo e ideas políticas en la obra de Dostoievski*. Disponible en: <https://dialnet.unirioja.es/descarga/articulo/2128928.pdf>.

Tolstói, L., *La sonata a Kreutzer*, Barcelona, Ametller Editor.

Tolstói, L., *Obras selectas*, México, Aguilar, 1991.

Torralba, F., *Los maestros de la sospecha, Marx, Nietzsche, Freud*, Barcelona, Fragmenta Editorial, 2013.

Troyat, H., *Dostoievski*, Buenos Aires, Editorial Ateneo, 1912.

Turguéniev, I., *Diario de un hombre superfluo*, Madrid, Nórdica, 2016.

Padres e hijos, Buenos Aires, Ediciones Renovación, 1944.
El primer amor, Estella, Salvat Editores, 1985.
Hamlet y Don Quijote, Madrid, Sequitur, 2008.
VV.AA, *Un siglo de cuentos rusos. De Pushkin a Chéjov*, Barcelona, Alba editorial, 2011.
VV.AA, *Estudios Nietzsche. Revista de la Sociedad Española de Estudios sobre Friedrich Nietzsche nº 9, Nietzsche y la hermenéutica*, Madrid, Ed. Trotta, 2009.
Vízquez Jiménez, A., «Dostoievski versus Dostoievski». *Filología y Lingüística XXXV (2): 49-77, 2009*, Costa Rica, 2009.
Volpi, F., *El Nihilismo*, Madrid, Siruela, 2007.
Wapnicke, K., *Cuando 2+2=5*, Barcelona, El grano de Mostaza, 2014.
Zagoskin, M. N., *Tales of three centuries*, Cornell University Library, 1891.
Zweig, S., *Tres maestros: Balzac, Dickens, Dostoievski*, Barcelona, Acantilado, 2014.
Momentos estelares de la humanidad, Barcelona, Acantilado, 2013.
Correspondencia con S Freud, Rainer María Rilke, Arthur Schnitzler, Barcelona, Buenos Aires, Paidós, 1987.

• ALIOS • VIDI •
• VENTOS • ALIASQVE •
• PROCELLAS •